Couvertures supérieure et inférieure
en couleur

VENTE A LA LI...
45, BOU...

...ide pratique d...
prenant : I. — Le p...
II. — Le recueil com...
...ités depuis 1881...
composition français...
...ons de mathémati...
descriptive ; lavis),
1 vol. in-18 jésus de...

Leçons résumées ...
à l'usage des classes d...
seignement secondai...
de l'École Polytech...
daire spécial, profess...
l'École préparatoire...
1 vol. in-18 jésus de 130...
tirées en rouge et n...

Traité D'ALGÈBR...
didats aux Baccalau...
par J. Collin, ancie...
1 vol. in-8 de 316 pages.

Revue générale des ...
fascicule, contenant :
DIDATS SUR L...
PHIQUE, par Ed. ...
professeur de philoso...
II. — L'ensemble des su...
scientifique donnés de...
juillet et de novembre...
1 vol. in-18 jésus......

Cette *Revue* donnera *éga...*
sur *la Composition scientifi...*
...tions en même temps que l...
d'avril et de juillet 1888.
Les conseils aux candidats...
...moins de la moitié du p...
synoptique faisant embrasser...
Dissertation.

5071. — ABBEVILLE,

LA ROUTE DE L'ABIME

A LA MÊME LIBRAIRIE

DU MÊME AUTEUR

L'Aboyeuse, un vol. in-12....	2 »
L'Accusé, 1 vol. in-12....	3 »
La boîte de plomb, 1 vol. in-12	3 »
Le Capitaine aux mains rouges. 1 vol. in-12............	2 »
La Cendrillon du village, 1 vol. in-12..................	2 »
La Chambre n° 7, 1 vol. in-12.	3 »
Le Château des Abîmes 1 vol. in-12...................	3 »
Les Chevaliers de l'écritoire, 1 vol. in-12...........	3 »
Le cloître rouge, 1 vol. in-12.	3 »
Comédies, Drames et Proverbes. Musique de M. Henri Cohen. 1 vol. in-12..............	2 »
La Musique se vend séparément.	
Marthe et Marie-Madeleine (*partition*). — A brebis tondue Dieu mesure le vent (*partition*. — La Fille du roi d'Yvetot (*partition*. — Chaque *partition*............	1 50
La Conscience, 1 vol. in-12.	2 »
Le Contumax, 1 vol. in-12...	3 »
Les Crimes de la plume, 1 vol. in-12................	3 »
La demoiselle du pavour, 1 vol. in-12................	2 »
Divorcés, 1 vol. in-12......	2 »
Les Drames de l'argent, 1 vol. in-12................	3 »
Les Drames de la misère, 2 vol. in-12...............	6 »
L'Elixir de longue vie, 1 vol. in-12...................	3 »
L'enfant maudit, 1 vol. in-12.	2 »
Une Erreur fatale, 1 vol. in-12	3 »
L'Évadé, 1 vol. in-12.......	2 »
La Femme d'après saint Jérôme 1 vol. in-12.........	2 »
La Fille au Coupeur de paille, 1 vol. in-12...........	3 »
La Fille sauvage, 1 vol. in-12	3 »
La Foi jurée, 1 vol. in-12...	3 »
Le Gouffre, 1 vol. in-12.....	3 »
Les Héritiers de Judas, 1 vol. in-12..................	3 »
Les Idoles, 1 vol. in-12.....	3 »
Le Juif Ephraïm, 1 vol. in-12	3 »
Lory, 1 vol. in-12.........	3 »
Madame de Rohar, 1 vol. in-12	2 »
Le Magistrat, 1 vol. in-12...	3 »
La Main malheureuse 1 vol. in-12.................	2 »
La Maison du Sabbat, 1 vol. in-12...................	2 »
Le Marquis de Pontcallec, 1 vol. in-12.............	3 »
Le Martyre d'un père, 1 vol. in-12.................	3 »
Le Mirage d'or, 1 vol. in-12..	3 »
Le Moulin des Trépassés, 1 vol. in-12.............	2 »
Le Naufrage de Lianor, 1 vol. in-12.................	3 »
L'Odyssée d'Antoine, 1 vol. in-12.................	2 »
Paravent et Cie, 1 vol. in-12..	3 »
Le Pardon du moine, 1 vol. in-12................	3 »
Les Parias de Paris, 2 vol. in-12................	6 »
Patira, 1 vol. in-12.......,	3 »
Le Trésor de l'abbaye (suite du Patira) 1 vol. in-12.....	3 »
Jean Canada (suite du trésor de l'abbaye) 1 vol. in-12..	3 »
La Péruvienne, 1 vol. in-12.	3 »
Les Petits, 1 vol. in-12.....	2 »
Poèmes populaires, 1 vol. in-12	2 »
Le Procès de la Reine, 1 vol. in-12................	2 »
La route de l'Abîme, 1 vol. in-12................	2 »
Les Robinsons de Paris, 1 vol. in-12.................	3 »
Le Serment du Corsaire, 1 vol. in-12................	3 »
Le Trésor de l'Abbaye, 1 vol. in-12................	3 »
Le Val-Perdu, 1 vol. in-12 illustré	2 »
Les Victimes, 1 vol. in-12...	6 »
Zacharie le maître d'école, 1 vol. in-12.............	3 »

LA ROUTE DE L'ABIME

par

RAOUL DE NAVERY

DIXIÈME ÉDITION

PARIS
LIBRAIRIE BLÉRIOT
HENRI GAUTIER, SUCCESSEUR
55, QUAI DES GRANDS AUGUSTINS, 55

1890
Tous droits réservés.

LA ROUTE DE L'ABIME

I

LE SIXIÈME COUVERT.

Le petit hôtel habité par la comtesse d'Ivrée échappait aux regards curieux, grâce à un jardin assez vaste, planté de vieux arbres.

De hautes considérations d'honneur ayant obligé madame d'Ivrée à vendre la demeure héréditaire de sa famille, elle s'était retirée dans une maison modeste de la rue Pigalle, dont le dehors formait avec l'intérieur un contraste complet. Cet hôtel, construit depuis quarante ans, présentait tous les défauts de son époque.

Il avait des plafonds un peu bas, des escaliers étroits; mais le goût de madame d'Ivrée suppléait à ces inconvénients; il était presque impossible de s'en apercevoir quand on entrait dans ces pièces remplies de meubles de pur style Louis XVI, où chaque objet, depuis les torchères jusqu'aux cadres, ressuscitait un siècle évanoui.

Le comte d'Ivrée se trouvait en possession d'une belle fortune, quand l'imprudence de son frère le mit sur le penchant de la ruine. La garantie de sa signature prévint un désastre d'honneur; mais quand il eut soldé les créanciers de Jacques d'Ivrée son frère, le comte resta dans une situation presque précaire. Le chagrin qu'il en ressentit en songeant à son fils abrégea sa vie, et six mois après ces événements, la comtesse Catherine d'Ivrée prenait le voile des veuves. Elle ne gardait qu'un revenu évalué à six mille francs de rentes et quelques terres hypothéquées. Pour subvenir aux frais d'éducation de son fils, elle vendit de temps en temps une coupe de bois, un coin de vigne. Il eût été facile de doubler le capital qu'elle possédait, en cédant à des voisins nouvellement enrichis un château situé en Auvergne et une ferme cachée dans une belle vallée de la Bresse. Mais il aurait fallu dégrever ces domaines, afin de les céder dans de bonnes conditions, et le notaire de madame d'Ivrée cherchait sans résultat le moyen de contracter un emprunt pour sa noble cliente. La situation de la comtesse devenant de plus en plus pé ble, au moment où commence cette histoire, il était urgent de lui trouver une solution efficace et prompte.

Par une journée d'hiver neigeuse et triste, madame d'Ivrée se tenait dans un salon tendu de soie bleue semée de bouquets de roses. Il était environ cinq heures. Une grosse lampe jetait ses clartés douces dans l'appartement et mettait en relief le visage de quatre personnes. Vêtue d'une robe de deuil qu'elle n'avait jamais quittée, les cheveux simplement roulés, madame d'Ivrée gardait une telle pureté de lignes, une résignation si sereine, que l'on se sentait pris d'admiration et de respect en la contemplant. Elle travaillait à un ouvrage de tapisserie et reportait souvent ses regards sur un beau jeune homme de vingt-deux ans, au profil régulier, au regard franc, à la bouche sérieuse : Rolland d'Ivrée feuilletait un volume et prenait des notes. La troisième personne assise droite et raide sur sa chaise, mademoiselle Hermengarde de Segondie, cousait activement les yeux baissés. Quoiqu'elle eût à peine quarante ans, elle semblait beaucoup plus âgée que madame d'Ivrée.

Hermengarde de Segondie, issue d'une pauvre famille de gentilshommes, avait été accueillie dans la maison de la comtesse, à l'heure où la mort de son père la laissa orpheline. Si une main généreuse ne se fût tendue vers elle, la pauvre enfant eût été réduite à entrer en qualité de lectrice ou de gouvernante dans une maison étrangère. L'hospitalité de madame d'Ivrée la sauva de cette humiliation. Elle en témoigna sa reconnaissance par un dévouement sans bornes; mais la timidité de son caractère la laissa toujours incapable de traduire les élans de son cœur. Tant que Roland fut enfant, elle se montra pour lui une seconde mère. A mesure qu'il grandit, elle s'éloigna de l'adolescent; puis, afin de remplir le vide laissé par l'émancipation du jeune homme, elle se voua à toutes les œuvres de bienfaisance que Paris enfante à mesure que croissent les besoins de sa population, les complications de sa situation politique et les désastres imprévus. Grâce à Hermengarde de Segondie, il y eut toujours dans la maison de madame d'Ivrée des lots charmants préparés pour les loteries et les ventes de charité, des layettes destinées aux pauvres femmes du voisinage, du vieux linge pour les blessés et les malades.

En face de mademoiselle de Segondie et rapproché de Rolland d'Ivrée, un prêtre déjà vieux, adressait de temps en temps la parole au jeune homme et lui donnait des avis sur le travail de recherches auquel il se livrait.

Le chanoine, baron de Hautmoustier, cousin germain de la comtesse Catherine et oncle de Rolland, venait régulièrement s'asseoir une fois par semaine à la table de la famille. Une irrésistible vocation l'avait poussé vers l'autel, au moment où la France faisant amende honorable de ses sacrilèges, rouvrait ses églises et trouvait un poète chrétien pour chanter les merveilles de ses croyances et le génie de ses institutions. L'esprit à la fois ferme et hardi de l'abbé de Hautmoustier, son dévouement à toutes les misères, sa science incontestable lui assignèrent vite une place honorable au milieu du clergé de Paris; il eût été depuis longtemps pourvu d'un évêché, si le désir de surveiller l'éducation de Rolland ne lui eût imposé le devoir de rester à Paris. Devenu chanoine de Notre-Dame, il se reposait des fatigues de la prédication, en composant une histoire complète de la grande métropole, et Rolland mettait un zèle affectueux à lui découvrir des documents nouveaux. Dans la famille d'Ivrée, on appelait familièrement le digne et savant chanoine « l'abbé »; ce titre était une réminiscence de l'autre siècle. Il semblait naturel dans le milieu recueilli où vivaient les personnages dont nous venons d'esquisser le portrait.

La conversation languissait un peu. Madame d'Ivrée n'osait interrompre le travail de Rolland, et l'abbé lui adressait de temps à autre de rares paroles. Quant à mademoiselle de Segondie, intimidée plus que jamais par la présence de l'abbé de Hautmoustier, elle cousait régulièrement comme une machine bien montée qui devait fonctionner pendant plusieurs heures consécutives. Tout à coup un vieux domestique ouvrit la porte du salon, et annonça:

— Monsieur Blondel.

Alors madame d'Ivrée eut un bon sourire en présentant sa main au nouvel arrivant qui l'effleura respectueusement de ses lèvres. Rolland ferma son gros livre, le chanoine se renversa dans son fauteuil et mademoiselle Hermengarde se piqua l'index de la main gauche en reprenant son travail de couture.

La physionomie de monsieur Blondel expliquait ce changement soudain. C'était un petit homme rond, souriant, court, frais et rose sous une chevelure blanche. Tout rayonnait en lui, son front sans rides, sa bouche franchement dessinée par des lèvres un peu fortes, ses yeux gris pétillants de malice innocente. Rasé de frais, le menton encadré dans un irréprochable nœud de cravate blanche, ganté, verni, soigné de pied en cap, il respirait une telle bonne humeur, une loyauté si grande, que la sympathie et la confiance naissaient pour ainsi dire d'elles-mêmes à première vue. Monsieur Blondel, qui était à la tête d'une des meilleures études de Paris, s'occupait depuis quarante ans des affaires de la famille d'Ivrée, et ce n'était pas sa faute si elles restaient dans un état si pitoyable. Ce soir-là le digne notaire se trouvait évidemment sous une influence heureuse, car il témoignait un entrain plus marqué que de coutume, et son allure gardait quelque chose de triomphant.

Il prit le fauteuil que lui avançait le domestique, et se penchant vers madame d'Ivrée :

— Enfin, dit-il, j'ai trouvé mon homme !

— Quel homme ? demanda doucement la comtesse.

— Celui qui peut vous sauver de tous vos embarras, liquider votre situation, d'une façon honorable, et vous permettre de vendre avantageusement, aux marchands de bouchons qui le convoitent, le petit castel d'Auvergne !

— C'est un miracle ! dit gaiement l'abbé.

— Non pas ; mais enfin cela n'était point facile à découvrir. Avant trois mois, si vous le voulez, vous vous trouverez libérée de toute dette, et grâce à un placement intelligent, vous garderez douze mille livres de rentes.

— Une fortune ! s'écria madame d'Ivrée.

— Quel mot dans votre bouche, quand vous avez sacrifié plus d'un million pour le frère de votre mari !

— Cela est vrai, dit madame d'Ivrée, nous avions le droit de nous appauvrir et non pas celui de nous déshonorer. Voyons, cher monsieur Blondel, où avez-vous rencontré ce phénix des capitalistes vainement cherché depuis longtemps ?

— Dans un bal... Mais, vous le savez, là comme ailleurs les hommes d'affaires restent des hommes d'affaires ; la maladie des chiffres finit par passer dans le sang. Il serait long et inutile de vous rapporter un entretien dont le résultat seul est intéressant. Les hypothèques du château de Vaubec seront purgées, la ferme dégrevée, et vous payerez quatre pour cent d'intérêt au banquier qui se charge de l'opération.

— Il se nomme ? demanda la comtesse.

— Belleforge. C'est un brave homme, rude d'écorce, dont la réputation financière est inattaquable ; père de famille estimé et tenu à la Bourse en grande considération.

— Et un homme aussi sérieusement banquier, boursier et millionnaire consent à nous prêter une cinquantaine de mille francs à quatre pour cent d'intérêt ?

— Parfaitement... Il y met seulement une condition...

— Nous y voilà ! dit madame d'Ivrée, je pressentais la condition *in extremis*, le *post-scriptum* du service à rendre...

— Eh ! mon Dieu, madame la comtesse, vous ne le devinez pas, si vous le pressentez... Cette condition est si simple que vous ne la trouveriez jamais... Belleforge ne se fait pas l'illusion de réaliser un bénéfice en vous avançant les fonds dont vous avez besoin... Il ne peut donc être traité par vous dans cette circonstance comme un prêteur ordinaire. Un bon et noble sentiment l'anime. Au lieu de ressembler à la majorité de ses confrères qui applaudissent quand des désastres inattendus frappent quelque grande famille, comme si la ruine d'une haute et noble maison relevait leur roture, Belleforge se réjouit de rendre au nom d'Ivrée un peu de son ancien éclat, et cette intention est trop délicate pour qu'on oublie de lui en savoir gré... Voici donc ce qu'il m'a dit : — « Je m'estimerais heureux d'obliger madame d'Ivrée, mais il s'agit si peu d'une affaire de banque, que j'aimerais traiter tout ceci hors de mes bureaux, au coin du feu... Je mets soixante mille francs dans mon portefeuille, je me rends chez la comtesse qui m'a fait l'honneur de m'inviter à dîner, et au dessert elle me donne un reçu sans autre formalité. » Voilà, madame la comtesse, la condition de Belleforge : un couvert à votre table le jour de la signature...

— Et la date de cette entrevue ?

— Elle aura lieu aujourd'hui si vous le voulez... Belleforge sonnera à votre porte à sept heures et me fera demander; si vous êtes disposée à l'accueillir, je vous le présente, sinon je lui prends le bras et nous regagnons ensemble sa voiture.

— Vous avez raison, monsieur Blondel, votre banquier ne ressemble à aucun autre... Le service qu'il nous rend est assez grand pour lui garantir un excellent accueil.

La comtesse d'Ivrée sonna, et dit au domestique qui venait prendre ses ordres :

— Vous mettrez un sixième couvert.

— Eh bien ! dit l'abbé en serrant la main du notaire, je ne retire pas mon mot, c'est un miracle !

— Cher Rolland ! murmura madame d'Ivrée en regardant son fils...

Hermengarde leva les yeux et laissa tomber son ouvrage sur ses genoux : une larme silencieuse roulait sur sa joue pâlie.

Le notaire se frottait les mains à en déchirer l'épiderme, et consultait la pendule avec obstination. A l'instant même où elle sonnait sept heures, le timbre de la porte vibra, et Blondel s'élança vers l'entrée du salon. Une seconde après, il amenait le banquier Belleforge devant la comtesse d'Ivrée, qui lui tendit gracieusement la main. Les premiers compliments s'échangeaient encore quand le domestique annonça que madame d'Ivrée était servie. Celle-ci passa devant Belleforge, qui n'osa lui offrir le bras, et Rolland se recula discrètement pour laisser entrer mademoiselle de Segondie. Un moment après, tout le monde se trouvait à table, et le banquier occupait la droite de madame d'Ivrée. La conversation resta languissante pendant le premier service. La comtesse craignait de témoigner à Belleforge une reconnaissance trop vive ; le banquier redoutait que l'on attribuât sa rondeur habituelle à l'aplomb que donne ordinairement l'opulence. Il attendait que madame d'Ivrée le plaçât sur un terrain où il ne courrait pas le risque de glisser et de faire une chute maladroite. Ce fut l'abbé de Hautmoustier qui réveilla la conversation, et Blondel lui venant en aide, l'entretien devint bientôt sinon brillant, du moins expansif. Belleforge, intéressé par la physionomie intelligente et noble de Rolland, le questionna sur ses goûts, ses études et ses projets ; il exprima le regret que la puissance des traditions de famille l'empêchât d'embrasser une fructueuse carrière en se vouant aux affaires.

— Monsieur, répondit Rolland, j'y eusse sans nul doute montré peu d'aptitude, car les chiffres me font peur. Ce n'est pas à dire que je repousse le travail, et que je croie devoir vivre sans m'occuper ; j'achève mon droit, et si je ne deviens pas un avocat excellent, je resterai, je l'espère, un homme de bon conseil. Mes habitudes sédentaires et le sérieux de mes idées ne me laissaient pour ainsi dire pas le choix. La condition d'avocat, devenue banale à force d'être exercée, garde pour moi tout son prestige, et je me ferai une obligation religieuse de défendre les intérêts des pauvres et de soutenir les abandonnés.

— J'espère, dit en souriant Belleforge, que vous ne vous bornerez pas à exercer cette mission, si honorable et humanitaire qu'elle soit, elle s'entache parfois de sensibilité qui dégénère aisément en duperie. Avec votre intelligence et votre facilité, vous ne manquerez pas de trouver de ces causes qui posent tout de suite un homme au barreau : un gros procès de presse ou quelque affaire litigieuse bien compliquée dont le gain fonde une réputation. C'est une grande preuve de savoir-faire que de débuter aujourd'hui dans la vie comme vous, monsieur le comte, car les avocats voient toutes les carrières ouvertes devant eux, depuis la politique jusqu'à la diplomatie.

— Je suis moins ambitieux, répondit Rolland.

— Et vous avez tort. L'ambition est l'unique levier qui nous soulève et nous fait réaliser de grandes choses. L'ambition nous rend d'abord le service de nous débarrasser d'une foule de qualités qui pouvaient nous nuire autant que des défauts.

— Et quelles sont ces qualités dangereuses ? demanda la comtesse.

— La confiance dans les autres, la méfiance de soi, puis...

— Quoi encore ?

— Puis l'ambition nous force à rejeter derrière nous un bagage aussi dangereux que le lest, pour un navire qui commence à faire eau.....

1.

— Et ce bagage s'appelle? dit l'abbé de Hautmoustier.

— Les préjugés, répliqua Belleforge.

— Voilà un mot gros d'explications, dit Rolland. De notre temps, on l'emploie beaucoup, mais il me semble qu'on le définit mal.

— Ah ! il y a préjugés et préjugés.

— D'accord, reprit le jeune homme ; les préjugés politiques, n'est-ce pas ? Et vous les faites consister dans une inébranlable fidélité à de vieux principes, surannés si vous le voulez, mais tellement respectables que vous n'avez rien trouvé encore pour les remplacer avantageusement.

— Gardez-vous de me croire républicain ! s'écria Belleforge, ma situation...

— Vous oblige évidemment à rester conservateur ? ajouta le notaire.

— Certes, conservateur des biens, des titres, des priviléges même, car tout gouvernement aura les siens, et ce ne sont pas les radicaux qui réclament les moins nombreux ; mais j'entends les préjugés qui vous obligeraient, vous, fils d'une ancienne famille, à prendre part aux affaires du pays, sous prétexte qu'il se démocratise, ou à défendre plus qu'il ne convient des intérêts qui doivent entièrement rester séparés de ceux de l'État.

— Vous voulez parler de ceux de l'Église, Monsieur ? demanda l'abbé de Hautmoustier.

— Oh ! je ne souhaite ni qu'on ferme les temples ni qu'on supprime le clergé. Toutes les institutions tombent en désuétude après un temps plus ou moins long. Chaque culte ancien a été envahi, absorbé par un culte nouveau. Ces variations amenaient une sorte de rajeunissement dans les nations conquises ; mais, aujourd'hui, l'esprit humain a fait assez de progrès pour que l'homme n'ait plus besoin des lisières religieuses qui, loin de le soutenir, pourraient au contraire l'empêcher d'avancer.

— Vous me permettrez de vous demander, Monsieur, si vous, qui avez une femme estimable, une famille que l'on dit charmante, vous inculquez ces principes à vos enfants.

— Parfaitement, monsieur l'abbé, et comme vous le disiez, j'ai un heureux ménage. Ma femme, douce et bonne créature, ne m'a jamais causé le moindre chagrin. Mon fils Conrad est le modèle des jeunes gens de son âge : laborieux, soumis, juste assez gai pour ne pas vieillir trop vite. Quant à ma fille Cœlia : une figure d'ange, l'esprit d'un démon, seize ans et assez de grâce pour que l'on ne se demande pas si elle est belle. Eh bien ! moi qui prétends être le compagnon, le mentor, l'ami de ma femme et de mes enfants, je n'ai pas voulu d'intermédiaire entre moi et ma famille ; pas de confesseur qui apprît la conduite de l'une et plus tard les naïfs secrets de l'autre... Je reste époux et père dans toute l'acception de ce mot, et je n'eus jamais à me repentir d'avoir suivi ce plan de conduite.

— Et jamais madame Belleforge n'a témoigné que cette façon de vivre lui fût pénible?

— Ma femme est très-heureuse! répondit le banquier. Je suis un honnête homme, rond en affaires et point tyran dans son ménage. J'ouvre facilement ma caisse pour solder les notes de madame Belleforge et aider aux libéralités de ma fille. Si j'ai supprimé de ma maison toute manifestation religieuse, c'est pour garder mieux l'affection des miens.

— Je ne connais pas votre fils, Monsieur, répliqua Rolland d'Ivrée, mais je ne puis croire qu'il vous aime plus que je ne chéris et ne respecte ma mère.

Un silence embarrassé suivit ces mots. Blondel, qui voyait le danger de cette conversation, essaya d'amener l'entretien sur un terrain moins brûlant ; il n'y réussit pas. La contrainte dura pendant le reste du dîner. Madame d'Ivrée semblait préoccupée ; le front d'Hermengarde gardait un pli de souffrance, et l'abbé de Hautmoustier échangeait de rares paroles avec son neveu. Belleforge fit un effort pour briser cette glace ; il parla tout seul de politique, de morale, de Bourse et de théâtre. Pour essayer d'effacer l'impression pénible qu'il venait de produire, il affecta une gaîté factice et une bonhomie à laquelle Blondel seul persistait à croire. Enfin, on passa au salon pour y prendre le café. Tandis que la comtesse d'Ivrée servait le chanoine, le banquier dit au notaire :

— Je veux réparer la sottise que je viens de commettre, soyez tranquille, vous serez content de moi.

Puis s'approchant de la comtesse qui venait de prendre sa place au coin de la cheminée, Belleforge lui dit en tirant de sa poche un portefeuille gonflé de papiers :

— Vous plairait-il, Madame, de terminer la petite affaire qui m'a procuré ce soir l'honneur d'être admis chez vous?.. Je mets cent mille francs à votre disposition, il ne vous reste plus qu'à signer ce reçu.

La comtesse devint un peu pâle, mais elle répondit d'une voix ferme :

— Je ne sache pas, Monsieur, que nous ayons aucune affaire à traiter ensemble ; vos opinions et les nôtres diffèrent trop pour qu'il nous soit jamais possible de nous entendre...

— Mais, madame la comtesse, ce refus vous ruine, il m'afflige, il me blesse...

— De la ruine de notre maison, je ne dois répondre qu'à mon fils.., mais des relations dans lesquelles je l'entraînerais et qui pourraient influencer ses idées et sa conduite, je dois compte à ma conscience... L'avenir seul prouvera qui de nous deux a raison dans la façon différente dont nous gouvernons notre famille.

Rolland s'approcha et ajouta :

— Nous n'en restons pas moins, Monsieur, fort reconnaissants pour la générosité de vos offres.

Belleforge étourdi, stupéfait, salua, entraîna Blondel à sa suite et quitta le salon.

— Bien, ma chère Catherine, dit le chanoine, et bien aussi, mon neveu, mieux vaut laisser crouler la maison que de l'étayer mal.

Si la conscience de madame d'Ivrée lui rendit témoignage qu'elle avait bien agi, le cœur de la mère n'en resta pas moins douloureusement troublé.

— J'ai ruiné mon fils ! répétait la comtesse, Dieu seul sait maintenant ce qu'il adviendra de lui.

II

UN CRÉANCIER.

Étourdi par les paroles qu'il venait d'entendre, blessé dans sa vanité, furieux de son échec, le banquier descendit l'escalier comme s'il avait hâte de fuir la maison où trois heures auparavant il était entré le sourire aux lèvres. Incapable d'échanger une seule parole avec Blondel, Belleforge le pria de prendre sa voiture, ajoutant qu'il préférait marcher. Dans l'état de surexcitation nerveuse où il se trouvait, la fatigue physique pouvait le calmer; le notaire accepta donc, serra la main du banquier et celui-ci se dirigea vers son hôtel aussi rapidement que le permettait la neige amassée sur les trottoirs. Pour la première fois, Belleforge accoutumé à constater la puissance universelle de l'argent trouvait quelque chose de plus fort. Il ne pouvait revenir de sa surprise, et l'action de madame d'Ivrée renonçant à une somme qui assurait l'avenir de son fils, pour ne pas accepter les services d'un homme dont les idées se trouvaient en opposition avec les siennes, lui parut une preuve évidente de folie. Afin de moins souffrir du refus de la comtesse, il essaya de se persuader que son éducation et ses façons de vivre avaient oblitéré ses facultés. Mais si spécieux que fussent les raisonnements de Belleforge, il n'en garda pas moins une sourde irritation et une cuisante blessure.

Comme il arrivait à la porte de son hôtel, un homme sortit de l'ombre dans laquelle jusqu'alors il s'était enfoncé, et parut s'assurer de l'identité du banquier ; il attendait à cette place depuis de longues heures, car ses habits étaient en partie couverts de neige, et il grelottait sous une mauvaise blouse de toile bleue.

Le banquier pensa qu'il s'agissait d'un passant ayant cherché un abri contre le portail, et il allait tirer le bouton du timbre quand la main de l'homme en blouse se posa sur son bras.

Alors Belleforge crut avoir affaire à un voleur et le repoussa brusquement. Mais l'homme sans s'effrayer, sans se déconcerter, ôta la casquette qui faisait ombre sur son visage, et se plaçant sous la lumière d'une lanterne de gaz :

— Me reconnaissez-vous ? demanda-t-il.

Belleforge fit un mouvement de mécontentement et haussa les épaules.

— Me reconnaissez-vous ? répéta l'homme en blouse d'une voix rauque, ou faut-il que je vous crie mon nom ?

— Je vous reconnais, répondit Belleforge, mais je refuse de vous entendre.

— Il le faudra cependant... Oui, je vous le jure, il le faudra sur votre vie... Je vous ai écrit trois lettres, vous ne m'avez pas répondu... Je viens... Vos valets m'ont jeté par les épaules hors de cet hôtel où j'ai eu l'audace d'aller vous demander... Alors je me suis résolu à vous attendre, et, maintenant que je vous tiens, vous m'écouterez...

— Non, répondit Belleforge, je ne vous écouterai pas... Vous me suivez, vous m'épiez, vous me guettez la nuit comme un malfaiteur... En consentant à ce que vous souhaitez, j'aurais l'air de céder à la peur, à la menace... Il est trop tard, laissez-moi, vous reviendrez...

— Quand reviendrai-je ?

— Demain.

— Et qui vous dit que je puis attendre ? Savez-vous si j'ai du pain dans mon grenier, et si ma femme a du bois pour réchauffer son dernier enfant ?... Je ne vous quitte pas, puisque je vous trouve... Demain votre porte me serait fermée... Je sais ce que vaut votre parole.... Qu'est-ce que je veux après tout, que vous m'écoutiez tranquillement dans votre cabinet, et que nous causions comme... deux amis.

Sans doute, Belleforge connaissait de longue date l'obstination de ce solliciteur, et savait qu'il ne parviendrait pas à dompter sa volonté rebelle, car il prit soudainement son parti, sonna avec violence, et quand le portail eut roulé sur ses gonds, il fit à l'homme en blouse un signe qui équivalait à ce mot : Venez.

Tous deux franchirent le seuil ; le banquier trouva dans l'antichambre un valet de pied attendant son retour. Sans lui donner aucun ordre, le banquier se dirigea du côté de son cabinet de travail. Un grand feu flambait dans la cheminée et deux grosses lampes éclairaient cette pièce meublée de velours vert et ornée de bronzes de prix. L'ouvrier jeta autour de lui un regard haineux ; monsieur Belleforge s'assit au coin de la cheminée, et son étrange visiteur resta debout, s'appuyant du coude à la tablette de marbre, et paraissant attendre que le banquier lui adressât la parole.

— Que voulez-vous encore ? demanda Belleforge avec brusquerie.

— De l'argent, répondit le nocturne visiteur.

— Je vous en ai donné, il y a six mois.

— Cela est vrai, mais dans six mois il se passe beaucoup de jours.

— Vous souhaitiez, reprit le banquier de la même voix dure et cassante, fonder un établissement de menuiserie ;

j'ai fait les frais de cet établissement... vous devez vous tenir pour satisfait.

— L'établissement n'a pas prospéré... Nous avons eu des chômages, le commerce allait mal,.. la concurrence nous écrase, nous autres petits fabricants,.. enfin, j'ai cédé le bail, vendu l'outillage à perte, naturellement.

— Et qu'avez-vous fait du produit de cette vente ?

— Il fallait vivre, répondit l'homme, et nous avons mangé jusqu'au dernier centime.

— Vous êtes un paresseux et un débauché, dit Belleforge en s'animant, vous ne méritez ni aide ni pitié, vos amis vous ont jugé en vous surnommant le *Gréveur*.

L'homme en blouse releva la tête, et regardant fixement le banquier :

— Un paresseux, c'est possible! un débauché, soit! mais j'ai l'excuse de n'avoir jamais eu sous les yeux que de mauvais exemples...

— Je vous ai prévenu que vous ne devriez plus compter sur moi, et que tous nos rapports... d'amitié, dit péniblement Belleforge, se trouvaient rompus.

— Aussi, reprit amèrement l'ouvrier, je ne viens pas en ami.

— Serait-ce en ennemi, par hasard?

— Pas encore, simplement en créancier.

Belleforge bondit de colère sur son fauteuil et regarda son interlocuteur en face. L'ouvrier ne baissa pas les yeux; l'étonnement et la rage du banquier le laissèrent ironique, mais calme et maître de lui. On eût dit deux lutteurs mesurant leurs forces, à la fois épouvantés et surpris de se trouver ainsi bien préparés à la lutte.

— Je viens en créancier, répéta l'ouvrier, je n'implore aucun service, je réclame le paiement d'une dette.

— Moi, votre débiteur! vous commencez à devenir plaisant, mon cher.

— C'est possible! mais en tout cas, cette plaisanterie sera lugubre pour l'un de nous. Auriez-vous par hasard, vous le banquier millionnaire, l'heureux capitaliste, la prétention de me dénier mes droits? Ces droits, je les garde dans mon cœur ulcéré, dans ma volonté implacable, dans le sang appauvri qui coule dans mes veines... et si opulent, si estimé et si fort que vous soyez, vous trembleriez de me les entendre réclamer devant vos laquais! Quoi que vous veuilliez dire et faire, quoique ma présence vous soit odieuse, que mon acharnement à vous poursuivre vous effraye, vous serez obligé de me recevoir et de m'entendre... Je n'ai point demandé à venir au monde, poursuivit l'homme en blouse avec amertume, j'y suis, j'y reste! et j'entends que ma vie soit le moins dure possible! J'ai besoin d'un toit pour m'abriter, de pain pour manger, de vêtements pour me couvrir.

— Je vous ai fourni tout cela.

— Parfois, je ne le nie pas! la mauvaise chance m'a poursuivi.

— Vous mentez! dit Belleforge, ce n'est pas la mauvaise chance. Il n'y en a point pour l'ouvrier laborieux et probe. Celui-là se tire toujours de toutes les difficultés. Il ne suit pas les chemins dangereux, il ne prend pas pour compagnons des débauchés et des fainéants, il ne ruine pas sa santé par les excès. Depuis votre plus tendre jeunesse, vous n'avez rien respecté de ce qui est respectable! Vous avez foulé aux pieds toutes les lois de l'honorabilité; et faisant litière de l'estime des honnêtes gens, vous avez choisi pour femme une créature aimant le bruit plus que la besogne, veuve très jeune d'un mari qu'elle n'avait pas rendu heureux, et mère d'un enfant que vous traitez en paria.

Le visage de l'ouvrier blêmit.

— C'est vrai, dit-il, je ne vous ai point prié de me choisir une compagne. Je l'ai prise telle qu'elle était avec une misérable robe d'indienne sur le dos, et dans le cœur autant de rancunes contre la société que j'en éprouve moi-même. Nous étions de la même race, affamée et proscrite... Nous nous sommes reconnus pour deux enfants de Caïn et nous ne nous sommes plus quittés. Mais cette femme que je vous défends d'insulter, je la protége, je la nourris, je l'aime, et si quelqu'un peut me reprocher ce mariage, ce n'est certes pas vous !

— J'en ai le droit, puisque vous devenez insolent.

L'ouvrier quitta l'appui de la cheminée, attira brusquement un fauteuil, s'y assit et resta un moment silencieux, comme s'il se recueillait avant de répondre et cherchait des arguments sans réplique pour confondre son adversaire.

Son visage, qui jusqu'à ce moment se trouvait noyé dans l'ombre, apparut vivement éclairé par la clarté de la lampe. C'était un homme de trente ans, pâle et maigre; pâle de cette pâleur morbide de ceux qui usent leurs nuits dans des veilles et brûlent leur estomac avec l'absinthe; maigre moins de privations que dévoré par une haine sourde, persistante. Ses yeux, dont l'éclat indiquait la fièvre, étaient cernés, ses cheveux devenaient rares aux tempes, sa bouche mince ne connaissait plus le sourire et gardait seulement le rictus de l'ironie. Des narines mobiles, des sourcils touffus et noirs, des reflets fauves dans les prunelles donnaient à ce visage une expression de férocité accentuée par des dents blanches espacées comme celles des tigres. Il avait dû souffrir plus de l'envie et de la haine couvant dans son cœur que du froid et de la faim. On devinait à sa voix, à ses gestes, à certaines prétentions de langage, qu'il s'était fait une sorte d'instruction plus dangereuse qu'utile. Il prit les pincettes, tisonna le feu, et dit sans lever les yeux :

— Je vais vous conter une histoire.

Soit que Belleforge se fût complétement résigné à subir la présence et les discours de cet homme, soit qu'il redoutât un scandale, il parut prêt à écouter le récit de l'ouvrier.

Celui-ci reprit :

— Il y a trente ans vivait à Bruxelles une pauvre orpheline travaillant de son aiguille, et habitant une petite mansarde. A cette époque vous n'étiez pas riche, et vous travailliez dans la même ville chez un banquier. Voir la jeune fille, concevoir une coupable pensée, tenter tous les moyens pour perdre une âme, ce fut l'affaire de six mois. La jeune fille était sage, vous l'épousâtes sans bruit, en prenant grand soin de négliger certaines formalités d'ambassade ; quant à la pauvre créature, un prêtre de Sainte-Gudule l'ayant mariée, elle gardait tranquille sa conscience de sainte. Pendant deux ans elle vécut heureuse entre vous et son enfant... Un oncle millionnaire vous fit riche, vous partîtes précipitamment de Bruxelles, et quand votre jeune femme vint vous rejoindre à Paris, vous lui expliquâtes tranquillement que l'omission d'un acte indispensable à la consécration civile de votre mariage vous permettait de le regarder comme nul. La loi était pour vous ; sciemment vous aviez commis une infamie, une lâcheté... La malheureuse écrasée de douleur ne se révolta pas, elle se courba sous son infortune, mais en même temps elle sentit que la force de vivre l'abandonnait. Son enfant seul l'attachait encore au monde ; sentant la mort venir, elle le serrait dans ses bras en lui disant : — «Qui te chérira quand je serai morte? » — L'enfant comprenait déjà que, sa mère partie, personne ne l'aimerait plus jamais... L'agonie de l'abandonnée fut longue, solitaire, terrible... Sauf l'enfant, nul ne la veilla.

L'ouvrier s'arrêta un moment comme si un souvenir

ranimait sa rancune et des souffrances mal étouffées ; puis relevant la tête que jusque-là il avait gardée inclinée :

— Deux ans après, dit-il, vous étiez remarié à Paris, vous aviez une femme, une famille, vous ne daigniez plus regarder en arrière les malheureux que vous délaissiez.... J'avais treize ans quand ma mère expira ; sa dernière recommandation fut de me répéter que je devais vous chercher, vous trouver, faire appel à ce qui pouvait rester de juste et de bon au fond de votre cœur.... Oubliant ses griefs et ses douleurs, elle me dit de vous respecter, de vous obéir.... Je me sentais si épouvanté de mon isolement que je ne demandais pas mieux... mais quand je vins à vous, au lieu de me donner un peu de tendresse dont j'avais si grand besoin, vous m'offrîtes de l'argent : une aumône... Il ne vous plaisait de m'accorder que cela, je m'en contentai... J'essayai de gagner ma vie au moyen d'industries qui n'en sont pas ; je ramassai des bouts de cigares, j'ouvris des portières, je fis commerce de contre-marques, je distribuai des prospectus au coin des rues ; tour à tour imprimeur, colleur d'affiches, porteur de journaux, commissionnaire, je me frottai à tous les degrés de l'échelle sociale, de façon à prendre une idée, un défaut, un vice à chacun. Tous les bas-fonds parisiens laissèrent un peu de leur boue à ma chaussure, et souvent cette fange noya jusqu'à mon cœur. Cependant, par votre ordre, je devais apprendre un état. Ne sachant lequel choisir, je les essayai tous. Je manie avec une facilité égale la lime et le rabot ; je sais forger une clef et fabriquer une porte, remettre une vitre à une croisée et rembourrer un canapé. Je connais tous les métiers sans en avoir un seul, j'ai lu beaucoup de livres, et je garde la conscience d'être un ignorant. Le commerce me tenta ; c'est alors que vous achetâtes pour moi un fonds de menuisier. Le négoce alla mal, je laissais travailler les ouvriers, et je traitais bon nombre d'affaires en face d'un comptoir... Avec cela, les charges de la maison augmentaient... ma femme et les enfants mangeaient comme des affamés. Les planches et les outils y passèrent, et je me trouvai sur le pavé, pour la vingtième fois, peut-être, mais enfin, j'y suis, et c'est à vous de m'abriter, de me nourrir. Si peu que je sois, car je ne m'abuse pas sur mon compte, vous êtes encore moins que moi-même... je n'ai jamais commis une action lâche comme la vôtre... Eh bien ! à cette heure, l'enfant ruiné devient un impitoyable créancier, il demande le remboursement complet de la dette contractée envers lui... payez, mon père ! le fils maudit n'a pas le temps d'attendre.

— Vous aviez raison de le dire tout à l'heure, reprit Belleforge, vous êtes ignorant, sans cela vous sauriez que vous n'avez aucun droit de parler si haut dans cette maison...

— Peut-être la loi ne me le donne-t-elle pas, mais je le prends.

— Je ne discuterai point avec vous, reprit le banquier, vous m'inspirez trop de dégoût... Cependant, si vos menaces n'ont pas le pouvoir de m'effrayer, je me souviens d'une ancienne promesse, et je consens à vous rendre un dernier service. Que souhaitez-vous de moi, ce soir?

— Trois mille francs pour acheter un fonds de marchand de vin.

Le banquier haussa les épaules, se leva, ouvrit un tiroir, en tira trois billets de banque, et avant de les remettre à l'ouvrier :

— Honoré, dit-il, voilà, sur mon honneur, le dernier argent que vous recevez de moi.... faites-en bon usage, et oubliez à l'avenir et le nom de l'homme que ce soir vous avez insulté, et le chemin qui mène à sa maison.

L'ouvrier crispa sa main sur les billets, hésita à remercier, puis enfonçant sa casquette sur ses yeux avec un geste indéfinissable de crânerie crapuleuse, il s'élança hors de l'escalier, franchit le vestibule et laissa lourdement retomber la porte extérieure de l'hôtel.

III

CŒLIA

Madame Belleforge était seule dans son boudoir, charmante petite pièce capitonnée de satin bleu qu'égayaient des miroirs et que parfumaient des jardinières remplies de fleurs rares. La femme du banquier conservait une partie des charmes de la jeunesse. Son visage respirait une grande douceur, mais la mélancolie remplissait jusqu'au fond ses yeux d'un gris pâle, et le sourire autrefois épanoui sur ses lèvres avait fait place au pli douloureux de la tristesse. Elle paraissait si complétement abattue qu'on se demandait quelle désillusion, quelle sourde douleur la tuaient lentement ? En ce moment, son regard noyé de pleurs retenus à grand'peine se fixait sur la flèche de l'église de la Trinité, d'où s'échappait à toute volée l'harmonie des cloches éveillées pour la fête du lendemain. Madame Belleforge écoutait-elle dans son âme un écho de la voix du bronze sonore ? Sa pensée s'égarait-elle à la suite des grands cercles d'oiseaux qui tournoyaient dans l'azur ? Repassait-elle les souvenirs de sa vie ? Nul n'aurait pu le dire. Mais ceux qui jalousaient le sort d'Antonie Belleforge, ses attelages, ses diamants, étaient loin de se douter sous quel fardeau douloureux succombait la pauvre femme. S'ils l'avaient vue telle qu'elle était ce jour-là, ils n'eussent ressenti pour elle qu'une compassion profonde.

Un bruit de voix s'élevant dans le salon voisin arracha madame Belleforge à sa rêverie. Elle saisit la tapisserie qui reposait sur ses genoux, et par un effort soudain de sa volonté, elle reprit son masque de femme heureuse.

Une seconde après, deux ravissantes créatures pénétraient dans le boudoir. La première était Cœlia, fille de madame Belleforge, l'autre madame Léonie des Garcins, sa meilleure amie de pension, qui, mariée depuis deux ans, savourait les doubles joies d'une union assortie et d'une maternité récente.

— Comment, vous voilà, Léonie ! dit la femme du banquier en tenant avec effusion les deux mains de la jeune femme... Vous êtes un peu pâle, mais le bonheur vous sied bien... Comment va votre cher mari?... Comment se porte le bambino ?

— Le cher mari m'aime tous les jours davantage, et je le lui rends pour ne point contracter de dettes... Monsieur mon fils ne crie jamais, ouvre de grands yeux bleus encore un peu vagues, et pousse comme une fleur de mai..; telle que vous me voyez, je suis la plus heureuse femme de Paris.

— C'est du bonheur bien placé, mon enfant, répondit madame Belleforge, vous le méritez à tous égards... Votre enfance, votre jeunesse furent dirigées de telle sorte que vous deviez être une honnête et vaillante créature aimée et estimée de tous.

— Merci, Madame, merci; vos éloges me causent d'autant plus de plaisir que vous ne les prodiguez pas... Ensuite, ils m'encouragent à vous présenter ma requête.

— Une requête, à moi ?

— Et très-grave.

— Je vous écoute.

— Vous le savez, je suis orpheline ; mon mari a lui-même perdu ses parents... Nous n'avons d'autre famille que nos amis, et je suis fière de vous compter parmi les meilleurs... Je n'ai pas voulu me priver du bonheur d'assister à la fête du baptême de mon enfant... On s'est contenté de l'ondoyer... Il s'agit maintenant de procéder à la grande cérémonie... Vous le rappeliez tout à l'heure avec une affectueuse bonne grâce, Cœlia est ma compagne d'enfance, permettez-lui de devenir la marraine de mon bambino ?

Cœlia se jeta au cou de Léonie.

— Quelle joie! s'écria-t-elle, que je t'aime ! Combien tu es bonne d'avoir songé à moi ! Comme cela, ton enfant sera un peu à nous deux... N'est-ce pas, chère mère, tu consens ?

Madame Belleforge pâlit visiblement; un tremblement nerveux agita ses mains croisées sur ses genoux. Ce qu'elle avait à répondre lui coûtait un grand effort ; ce fut d'une voix hésitante, et sans oser regarder ni sa fille ni la jeune mère, que la femme du banquier dit d'une voix contrainte :

— On n'accepte pas à ton âge des responsabilités si grandes, Cœlia... Si touchée que je sois de la demande de madame des Garcins, je ne puis lui accorder ce qu'elle désire.

— Ah ! Madame! s'écria Léonie, comment pouvez-vous me refuser cette faveur? Il y a un instant, vous disiez m'estimer, m'aimer... et, à la première grâce que j'implore, vous opposez un refus formel et glacial... Songez donc, ce titre de marraine, rapprochant de moi Cœlia, confondait presque nos deux familles... Pourquoi voulez-vous que l'on choisisse pour protecteur d'un enfant des vieillards à qui le temps manquera pour accomplir leur œuvre de dévouement ? A mon avis, ceux qui doivent partager la paternité et la maternité morales de l'enfant ont besoin d'être jeunes, pleins de force et d'énergie... Cœlia compte dix-sept ans, moi dix-neuf ; c'est parfait... Retirez votre refus, je vous en conjure...

— Il me coûte plus que vous ne sauriez croire..., répondit madame Belleforge.

— Et vous persistez ?

— Je persiste.

Léonie attristée et froissée abrégea ses adieux. Quand Cœlia qui la reconduisit se trouva seule avec elle, toutes deux s'embrassèrent en pleurant :

— Va, dit Cœlia, j'aimerai tout de même ton petit ange !

Lorsque Léonie fut remontée en voiture, Cœlia rejoignit sa mère. Madame Belleforge tenait son visage caché dans ses deux mains ; on n'entendait pas le bruit de ses sanglots, mais elle semblait secouée par une tempête intérieure, et le sentiment de la douleur qui l'écrasait était si poignant, qu'elle n'entendit pas sa fille ouvrir la porte. Cœlia, qui arrivait le cœur gros d'une sorte de colère excitée par ce qu'elle traitait de caprice cruel, se trouva soudainement apaisée par l'attitude de sa mère.

Elle s'agenouilla à ses pieds sur un coussin, écarta ses doigts entre lesquels filtraient des larmes, et lui tendit son front.

Madame Belleforge attira Cœlia sur son sein, et l'y garda longtemps pressée.

— Tu ne m'en veux donc pas ? demanda la femme du banquier.

— Je n'en ai pas le droit...

— Cependant, je t'ai causé une vive peine ?

— Oui, répondit Cœlia d'une voix contenue.

— Pauvre, pauvre chère aimée ! murmura madame Belleforge, tu ne peux deviner ce que ce refus m'a coûté tout à l'heure.

— Il était si facile d'accepter.

— Tu crois... assieds-toi là, Cœlia, et écoute-moi... Je pourrais te dire que l'expression de ma volonté doit te suffire... J'agirais peut-être de la sorte, s'il s'agissait d'une fille moins soumise, moins respectueuse... Mais la confidence que je vais te faire deviendrait au premier jour obligatoire... J'aime mieux t'apprendre tout de suite une vérité si cruelle qu'elle m'arrache des larmes... Quand j'ai repoussé la demande affectueuse de Léonie, tu as cru à un caprice de ma part...

— Caprice? non...

— Ma chérie, je ne t'ai point permis de devenir la marraine du fils de ton amie, parce que cela est impossible.

— Mais pour quelles raisons ?

— Connais-tu les obligations que ce titre impose ?

— Certainement, je les connais, répondit Cœlia en riant. D'abord, usant de mon droit, j'eusse donné mon nom à ce petit ange : Cœlia ! c'est fort joli, et cela repose le cœur en faisant songer au ciel bleu... ; puis j'aurais eu pour tâche, pendant plus d'une année, de lui broder des béguins, des bavettes, des brassières, et de tricoter des chaussons de poupée pour ses pieds roses.

— Il aurait fallu accompagner ton filleul à l'église.

— Les églises ne me font pas peur... J'en connais de fort belles... L'année dernière, je suis allée entendre au Panthéon le magnifique oratorio des *Sept paroles*, et j'en suis revenue ravie... Pourquoi supposes-tu que cela m'effraie d'entrer dans une église?...

— Ce n'est pas tout..., poursuivit madame Belleforge, en évitant de répondre à Cœlia, on aurait exigé de toi la promesse de chérir cette petite créature, et au besoin de remplacer sa mère...

— J'aime les enfants..., dit Cœlia d'une voix douce, j'aurais prêté ce serment sans regret.

— Et puis, ajouta la femme du banquier, il aurait fallu réciter des prières, et tu n'en sais pas...

— J'ai bonne mémoire, je les aurais apprises.

— Sans doute, comme un étranger mettant le pied sur le sol d'une autre patrie retient quelques mots indispensables, sans avoir la prétention de parler et de comprendre la langue du pays qu'il traverse... ; tu aurais récité ta leçon, sans savoir quelle application tu devais faire des paroles sublimes qui se trouvaient sur tes lèvres, avant d'avoir éclairé ton esprit et réchauffé ton cœur. Tu aurais menti au prêtre, menti à Dieu, car tu aurais dit : « Je crois ! » sans avoir la foi dans ton âme, et prêté le serment d'une chrétienne sans être marquée du signe de la foi.

— Que veux-tu dire ? demanda Cœlia avec étonnement.

— Tu n'es pas chrétienne ! répéta madame Belleforge.

— Ah ! fit Cœlia, comme si subitement on lui eût appris qu'elle se trouvait sans patrie, et pourquoi ne le suis-je pas ? Léonie l'est, elle ! puisque l'on baptise son enfant ?

— Ma fille, répondit avec effort madame Belleforge, ton père nous a imposé à tous ses volontés et ses idées... Les choses de la religion lui semblent des enfantillages dont les gens sérieux auraient tort de se préoccuper... Il estime que notre conscience est notre meilleur guide, et ne croit pas que les pratiques pieuses nous sauvegardent mieux que la philosophie dont il se contente. Vingt fois tu l'as entendu raisonner de la sorte devant Conrad et devant toi... ; ce n'est donc point une révélation que je te fais, mais une confirmation que je t'apporte...

— Lorsque j'écoutais mon père railler ce que je prenais pour l'indice d'une âme faible, je le croyais sur parole, sans penser qu'il pouvait se tromper... Quand il tournait en ridicule les choses de la religion, vous n'éleviez point d'ailleurs la voix pour les défendre... Mon frère prenait les opinions de la famille pour règle de sa vie... Je me croyais supérieure à la plupart des femmes par l'énergie de mon esprit... Tout à coup, j'apprends que mon ignorance, mon incrédulité me ferment les portes de l'Église... Je n'ai pas le droit de tenir dans mes bras un petit enfant innocent, et de jurer devant Dieu de le protéger et de le chérir... Entre moi et les manifestations saintes on a élevé une barrière... Je reste indécise et troublée, me demandant si, au lieu d'être de puissants logiciens, de grands et sages philosophes, toi et mon père, vous n'avez pas tari en moi une des sources sacrées de la vie.

Madame Belleforge ne répondit rien ; elle semblait accablée par les reproches de Cœlia, auxquels elle était si loin de s'attendre.

Troublée par les pensées nouvelles qu'éveillait dans son esprit cette révélation inattendue, la jeune fille quitta le boudoir et se dirigea vers sa chambre.

Dans le corridor, elle rencontra Annette, une vieille servante qui avait élevé sa mère et faisait pour ainsi dire partie de la famille. Avant de questionner, Cœlia ne se demanda point si Annette était suffisamment instruite pour lui répondre. Elle avait besoin d'une confidente, presque d'une complice ; l'honnête créature était Bretonne, et Cœlia savait quelle est sur les gens de cet austère pays la puissance des sentiments religieux. Elle prit les deux mains d'Annette, et lui dit en souriant :

— Je voudrais aller à l'église un de ces jours, ma vieille amie, me promets-tu de m'y conduire ?

— Oui, Mademoiselle, répondit gravement Annette, et cependant, si Monsieur votre père l'apprend, il me chassera de la maison.

— Vois-tu, Annette, je veux assister au baptême de

l'enfant de Léonie... C'est fort touchant, n'est-ce pas, un baptême ?

— Certes, Mademoiselle, il semble que l'on voie le ciel s'ouvrir sur la tête du nouveau-né à qui les anges font fête dans le paradis.

Huit jours plus tard, Cœlia, prétextant une course pressée, sortit avec Annette et prit le chemin de la Madeleine.

Les cloches carillonnaient, des équipages s'arrêtaient devant le grand escalier. Une foule élégante encombrait le portique. Cœlia aperçut Léonie accompagnée d'une jeune fille portant un gros bouquet et du jeune homme qui devait être le parrain. La nourrice suivait, tenant dans ses bras le bambino enveloppé de dentelles.

Le cortége se dirigea vers les fonts baptismaux, et mademoiselle Belleforge s'en approcha, pour ne rien perdre des détails de la cérémonie. Elle entendit les prières latines du prêtre ; elle vit les mains des deux nouveaux protecteurs de l'enfant soutenir près de lui un cierge allumé, image des clartés de l'Évangile. Elle écouta le *credo* prononcé par les jeunes gens d'une voix recueillie. Quand l'eau baptismale coula sur le front de l'enfant, Cœlia se sentit intérieurement bouleversée. Mais ce qui l'émut encore davantage, ce fut de voir avec quel élan de tendresse et de foi Léonie serra son enfant sur son cœur quand le pieux cérémonial fut achevé : on eût dit qu'elle venait pour la seconde fois de lui donner l'existence.

La jeune fille hésita sur ce qu'elle devait faire ; son affection pour son amie l'emporta sur sa timidité. Elle s'avança les yeux humides de larmes, et parut demander comme une grâce la faveur d'embrasser le bambino à son tour.

— De grand cœur ! dit Cœlia, ce n'était qu'un enfant, le voilà devenu un petit ange.

— Mon Dieu, pensait en revenant chez elle la fille du banquier, ce n'a pas été si grande fête chez nous quand je suis née... On n'a pas fait chanter les cloches, on n'a pas paré les autels de fleurs... Ma mère ne m'a point prise dans ses bras toute humide d'eau sainte, toute parfumée d'encens... Je ne suis pas l'égale de ce petit enfant..., pas même de l'humble servante qui marche à mon côté, et qui roulait tout à l'heure son chapelet dans ses doigts... Je me trouve, sans l'avoir voulu, séparée de ceux qui prient... On ne s'est point demandé si je souffrirais plus tard, faute de pain pour mon esprit et pour mon âme... Et j'ai grandi, vécu, sans deviner qu'il me manquait des ailes !

Rentrée chez elle, Cœlia pria Annette de lui aider à se déshabiller. Elle voulait se débarrasser de Julie, sa femme de chambre, dont le caquetage lui aurait en ce moment singulièrement déplu.

Tout à coup, apercevant sur une étagère un missel relié d'ivoire et orné de fermoirs d'argent, cadeau envoyé du fond de la province par une parente éloignée, Cœlia le prit et le tendit à Annette:

— Garde-le, dit-elle, et prie pour moi.

Puis elle se jeta dans les bras de la servante, comme tout enfant elle se précipitait sur le sein de sa nourrice, et fondit subitement en larmes.

IV

SYMPATHIES.

Les plaisirs de l'hiver, le choix d'élégantes toilettes, des succès de salon effacèrent de l'esprit de Cœlia l'impression produite par son entretien avec madame Belleforge. Peut-être la jeune fille s'efforça-t-elle de chercher dans le bruit et l'éclat une compensation à la tristesse vague dont elle se sentait parfois accablée. Jamais elle ne témoigna plus de désirs imprévus, de fantaisies coûteuses. On eût dit qu'elle exerçait sur son père un droit de créancier, et que frustrée d'une part du bonheur auquel elle avait droit, elle exigeait l'autre moitié avec usure.

Madame Belleforge allait dans le monde par nécessité de situation, et son fils Conrad était déjà fier d'accompagner Cœlia. Conrad avait vingt ans, une physionomie aimable et sympathique. Son caractère était plus grave que ne le comportait son âge. Il venait de passer ses examens de docteur ès sciences d'une façon brillante et commençait son cours de droit. Conrad tenait d'autant plus à devenir un homme remarquable que la fortune de son père semblait devoir l'en dispenser.

Il fréquentait les cercles sérieux, les bibliothèques, et choisissait avec soin ses amis. Au nombre des jeunes gens que le hasard, puis l'attrait, rapprochait de lui da-

» vantage, était le jeune comte Rolland d'Ivrée. Malgré le refus fait par la mère de celui-ci d'accepter le prêt offert par Belleforge, Rolland conservait pour le banquier une sincère reconnaissance, et par un sentiment facile à comprendre, il voulait payer cette dette à Conrad.

Rolland savait bien que le fils du banquier ne partageait aucune de ses idées, mais il trouvait en lui tant d'honnêteté et de qualités sérieuses qu'il attribuait au milieu dans lequel il avait vécu l'incrédulité orgueilleuse du jeune homme. D'ailleurs, le mal était-il sans remède? Si, en s'attachant à Conrad, Rolland parvenait à l'éclairer, ne remporterait-il pas une belle victoire? La négation de Dieu révolte quand elle est formulée par un vieillard; elle attriste, surprend, épouvante davantage, quand elle sort de la bouche d'un être jeune, qui ne devrait respirer qu'enthousiasme pour les grandes choses. De son côté, Conrad ressentait pour Rolland une vive sympathie. Il évitait devant lui d'entamer ou de soutenir des discussions qu'il savait lui devoir causer une impression pénible. Le comte d'Ivrée le remarquait et lui en savait gré.

Du reste, sans le chercher, sans le vouloir, presque malgré elles, les familles Belleforge et d'Ivrée se trouvèrent plus d'une fois fortuitement rapprochées. Soucieuse de l'avenir de son fils, et comprenant qu'elle devait lui permettre de franchir le cercle restreint de leurs relations, la comtesse laissait Rolland libre de fréquenter quelques salons dans lesquels se rencontraient comme sur un terrain neutre les triples aristocraties du nom, de la fortune et du talent.

Ce fut à un bal d'ambassade que Rolland se trouva pour la première fois en présence de mademoiselle Belleforge. La beauté de cette jeune fille, une sorte de vague tristesse, succédant brusquement chez elle à une gaîté fébrile, intéressèrent Rolland, avant même qu'il apprît son nom. Attiré vers l'angle du salon où Cœlia se tenait près de sa mère, il attendait qu'un ami lui rendit le service de le présenter, lorsque Conrad le reconnaissant chercha à l'entraîner. Le mouvement de résistance qu'il surprit dans Rolland le porta à chercher quel motif le retenait à cette place, et suivant la direction des regards du jeune homme, il se mit à sourire.

— Dites-moi, demanda Rolland, connaissez-vous cette jeune fille vêtue de blanc qui porte des azalées roses dans les cheveux?

— Beaucoup, répondit Conrad; vous la trouvez jolie?

— Mieux que cela..., elle m'intéresse et je cherche à comprendre ce qui se passe en elle... Tout à l'heure, elle dansait et paraissait éprouver un vif plaisir... Puis, brusquement elle a pâli, et il m'a semblé qu'elle souffrait.

— Pauvre Cœlia! dit Conrad presque bas.

— Vous l'appelez Cœlia...

— C'est ma sœur, répondit simplement le jeune homme... Venez, ma mère sera charmée de vous connaître, je lui parle souvent de vous.

Le comte d'Ivrée s'approcha de madame Belleforge et prit le fauteuil vide qui se trouvait près d'elle. La femme du banquier causait sans prétention, mais avec esprit. Les idées qu'elle émit sur les hommes et les choses surprirent Rolland par leur justesse. Entre les opinions de cette femme et celles de son mari, il existait un abîme. Abandonnée à elle-même, madame Belleforge prouvait à chaque instant l'élévation de ses sentiments et de ses idées, puis, parfois, sans transition, elle tâchait d'effacer l'avantageuse impression qu'elle venait de produire, comme si tout à coup elle se fût souvenue qu'elle jouait un rôle, et devait rattacher les cordons d'un masque prêt à tomber de son visage.

— Comment, se demanda Rolland, une telle femme a-t-elle pu élever Conrad dans l'indifférence religieuse ?

De Conrad, la pensée de Rolland se reporta sur Cœlia. Cette belle jeune fille gardait-elle au cœur la plaie de la famille? Avait-on soufflé dans sa jeune âme le froid de l'incrédulité? Sa tristesse provenait-elle d'une source mystérieuse de regrets évanouis? Le comte d'Ivrée se demandait toutes ces choses avec une nuance d'attendrissement. Trop sérieux pour rechercher le mouvement de la danse, il regrettait cependant de ne pouvoir causer avec mademoiselle Belleforge. Il lui semblait que son secret lui eût échappé malgré elle, et ce secret, il avait hâte de le connaître. Les convenances ne lui permettant pas d'abuser du privilège de sa présentation, il prit congé de la femme du banquier et salua profondément Cœlia, qui le regardait avec une douce confiance, comme si elle eût été charmée de voir que Conrad plaçait bien son amitié.

Un mois plus tard, une lettre amicale, adressée à madame Belleforge par la baronne d'Argail, la priait de permettre à Cœlia d'être demoiselle d'honneur le jour du mariage d'Honorine d'Argail, avec le vicomte de Ranzval, attaché d'ambassade. — « Peut-être, ajoutait la lettre, serez-vous bien aise d'apprendre que le jeune comte d'Ivrée sera chargé d'offrir le bras à votre charmante Cœlia ».

Avant de répondre, la femme du banquier consulta sa fille. En lisant le billet de la baronne, Cœlia rougit :

— Qu'as-tu décidé? demanda-t-elle à sa mère.

— J'accepte.

— Honorine se mariera à l'église, cependant, dit Cœlia avec une sorte d'amertume.

— Ah! répondit Madame Belleforge, tu te souviens de Léonie...., ce n'est pas la même chose.... Cette fois ton père ne soulèvera aucune objection. Tu te commanderas une toilette pour ce jour-là. Je suis sûre qu'Honorine sera éblouissante.

— Soit! répliqua Cœlia rapidement, comme si elle avait hâte d'oublier une pensée plus grave, je me ferai faire une robe de faille bleue de Nil ou turquoise malade... brodée en soie de nuance plus foncée..., un chapeau de deux tons..., et je demanderai à mon père un bijou nouveau.

— Sois gaie, au moins! ce n'est pas assez de se montrer élégante.

— Gaie? s'écria Cœlia, je ris toujours.

— C'est ce qui m'inquiète, répondit madame Belleforge.

— Je t'aime pour l'avoir remarqué! fit Cœlia en embrassant sa mère.

Le banquier approuva sa femme, ouvrit un crédit à sa fille, et apporta deux écrins au moment où Cœlia vêtue de sa robe bleue pâle se disposait à monter en voiture. Quand la jeune fille gravit les marches de l'église, il n'y eut qu'une voix pour louer sa bonne grâce et sa parfaite distinction.

L'orgue commença ses longs accords, au moment où le cortége nuptial franchit le seuil du temple. Honorine, blanche sous son voile de mariée, s'appuyait tremblante sur le bras de son père; le comte d'Ivrée et Cœlia gagnèrent lentement la nef parée de fleurs. L'autel étincelait; la voix des enfants de chœur s'élevait fraîche et pure; une atmosphère de piété enveloppait les assistants. Pour la seconde fois, Cœlia s'agenouillait dans une église, pour la seconde fois elle priait sans savoir de formules de prière. L'office commença. Le trouble ingénu d'Honorine, le recueillement grave de l'homme qui jurait de l'aimer pendant toute sa vie, les cérémonies symboliques de l'échange des anneaux, de la bénédiction des médailles, inspiraient à Cœlia une curiosité religieuse mêlée de crainte. Jusqu'à cette heure, elle avait considéré le mariage comme une association de fortunes, un échange de signatures. Tout à coup, l'union de deux êtres jeunes, prêts pour la bataille de la vie, se présentait sous un aspect agrandi, sanctifié. Sans savoir pourquoi, il lui semblait que le mariage avec ses obligations de bonté, de fidélité, de condescendance, de sacrifices mutuels, venait de lui être révélé, elle comprenait mieux la famille, depuis qu'elle la voyait abritée derrière l'autel. Au moment où elle dut soutenir le poêle de soie blanche au-dessus du front des époux, son regard se leva involontairement sur Rolland d'Ivrée, et une pensée rapide comme un éclair traversa son esprit.

Quand les nouveaux époux se trouvèrent dans la sacristie, Cœlia se jeta avec effusion dans les bras d'Honorine.

Pendant le dîner, le hasard plaça Rolland à côté de Cœlia. Le jeune homme respectueux et attentif étudiait avec obstination cette jeune fille dont il ne parvenait pas toujours à comprendre le caractère. Elle lui paraissait tour à tour confiante, naïve, puis tout à coup calme et calculatrice. Un mot déroutait l'opinion conçue après une longue causerie. Le comte d'Ivrée se sentait attiré vers elle en dépit de l'opposition de leur naissance, de leurs éducations, de leurs convictions. Il lui semblait que la Providence lui imposait la tâche d'éclairer les ténèbres dont cette âme était entourée. Sa sympathie pour la jeune fille se doublait du besoin de la soutenir, de la consoler, car il croyait sincèrement qu'elle souffrait.

Quand le dîner fut achevé, le comte d'Ivrée prit le bras d'un de ses amis qu'il savait être en relations d'affaires avec M. Belleforge; le jeune homme ne cachait pas son admiration pour l'incontestable beauté de Cœlia; en même temps, il rendait hautement justice à sa bonté, sa libéralité, sa douceur.

— Dans ce monde financier, où les millions se calculent par deux et trois chiffres, j'ai rarement vu, disait-il, une créature aussi douce que mademoiselle Belleforge..., et je ne te cache pas que je m'estimerais fort heureux d'obtenir sa main, dit Édouard de Senange.

— Ta famille ne s'opposerait pas à ce mariage? demanda Rolland.

— Nullement. M. Belleforge est un des princes de la finance..... D'ailleurs, sa femme est de bonne maison c'est une Castelmar... Aucune affaire véreuse n'entache la réputation du père, l'honneur de la mère est inattaquable; Conrad est un charmant garçon, il peut choisir telle carrière qu'il lui plaira, et la fille, cette blanche enfant, fera une adorable jeune femme...

— Tu as raison, dit Rolland, et j'oublie, en causant avec toi, que je l'ai invitée pour le prochain quadrille.

Ce que Édouard venait de dire à Rolland répondait aux secrets désirs de celui-ci d'une façon si complète, que son visage rayonnait de joie quand il s'approcha de Cœlia. Jamais elle ne lui avait semblé plus jolie. Sa toilette était fort simple, cependant, plus que simple pour la fille d'un millionnaire, et le comte d'Ivrée y trouvait une preuve de bon goût.

Il eût été si facile à Cœlia de porter des perles qu'il fallait lui savoir gré de se contenter de marguerites blanches. Le reflet de tristesse que Rolland surprenait quelquefois dans son regard adoucissait l'expression de son visage. Quand Rolland s'inclina devant elle, et lui rappela sa promesse, Cœlia eut l'air d'une personne qu'on réveille brusquement.

Elle se trouvait à cet instant loin du bal et du monde, la voix du jeune homme et les sons de l'orchestre la rappelèrent à la réalité. Elle triompha rapidement de ce trouble intérieur ; d'un geste gracieux elle aplatit ses jupes de tulle et prit le bras du comte d'Ivrée.

Les quadrilles, n'étant plus guère qu'une marche rhythmée, rendent la causerie facile. Les figures que l'on exécute en sont en quelque sorte les alinéas, et si la conversation se trouve forcément coupée, il reste cependant aisé d'échanger quelques idées. Rolland avait le cœur assez préoccupé de Cœlia pour souhaiter lire jusqu'au fond de l'âme de la jeune fille. Il la trouvait belle, il la savait bonne, il lui tardait d'apprendre si ses croyances répondaient aux siennes, si les plus hautes pensées et les espérances de son âme trouveraient un écho dans l'âme de Cœlia.

Avant de former des projets d'avenir, et d'avouer à sa mère le secret qui lui pesait, Rolland voulait être sûr que l'incrédulité voltairienne de M. Belleforge ne pouvait sans injustice devenir une tache originelle pour Cœlia.

Les circonstances le servirent mieux qu'il ne l'espérait. Lorsqu'il reconduisit la jeune fille dans le boudoir où elle se trouvait avec sa mère avant le commencement du quadrille, madame Belleforge n'y était plus. Sans doute elle avait pris le bras de Conrad pour faire le tour des salons. Rolland demanda à Cœlia si elle voulait qu'ils les cherchassent ensemble ; mais la jeune fille lui répondit que sans nul doute sa mère reviendrait dans ce même boudoir, et qu'elle préférait l'attendre.

Rolland prit place près de Cœlia dans une encoignure si garnie de fleurs que tous deux semblaient abrités dans une serre embaumée, et pouvaient se croire isolés bien qu'une douzaine de personnes se trouvassent dans cette petite pièce.

— Vous sembliez ce matin fort émue du bonheur de

votre amie, Mademoiselle, dit Rolland d'une voix qu'il s'efforça d'affermir.

— Je l'avoue, ce bonheur me cause une grande joie. Honorine fait un heureux mariage.

— Sa dot était modeste, je crois.

— Et j'approuve grandement monsieur de Ranzval. Il a consulté son cœur avant d'additionner des chiffres..... Je ne dis pas comme vous qu'Honorine a fait un beau mariage : des deux époux, monsieur de Ranzval me semble le plus heureux, il enrichit celle qu'il préfère... A quoi la fortune serait-elle bonne, si ce n'est à rétablir certains équilibres... Je ne fais cas de l'argent qu'en le considérant comme un redresseur de torts... Essayer de mettre d'accord les intérêts et les sentiments, quand il s'agit de mariage, me semble un mauvais moyen d'assurer la félicité des deux époux.

— Vous ne raisonnez guère comme la plupart des jeunes filles...

— Je le sais, et ne crois pas que personne m'en blâme... On ne doit point davantage m'en louer... Je me trouve heureuse de songer que jamais un calcul ne servira de base à mes projets d'avenir, et mon père m'approuve en cela... Est-ce que le chiffre de revenus importants donne à l'homme un cœur plus délicat, un esprit mieux cultivé, une âme plus dévouée? D'ailleurs, que représentent les énormes fortunes ? Des dépenses inutiles, des besoins factices dont la satisfaction n'arrive presque jamais à donner le bonheur. Je connais un grand nombre de jeunes femmes dont la corbeille de mariage fut féerique, et qui se trouvent fort malheureuses parce qu'elles n'ont pas des parures nouvelles à chaque bal auquel elles assistent. Quand la raison ne modère pas la passion du luxe et les écarts de la fantaisie, l'on ne s'arrête plus en route ; mieux vaut donc commencer par marcher doucement sans avoir hâte de courir vers un but que l'on dépasse faute d'avoir eu la patience nécessaire pour l'atteindre... Je ne méprise ni ne dédaigne l'argent, croyez-le... Seulement, je saurai, je crois, l'employer d'une façon agréable et fructueuse. J'aime les voyages qui laissent des souvenirs et des richesses dans l'esprit, qui grandissent les idées par la comparaison, et peuplent plus tard les jours de repos et de solitude...

— Vous avez beaucoup voyagé, Mademoiselle ?

— Non : j'ai vu les bords du Rhin en buveuse d'eau, et je ne me sentais nullement malade ; la Suisse, en touriste de fantaisie. Ma mère ne supporte pas les longues marches, et s'intéresse moins que moi aux aspects pittoresques et aux légendes des vieux burgs... J'aurai donc un jour tout à revoir et tout à apprendre...

— Vous ne connaissez point l'Italie?

— Je me suis contentée jusqu'à ce moment de l'étudier dans les livres.

— J'y ai passé la moitié d'un hiver avec mon oncle, l'abbé de Hautmoustier, et je me promets bien d'y retourner, ajouta Rolland.

— Il y a tant d'œuvres merveilleuses à y admirer ! l'art s'y manifeste sous toutes les formes avec une perfection si grande !

— Ce ne sont pas seulement les monuments de l'antiquité et les chefs-d'œuvre de la Renaissance que je souhaite revoir; je tiens moins à admirer de nouveau les galeries et les musées qu'à retourner dans les basiliques, à chercher dans Rome les traces de ceux qui la firent sainte, et y baiser la poussière de ceux qui la couronnèrent chrétienne et martyre...

Rolland prononça ces mots avec une sorte d'exaltation, puis il regarda Cœlia.

La jeune fille, le front baissé, paraissait écouter ces

mots d'une langue inconnue. Le cœur du comte d'Ivrée se serra ; mais il avait amené l'entretien sur ce terrain dangereux et brûlant, afin de lire dans la secrète pensée de Cœlia, et il ne pouvait ni ne voulait reculer.

— Je dois, reprit-il, ces sentiments à l'ardente piété de ma mère ; j'y puisai chaque jour une joie nouvelle, un courage plus robuste. Je ne sors jamais d'une église sans me sentir meilleur ; vous-même, Mademoiselle vous étiez ce matin bien recueillie...

— Oui, je l'avoue, l'idée du bonheur d'Honorine m'absorbait.

— Quoi ! ces cérémonies touchantes, les paroles graves et maternelles de la liturgie, l'évocation qu'elle fait des plus aimables figures de la bible, tout cela ne remuait pas profondément votre esprit, et ne doublait pas la valeur du serment prononcé ?

— Un serment est toujours un serment... En quelque lieu qu'on le prête, il oblige toujours... ; la parole d'un honnête homme et celle d'une honnête femme ont une valeur assez haute pour n'avoir besoin d'aucune autre sanction.

— Je crois le contraire, répliqua vivement Rolland.

— Tous les mariages se célèbrent à l'église, cependant, tous ne sont pas heureux.

— Permettez-moi de vous faire remarquer qu'un trop grand nombre de gens considèrent la bénédiction de l'Église comme une simple formalité, sans y chercher la protection du ciel... ; ceux-là n'auront pas plus tard le droit de se plaindre, s'ils ne trouvent pas la félicité dans leur union.

— Mais, reprit Cœlia, ceux qui puisent le courage en dehors d'eux-mêmes sont des êtres faibles.

— Je plains les hommes qui, se fiant dans leur énergie, croient qu'elle leur suffira pour être heureux... Je vous demande pardon de vous parler de moi et des miens, Mademoiselle, mais j'ai sous les yeux des preuves vivantes de ce que j'avance. Ma mère épousa mon père fort jeune; ils s'aimaient sincèrement, profondément; cependant, ils auraient renoncé au projet d'unir leurs destinées si leurs convictions religieuses n'eussent été semblables. Ils ne voulaient pas seulement penser, mais prier ensemble. C'étaient deux créatures d'élite formées à la vertu par des parents qui avaient subi la tourmente révolutionnaire, puis l'exil. Ils furent élevés dans des principes ardents de foi et de patriotisme. Mon aïeul formé par une dure expérience exigea que ses fils fussent assez instruits pour n'avoir rien à redouter, si la patrie subissait plus tard de nouvelles crises. Mon père devint un homme érudit, et si plus tard la ruine l'a frappé, c'est que l'honneur du nom valait mieux pour nous que l'éclat de la fortune. J'ai suivi l'exemple paternel; je réprouve l'oisiveté; j'estime qu'un gentilhomme se grandit loin de s'amoindrir, quand il s'occupe des affaires du pays. Je me suis fait inscrire au tableau des avocats, et je plaide, choisissant les clients les plus pauvres et les causes dédaignées par les maîtres. Ce qui me manque en honoraires m'est remboursé en reconnaissance. J'écris aussi, durant mes heures de loisir; je serais heureux de me faire un nom dont ma mère serait fière et qui me rendrait plus digne d'être distingué, aimé, chéri par la compagne de ma vie, celle à qui je vouerai mon existence dans une promesse faite au pied de l'autel... Je lui apporterai un cœur droit, une âme loyale et croyante. Je ne lui dirai point : — « Je suis bon ! » mais : « Je suis sincère. » Je n'exigerai pas d'elle des perfections que l'humanité ne comporte pas, je lui demanderai seulement la volonté de marcher du même pas que moi, dans la vie, en nous acheminant vers le même but. Je ne lui dirai jamais : — « M'aimez-vous ? » mais : « Puisez-vous votre tendresse pour moi à une source véritablement chrétienne ? » Et je comprends si bien le mariage dans de telles conditions, que si je me sentais entraîné vers une belle jeune fille, douée de qualités que le monde admire et loue, je n'aurais rien à lui avouer de ma secrète sympathie, si sa foi ne m'apportait la garantie d'une fidèle tendresse.

Rolland regarda Cœlia avec une sorte d'angoisse.

— De sorte, répondit la jeune fille, en coupant ses mots comme si elle avait peine à formuler sa pensée, que si cette enfant eût grandi dans l'ignorance, vous la condamneriez.

— Je la plaindrais, mais je n'oserais la donner pour fille à ma mère...

En ce moment Honorine de Ranzval rejoignit son amie.

— Viens donc me faire vis-à-vis, dit-elle.

Cœlia jeta sur le comte d'Ivrée un regard dans lequel le dépit se mêlait à la douleur et à la surprise.

Quant à Rolland, en voyant s'éloigner la jeune fille, il murmura avec l'expression d'un regret poignant :

— Quel dommage !

Et un moment après il quittait le bal.

LES LÉPREUX DU SIÈCLE.

La rue Saint-Étienne-du-Mont dessine l'angle d'une petite place encadrée de maisons d'aspect inégal et presque sordide, occupées par des cabaretiers, des étameurs, des marchands de bric-à-brac et des tapissiers en vieux.

Cette rue ou plutôt cette ruelle fait face au côté gauche de l'église; elle présente un mur jaunâtre, crevassé, croulant, coupé et troué d'une façon irrégulière de fenêtres, de portes et de jours de souffrance. Les façades de ses maisons s'écaillent comme une pierre lépreuse; les escaliers se dressent en échelles, se tournent en vis; les carreaux des croisées présentent de grosses loupes vertes. Aux fenêtres de chaque étage de ces perchoirs malsains pendent des loques plus salies que lavées dans les eaux recueillies sous les gouttières : vestes de travail déchirées, jupes de femme en lambeaux, bas dont le pied est absent, nippes d'enfant, haillons de ménage, toutes les hontes de la pauvreté et du désordre.

De chacune des chambres de ces maisons renfermant non pas un locataire, mais une famille, sortent des vociférations, des blasphèmes auxquels succède le bruit sourd du poing ou du bâton écrasant la chair meurtrie. Alors éclatent des sanglots d'enfants, des cris « à l'assassin! » puis de nouveaux coups accablent les victimes, et tout rentre dans le silence.

En face, les verrières de l'église reflètent de prismatiques lueurs, et pendant que vibrent les chants graves de la liturgie et les accords de l'orgue, il n'est pas rare d'entendre des voix avinées répondre aux proses latines par des couplets obscènes.

Cette rue, une des plus horribles de Paris, et peut-être une des moins connues, produit une impression sinistre. Elle respire la paresse, le vice et le crime. Les voleurs doivent facilement y trouver des repaires. On dirait les carrières d'Amérique en chambre. La seconde maison de la rue Saint-Étienne-du-Mont était, il y a quelques années, occupée au rez-de-chaussée par une blanchisseuse de fin, dont les savonnages s'étalaient au milieu d'une cour infecte, et dont le linge pendait au plafond de la salle, suspendu à des cordes lâches. Quand on franchissait l'excavation servant de couloir, on se trouvait en face d'un escalier tournant, montant audacieusement jusqu'au troisième étage, et conduisant à des paliers inégaux, compliqués de marches ascendantes et descendantes, formant de chaque logis un véritable casse-cou.

Un cordonnier travaillant pour des marchands du Temple occupait le premier de ces bouges ; le second était habité par une jeune fille de vingt ans, dont la toux de poitrinaire troublait le sommeil des voisins. Le troisième, un peu plus vaste, réunissait une famille composée de six personnes : le père, la mère et quatre enfants.

Deux mauvais bois de lit, remplis de paillasses de varech et drapés d'une couverture grise, formaient, avec une couchette, une table boiteuse et trois chaises, le mobilier du galetas. Des clous fichés au hasard dans la muraille supportaient les vêtements de l'homme, ceux de la femme et des petits.

Accroupie ce soir-là devant un fourneau de terre, la femme soufflait sur le charbon, afin d'activer la cuisson des pommes de terre contenues dans une marmite de fonte. Assis à terre, silencieux, matés par la peur et la faim, les quatre enfants suivaient d'un regard craintif les mouvements de la mère, comme s'ils concouraient aux préparatifs de leur souper, ou en surveillaient la confection.

C'étaient des enfants aux traits délicats et fins, mais le sang coulait pauvre et pâle dans leurs veines; les membres étaient maigres, les poitrines étroites, les cheveux rares, les lèvres manquaient de fraîcheur. On lisait sur leurs traits comme on devinait sur leurs corps les traces de toutes les misères parisiennes, non pas seulement celles qui résultent des privations, mais encore du milieu malsain dans lequel ils grandissaient. Pressés l'un contre l'autre pour avoir moins froid, ils approchaient du fourneau leurs mains grelottantes. L'aîné, Cancrelat, paraissait avoir dix ans. Ses grands yeux noirs respiraient l'intelligence, mais il semblait plus timide que ses frères, et s'efforçait de tenir le moins de place possible, pour échapper à leurs bourrades. La petite fille, Serinette, était blonde; ses yeux bleus reflétaient une souffrance latente dont elle ne songeait plus à se plaindre, tant elle y était accoutumée. Souriceau et Grain-de-Mil, les deux plus jeunes, se poussaient du coude, et riaient tout bas, quand les bouillons de la marmite annonçaient les progrès de la cuisson du souper.

Quand la femme cessa de souffler le réchaud, elle alluma une pauvre lampe d'huile minérale, et immobile sur sa chaise, indifférente à ce qui se passait autour d'elle, elle écouta l'horloge de Saint-Étienne du Mont sonner neuf heures.

Une crispation pénible contracta son visage, et elle murmura d'une voix sourde :

— C'est jour de paie ! Il rentrera tard...

Cette femme, qui semblait avoir vingt-sept ans, s'appelait *la Faraude*. Sa beauté et sa coquetterie lui avaient mérité ce surnom dont elle tirait jadis vanité. Nous disons « jadis », car dans cette créature pâle, maigre, aux cheveux plats grisonnants sur les tempes, il eût été difficile de reconnaître la jolie brunisseuse qui, pavoisée de rubans comme une corvette, courait autrefois tous les bals de Paris. Un bout de dentelle jaune au cou et une chaîne de doublé d'or rappelaient seulement l'amour du luxe chez la Faraude ; dans son costume, la propreté ne rachetait point la pénurie. Les taches et les trous maculaient et criblaient sa jupe d'indienne. On sentait que cette créature abaissée descendait au mépris d'elle-même, et atteignait en toute chose à l'indifférence de la brute. Son front portait une large ride creusée par les soucis, ses yeux estompés de bleu disaient ses veilles et ses larmes. Elle regardait sans les voir les quatre enfants accroupis sur le plancher, et dont les reflets du fourneau éclairaient les visages d'une façon fantastique. Serinette rapprocha ses petites mains de sa poitrine qu'elle comprima fortement, comme si cette pression enlevait un peu d'intensité à son mal. Cancrelatre gardait sa sœur avec une pitié affectueuse. Lui que personne n'aimait dans la maison se sentait attiré vers la plus triste et la plus souffrante de la famille. Mais il savait trop que l'on eût repoussé ses caresses pour essayer de la consoler et de la bercer dans ses bras.

La marmite diminua ses bouillons, le charbon manquait. La Faraude ouvrit le tiroir de la table dans le vain espoir d'y trouver quelques sous oubliés ; mais le tiroir laissa voir sa nudité absolue. La marmite cessa de bouillir, les enfants se regardèrent avec stupeur. Pourraient-ils manger, seulement? Depuis le matin, ils n'avaient eu qu'une croûte de pain, et la mère avait dit en la leur donnant :

— C'est jour de paie, vous aurez des pommes de terre à souper.

Les pauvres petits attendirent résignés et muets. Mais voilà que faute de feu, les pommes de terre elles-mêmes allaient faire défaut. Si ignorants qu'ils fussent, les malheureux enfants savaient bien que si le jour de paie le père rapportait quelques sous, c'était à une heure tellement avancée de la nuit qu'il ne fallait pas songer à s'en servir pour acheter quoi que ce soit.

Faraude ôta la marmite du fourneau éteint et en tira les pommes de terre à moitié cuites. Cependant Souriceau, Serinette, Grain-de-Mil et Cancrelat tendirent des mains avides.

— Si elles n'ont pas assez bouilli, vous mettrez plus de sel, dit la Faraude.

Chaque enfant en reçut deux pour son souper. Quand elles furent dévorées, les affamés levèrent les yeux sur la mère.

— Maintenant, dit celle-ci, il faut vous coucher...

La Faraude n'avait rien gardé pour elle; ils le comprirent et n'osèrent se plaindre. Cancrelat déshabilla Grain-de-Mil et partagea avec lui la grande couchette. Mais loin de se montrer reconnaissant du soin maternel avec lequel Cancrelat l'enveloppait dans les lambeaux de la couverture, Grain-de-Mil tira sournoisement les cheveux de son frère qui se recula sans se plaindre et se mit à pleurer tout bas.

Pendant ce temps, la Faraude assise sur sa chaise, les bras croisés, les yeux fixes, écoutait à de longs intervalles l'horloge sonner les quarts, les demies, les heures de cette interminable soirée.

Parfois elle se levait, et marchait avec agitation dans la chambre. Elle ouvrit même la fenêtre, et malgré l'air glacé de la nuit, demeura accoudée sur le bord, fouillant l'obscurité pour découvrir la silhouette de celui qu'elle attendait. Il faisait un temps horrible. La pluie tombait à torrents, bondissant sur les toits avec un bruit sec et formant des ruisseaux fangeux au bas des gouttières. Le vent s'engouffrait dans la chambre avec violence ; Serinette eut une quinte de toux ; la Faraude ferma la fenêtre et reprit sa marche nerveuse et saccadée.

— Le lâche ! répétait-elle, le lâche !

Cancrelat suivait sa mère d'un regard voilé de larmes ; il savait ce qu'elle redoutait, ce qu'elle souffrait. La moitié de la nuit se passa de la sorte. Onze heures sonnèrent. Enfin, un pas titubant retentit dans la rue, une voix éraillée commença un refrain, un homme se précipita dans l'allée et gravit péniblement l'escalier. La Faraude blêmit ; c'était son compagnon de misère ; l'heure de la lutte était venue, lutte préméditée, horrible, lutte toujours la même, et qui pour elle finissait d'une façon invariable, par un triomphe et par une défaite : un triomphe, elle arrachait à l'ouvrier quelques misérables sous, reste de la paie de la semaine ; une défaite, elle était sûre d'être cruellement battue.

— Eh bien ! cria la voix de l'homme qui montait, on n'illumine pas le perchoir de la cassine ! Oh ! malheur ! S'il n'y a pas de quoi se casser le cou !

La Faraude prit la lampe, ouvrit la porte et resta debout sur le seuil.

— Pas couchée ! fit l'ouvrier, et pour m'attendre, c'est gentil.

L'ivrogne voulut embrasser la Faraude ; celle-ci se recula, ferma la porte, posa la lampe sur la cheminée, puis tendant la main :

— Donne-moi de l'argent ! dit-elle.

— De quoi, de l'argent ? J'en ai pas !

— Et ta semaine ?

— Mangé ! j'ai remboursé les amis, payé des tournées comme un bon zig, et rigolé, quoi ! Avec ça, l'argent, c'est moi qui le gagne, il m'appartient, j'en fais ce que je veux.

— Et tes enfants, reprit la Faraude, n'es-tu pas obligé de les nourrir ?

— Les nourrir ? ça regarde leur mère... C'est ton affaire, la marmaille.. et laisse-moi tranquille, la Faraude, le vin avait goût d'absinthe, et je me sens le vin mauvais... Je quitte des amis qui chantent, godaillent et rigolent ; ce n'est pas pour trouver des pleurnicheries dans le ménage.

— Alors donne le reste de l'argent, répéta froidement la femme, devenue blême, car si tu es ivre, moi je n'ai pas mangé de la journée...

L'ouvrier se mit à siffler d'un air de défi.

La Faraude se précipita sur lui, et en dépit des coups qu'elle reçut retourna ses poches et fit tomber à terre une poignée de monnaie qu'elle s'empressa de relever.

— Tu vois bien, misérable ! fit-elle, tu vois bien que tu en as, de l'argent !

— Oh ! celui-là n'est pas celui de la semaine... Je comptais t'en donner ta part...

— Toi ! tu l'aurais bu comme le reste..., tu manques à la fois de cœur et de courage. Maudit soit le jour où je t'ai trouvé sur ma route, car tu me fais descendre vivante en enfer.

— Tais-toi ! dit sèchement l'ouvrier.

— Non ! je ne me tairai pas, s'écria la Faraude, en s'avançant de deux pas au-devant de l'homme livide d'ivresse et de colère, il y a trop longtemps que je souffre, que j'étouffe, je veux me plaindre et te maudire à mon aise, to dire que tu es pour moi un égoïste et méchant compagnon, et pour ces petits un père dénaturé... Quel est le vice qui ne t'abrutit pas aujourd'hui ? Quelle qualité surnage au milieu de tes défauts ? Tu travailles trois jours par semaine, au plus quatre, et j'ai peine à t'arracher les bribes de ce maigre salaire... Pendant quatre mois sur douze, tu refuses d'aller à l'atelier, et ce n'est pas sans raison que l'on t'a surnommé le Gréveur... Voilà ton vrai métier, ta seule vocation, refuser le labeur et en détourner les autres...., le Gréveur ! On te connaît dans tous les caboulots des barrières, et les manzingues ont pour toi des égards... ; tu cries contre les maîtres, contre le capital, tu irrites l'apprenti contre l'ouvrier, et l'ouvrier contre le patron... ; tu fais sonner bien haut les mots de liberté, d'oppression, de tyrannie, de droits de l'homme, de souveraineté du peuple ! Tu jures que le riche opprime le pauvre, qu'il boit son sang et dévore ses moëlles ! Tout cela, afin de te griser de paresse, de vin blanc et des applaudissements d'un tas de vauriens de ton espèce ! Tout cela, pour souffler quelque jour le désordre et les révolutions qui permettent le pillage.

— Assez ! fit le Gréveur en levant le bras sur la Faraude.

— Tu frapperas quand j'aurai fini..... J'ai encore quelque chose à dire... cela finira mal pour toi, pour moi, pour les enfants... J'ai assez pâti, assez pleuré ; je veux manger à ma faim, boire à ma soif, et avoir du feu dans le foyer. Je veux la moitié de la paie pour les quatre innocents que tu m'as donnés et qui dépérissent faute de nourriture.

— Tu te trompes, la Faraude, dit railleusement le Gréveur, il n'y a ici que trois enfants à moi, l'autre est celui de ton premier homme.

— L'autre m'appartient ! il grandira avec ses frères.

— Non, dit le Gréveur, celui-là quittera la maison.

L'ouvrier se dirigea vers le lit où Grain-de-Mil et Cancrelat restaient muets et épouvantés.

La Faraude, effrayée par l'expression de froide colère que reflétait le visage du Gréveur, s'élança au-devant de la couchette ; mais, d'un coup de poing, l'ouvrier la rejeta contre le mur, tandis que saisissant Cancrelat frissonnant de froid et de terreur, il l'éleva aussi haut que le lui permit la longueur de son bras, et l'examina comme un chasseur ferait d'une pièce de gibier.

— Non ! tu ne grandiras pas ici ! fit le Gréveur en jetant Cancrelat sur le plancher.

Les trois autres enfants, soulevés sur le coude dans leurs lits, attendaient la fin de cette scène avec plus de curiosité que de compassion.

La Faraude se rapprocha de l'ouvrier et lui dit avec douceur :

— Donne-moi cet enfant !

— Il n'est plus à toi, je l'ai vendu.

— Vendu, mon fils ?

— J'ai signé un contrat d'apprentissage jusqu'à sa majorité.

— Sans me consulter ?

— Je suis le chef de la famille.

— Et quel métier doit-il apprendre ?

— Son nouveau maître te le dira tout à l'heure..., je l'ai laissé chez le marchand de vin du coin..., il règle ma note...

Au même moment un coup de sifflet se fit entendre dans la rue, le Gréveur courut à l'escalier, et penchant la lampe, il éclaira les marches glissantes qu'escaladait à grand'peine un vieillard sordide.

— Bonsoir, Si-Sol, dit le Gréveur, exact comme un créancier.

— Je viens prendre livraison de la marchandise.

Le nouveau venu entra, ou plutôt se glissa dans la chambre avec une allure féline. Pendant ce temps, Cancrelat se blottissait entre les genoux de la Faraude qui, la lèvre frémissante, l'œil hagard, contemplait tour à tour l'étranger et le père de ses enfants.

Le bonhomme Si-Sol n'avait pas d'âge. Courbé comme un arc, boiteux et borgne, les cheveux rares et sales, la bouche livide et sans dents, les mains longues et les doigts crochus, il ressemblait plus à un mandrille qu'à un homme. La débauche avait terni son regard, flétri sa bouche, déchaussé ses mâchoires, rongé ses chairs : c'était une ruine humaine, une ruine honteuse dont on se détournait avec horreur et dégoût.

— Ah! fit-il en voyant l'enfant pelotonné dans les bras de la Faraude, voilà le sujet.

La femme saisit une paire de ciseaux à fortes lames et menaça Si-Sol de leurs pointes aiguës.

— Si vous approchez, dit-elle, je frappe...

— Diable! fit Si-Sol en s'adressant au Gréveur, il fallait prévenir que si le prix de la marchandise est soldé, il est difficile d'enlever l'objet.

— Ceci est mon affaire, répliqua le Gréveur, et s'élançant vers la Faraude, il lui saisit le poignet avec une brutalité si grande que les ciseaux s'échappèrent des doigts crispés de la femme; puis il enleva l'enfant par le cou, comme il eût fait d'un animal, et le jeta au vieillard qui l'attira de ses mains aviles. Ensuite, maintenant la Faraude, le Gréveur meurtrit si cruellement la malheureuse de coups de pied et de coups de poing qu'elle resta un moment saignante sur le sol ; puis, hurlant de désespoir et de douleur, elle rassembla ses forces pour mordre la jambe de son bourreau, et s'évanouit.

Pendant ce temps, Si-Sol faisait craquer les articulations de Cancrelat, et murmurait :

— Il est temps de le dresser, mais on en fera quelque chose.

Le Gréveur secoua sa jambe blessée :

— Détalez, dit-il à Si-Sol, détalez avant que la gueuse reprenne connaissance.

Le vieillard enleva Cancrelat qui se débattait en poussant des cris ; alors l'ouvrier lui noua un mouchoir sur la bouche, et Si-Sol descendit en emportant sa proie, tandis que l'enfant cherchait encore du regard sa mère immobile dont le front saignait d'une large blessure.

VI

LA FABRIQUE DE PIFFERARI.

Arrivé dans la rue, Si-Sol ne se donna pas même la peine de calmer les appréhensions de Cancrelat. Ne pouvant le faire marcher en lui laissant un bâillon qui eût attiré l'attention d'un sergent de ville, le vieillard arracha le mouchoir noué par le Gréveur, saisit la main de l'enfant et se contenta de lui donner cet avertissement :

— Si tu pleures, si tu appelles, une fois arrivé à la maison, je t'assomme.

Cancrelat ne répondit rien et suivit en courant le père Si-Sol. Quelle était la maison vers laquelle l'entraînait cet homme? Quelles souffrances inconnues allait-il affronter? L'enfant se demandait cela tout en marchant sous la pluie battante, tiré et à moitié écartelé par les saccades que son nouveau maître imprimait à son bras endolori. Si horrible qu'eût été jusqu'à ce moment la vie du petit malheureux, à côté d'un homme qui le haïssait, sans que l'enfant comprît la cause de cette haine, et au milieu de petites créatures hâtivement méchantes, il avait eu cependant de rapides instants de joie. La Faraude, sa mère, l'embrassait parfois quand elle se trouvait seule près de lui, avec de sauvages élans de tendresse, comme si elle se dédommageait d'une longue privation où se rattachait par cet être chétif à la chaîne mystérieuse du passé. Si dure que soit une mère, il est des heures où elle redevient elle-même. La tigresse donne bien un coup d'ongle à son nourrisson, mais elle lèche ensuite la blessure. D'ailleurs, en ce moment, Cancrelat oubliait les gronderies, les châtiments, les violences, il ne voyait plus, il ne voulait plus voir que cette femme échevelée le serrant contre sa poitrine et s'armant de ses ciseaux pour le défendre. Il entendait encore le cri sauvage qu'elle avait poussé en menaçant l'acheteur de chair humaine qui venait lui voler son enfant. Puis il frissonnait en se rappelant avec quelle violence le Gréveur avait piétiné son corps pantelant, et sur le plancher il revoyait la flaque de sang dans laquelle se perdait la noire chevelure de sa mère.

— Si elle était morte ? se demandait Cancrelat.

Le pauvre petit grelottait sous ses haillons transpercés de pluie ; un de ses souliers, si l'on peut donner ce nom à la loque de cuir qui protégeait ses pieds, resta au fond d'une crevasse boueuse, il dut marcher quand même. La route semblait interminable. Cancrelat ignorait vers quels parages l'entraînait Si-Sol. Les maisons devenaient rares et plus chétives, des ruelles immondes coupaient de larges artères. Dans une des plus étroites, et en face d'une maison misérable, Si-Sol s'arrêta brusquement. Le coup de pied qu'il donna dans les ais mal attachés fit pousser une sorte de gémissement à cette porte bâtarde ; elle s'ouvrit de l'intérieur. Si-Sol prit un chandelier de fer de la main d'une personne que Cancrelat ne distinguait pas dans l'ombre où elle se tenait, et traînant l'enfant après lui, il s'enfonça dans le couloir. Les murs suintaient l'humidité, le sol sans plancher ni carrelage enfonçait sous les pieds. Ce couloir aboutissait à une sorte d'échelle que le fils de la Faraude gravit à la suite de son conducteur. Sur un palier muni d'une fenêtre, Si-Sol s'arrêta, et passant le premier, il éclaira l'intérieur d'un vaste grenier aménagé en dortoir.

Sur les quatre faces de la muraille s'allongeaient pressées l'une contre l'autre des paillasses éventrées, laissant déborder la paille amincie qui les remplissait. Sur chacune d'elles dormaient ou feignaient de dormir deux ou trois enfants dont les figures, uniformément pâles, ressortaient sous une chevelure d'un noir de corbeau. Tous avaient à peu près l'âge de Cancrelat. Au-dessus de chaque paillasse, accrochés à des clous, pendaient des harpes dédorées, de méchants violons ou des zampognes lombardes. Un chapeau de feutre, orné d'un bouquet de fleurs artificielles fanées ou d'une plume de paon chatoyante, couronnait quelques loques de velours de coton. Sur les lits s'étalaient des peaux de mouton grossièrement assemblées, qui le jour servaient de vêtements et le soir de couvertures.

Cancrelat regardait surpris cet assemblage d'objets bizarres, et ces groupes d'enfants dont Si-Sol semblait le maître. Le vague souvenir des contes dans lesquels la Faraude lui parlait d'ogres dévorant les petits bûcherons lui revint à la mémoire ; il se regarda comme l'une des futures victimes du monstre qui venait de l'entraîner dans son repaire, et considéra ses camarades avec un sentiment de pitié profonde.

— Couche-toi, dit le père Si-Sol à Cancrelat.
— Où ça ?
— Où tu voudras, pourvu que tu ne déranges personne.

L'enfant chercha du regard lequel des pensionnaires de son maître avait la figure la plus douce, et il s'approcha timidement d'une paillasse sur laquelle un pauvre être souffreteux rêvait en dormant. Sans doute un songe lui rendait les joies de la famille perdue, car sentant vaguement qu'un enfant se glissait près de lui, il fit un mouvement machinal pour lui ménager une place et murmura :

— C'est toi, frère?

Jamais Grain-de-Mil, Serinette et Souriceau n'en avaient dit autant. Cette parole adoucit l'angoisse de Cancrelat. Il se promit de se faire un ami, un protecteur de son compagnon de paillasse; quelque horrible qu'eût été jusqu'alors pour lui la maison du Gréveur, il sentait par avance que dans l'enfer où il venait de mettre les pieds, il en serait réduit à la regretter. Ses deux poings sur les yeux, il s'endormit jusqu'à l'aube, réchauffé lui-même par la douce chaleur de son camarade. Un jour blafard, tombant du haut de trois tabatières perçant le toit à angle aigu, réveilla les pensionnaires de Si-Sol et leur montra celui-ci en train de raccommoder l'archet d'un violon.

— Debout ! cria le maître d'une voix glapissante.

Les enfants frottèrent leurs paupières gonflées, détirèrent leurs petits bras; quelques-uns remirent une minute encore leur tête sur l'oreiller, mais la crainte les précipita bientôt au pied de leur paillasse, et chacun chaussa, qui des souliers, qui des chaussons, qui des sabots. Les guêtres de drap, de toile et de cuir entourèrent les jambes flottant dans des culottes de velours bleu déteint, les peaux de mouton couvrirent les petits corps tremblotants, puis chaque enfant, ayant décroché l'instrument suspendu au-dessus de son lit, se tint debout à sa place, comme un soldat attendant l'inspection de son chef.

Cancrelat avait pris ses guenilles mouillées par la pluie de la veille, et assis sur la paillasse, près de son nouveau camarade, il se demandait de quelle scène horrible il allait être témoin.

Si-Sol adressa des reproches à la plupart des enfants, des encouragements à quelques-uns, mais ces encouragements mystérieux semblaient se rattacher à une suite de faits ignorés du plus grand nombre. Quand le vieillard arriva au fils de la Faraude, il le campa debout devant lui, sous la lumière d'une des lucarnes, et le regarda attentivement.

— Le physique de l'emploi, dit-il, mais pas assez pâle.

Il prit un pot sur une table, y trempa une brosse, et saisissant à poignée la blonde chevelure de Cancrelat, il la rendit en un instant aussi noire que celle de ses compagnons.

Puis s'adressant au camarade de lit de l'enfant de la Faraude.

— Punaise! dit-il, va chercher le costume du petit qui est mort la semaine dernière.

Le joli enfant que Si-Sol appelait Punaise courut à l'extrémité du grenier et revint bientôt, traînant après lui une peau de bique brune, un chapeau de feutre garni de fleurs de clinquant et un violon de Mirecourt. Si-Sol jeta ces vêtements aux pieds de Cancrelat.

— Habille-toi, dit-il.

Mais l'idée de se vêtir de la dépouille d'un mort épouvanta si fort le pauvre petit, qu'il secoua négativement la tête.

— Ah! fit le père Si-Sol, la rébellion commence, je vais prendre le bâton du chef d'orchestre.

Le bâton du chef d'orchestre était un énorme gourdin, dont le seul nom faisait frissonner les pensionnaires du vieillard.

Punaise poussa doucement Cancrelat :

— Moi aussi, dit-il, j'ai les habits d'un mort... on se les repasse...

Il dit cela d'une façon résignée, et Cancrelat comprit qu'il pensait :

« Un jour un nouveau venu héritera de ma harpe et

4

de mes haillons, c'est l'usage ici, et je n'en ai pas pour longtemps. »

Punaise aida Cancrelat à se vêtir, et quand l'enfant fut habillé, Si-Sol poussa un rire de satisfaction.

— Dans six semaines, tu feras un vrai *Pifferaro*... Aujourd'hui, tu manques de maigreur, et le regard est trop triste! On t'apprendra à sourire, mon garçon ! Allons vous autres, détalez la vermine... la consigne est toujours la même. . rapportez vingt sous... en avant la musique !

Les pensionnaires de Si-Sol défilèrent devant le terrible maître, et Punaise fit un signe d'adieu au fils de la Faraude.

Il ne resta plus dans le grenier que trois enfants qui n'étaient pas encore assez habiles pour jouer leur rôle. Ils regardèrent leurs camarades s'éloigner avec le sentiment du regret. Ceux-là s'en allaient à l'air libre, dans la rue, sur les promenades. Ils verraient le ciel, ils regarderaient la Seine couler sous les ponts, chanteraient devant les cafés où les oisifs sont parfois généreux et où les femmes se montrent souvent compatissantes par ostentation. Ils suivraient en courant les voitures dans les Champs-Élysées, souriant aux promeneurs et demandant un sou. Mais ceux qui restaient dans ces galetas auraient à répéter une leçon difficile, terrible, toujours la même leçon mécanique qu'ils ne comprenaient pas. Ils devaient tendre leurs nerfs et non pas développer leur intelligence.

Les trois petits martyrs prirent leurs instruments, et le plus âgé commença. Il tenait entre ses bras maigres une harpe trois fois haute comme lui, et essayait de lui faire chanter le motif entraînant d'une des plus ravissantes chansons des gondoliers de Naples. Mais les doigts inhabiles manquaient souvent la corde, ou trop faibles ne lui donnaient pas la sonorité voulue : le motif rapide et rieur prenait sous le jeu de l'enfant une allure de tristesse désolée. Le chanteur napolitain fait rire celui qui l'écoute, l'élève de Si-Sol donnait aux auditeurs envie de pleurer.

— Ce n'est pas cela, cria Si-Sol, de l'entrain, mille diables ! Il ne s'agit pas d'une psalmodie, mais d'une chanson ! Tu ne suis pas un enterrement. Vermisseau, tu marches à une noce ! enlève-moi cet air crânement, ou je bats la mesure sur ton dos.

Mais l'enfant ne trouva pas la note gaie, et pleurant de douleur, dansant sous les coups, il continua de jouer sa barcarolle tandis que les deux autres, mornes et pâles, attendaient leur tour.

Le second prit sa zampogne et se mit à souffler dans les flûtes, tout en comprimant avec le bras droit l'air renfermé dans l'outre de peau de chèvre.

— Cela n'est pas mal, dit Si-Sol, seulement il faut danser en même temps et chanter la chanson piémontaise. Haut le pied, et la voix gaillarde, avec des « viva Italia ! » lancés à pleine voix.

L'enfant recommença l'air et ébaucha quelques sauts maladroits.

— Mauvais ! mauvais ! fit Si-Sol, tu as besoin d'une leçon du maître de ballet.

Le vieillard décrocha un manche de bois terminé par trois souples lanières de cuir et cingla les jambes de l'enfant qui, pour éviter les morsures du fouet, doublait la hauteur de ses bonds et poussait des cris aigus.

— Mieux ! déjà beaucoup mieux ! répéta Si-Sol, chante seulement au lieu de pleurer, et la leçon du matin sera finie... Allons quelques « you, you » bien compris ! un entrechat, à la bonne heure ! le « viva Italia ! » accentué par une pirouette, un souffle plus fort dans la flûte, et une pression de coude à l'outre de peau ! Assez pour ce matin, mon garçon, je te conseille de répéter ce pas-là tout seul, tu as des dispositions artistiques, mais tu manques de convictions italiennes.

L'enfant tomba sur son lit en sanglotant, et frotta d'eau fraîche les traces bleuâtres laissées par le maître de ballet.

— Viens ici, le nouveau! cria Si-Sol en s'adressant à Cancrelat. Tu es de la bande du *Trovatore*, toi. Ici on est divisé en écoles et en escouades. Il y a l'escouade du *Miserere* du Trovatore, l'escouade des chansons napolitaines, l'escouade des joueurs de zampogne; je te lance du premier coup dans le *Trovatore*, il donne assez bien.

Si-Sol mit le manche d'un violon dans la main de Cancrelat, et lui appuya le menton sur la boîte; ensuite, crispant ses petits doigts sur les cordes voisines des clefs, il mit dans l'autre main de l'enfant l'archet frotté de colophane, et lui fit attaquer sa première note. Un miaulement de chat que la cuisinière menace de sa hache n'est pas plus aigu que le son tiré par Cancrelat de l'instrument qui lui était confié. Un soufflet solidement appliqué et destiné à rendre son oreille musicale lui arracha des larmes, sans lui expliquer pourquoi il faisait mal. Au bout d'une heure de soufflets, de grincements d'archet et de coups de poing, l'enfant jouait la phrase : « Toi que ma voix implore », cinq notes qui lui avaient coûté cinq heures de torture.

La tête lui tournait, les jambes flageolaient sous lui, il voyait de rouges étincelles devant ses yeux, la faim criait dans ses entrailles, et ses sanglots l'étranglaient.

— Assez pour aujourd'hui, dit Si-Sol.

— J'ai faim, murmura l'enfant.

— Faim! tu n'es pas assez maigre pour faire un pifferaro parfait, un repas par jour te suffira pendant une quinzaine.

— J'ai faim! répéta Cancrelat, si vous ne me donnez

pas à manger, je quitterai cette maison... C'est assez d'être battu.

— Quitter cette maison! fit Si-Sol en haussant les épaules, tu ne le peux pas... tu m'appartiens jusqu'à l'âge de vingt et un ans...

— A vous?

— Ton père t'a vendu...

— Mon père est mort, fit l'enfant d'une voix sourde.

— Le second mari de ta mère, alors...

— Cet homme n'avait pas le droit...

— Eh! que m'importent à moi tes affaires de famille? que ce soit le diable qui t'ait livré, cela m'est égal, puisque ta mère ne réclame pas...

— On l'a peut-être tuée, dit l'enfant.

— Raison de plus pour rester ici et travailler... Si tu t'échappais, comme tu serais incapable de te retrouver dans ce grand Paris, on te mettrait en prison, comme vagabond, et la prison ne vaut pas le dortoir du père Si-Sol, ah! mais non! Tes camarades aussi ont voulu se révolter; il n'en est pas un ici qui n'ait tenté de fuir le maître de ballet ou le bâton de chef d'orchestre... Ils sont revenus, dans la peur des sergents de ville et du pénitencier, tu feras comme eux... Quand tes camarades reviendront, tu mangeras, d'ici là joue sans te lasser « *toi que ma voix implore* », c'est ce que tu peux faire de plus sage.

Cancrelat n'obéit point à ce dernier conseil; sa faiblesse était si grande qu'il tomba sur le premier grabat venu, et y resta dans un demi-évanouissement.

Il en fut tiré par le tapage que faisaient en rentrant les pifferari. Debout à l'entrée du grenier, le terrible maître les recevait un à un, comptant la recette et réglant le total de l'argent, du souper et des coups à recevoir. Le plus souvent, ceux qui avaient eu de la chance glissaient en cachette le surplus des vingt sous exigés à ceux qui avaient moins, sans se soucier si le lendemain, faute d'un peu de monnaie, ils ne seraient pas martyrisés à leur tour.

Deux des petits malheureux n'avaient que neuf et dix sous, Punaise et Caillou. Le premier semblait résigné à son sort, l'autre criait d'avance.

— Je veux changer de quartier, disait-il, les rues où vous m'envoyez ne valent rien ! Ce n'est pas ma faute ! Si vous me frappez ce soir, je me revanche, d'abord.

— Soit ! je ne te battrai pas, couche-toi sans souper.

— J'aime mieux les coups, répliqua l'enfant en s'approchant stoïquement, mais demain, sans votre permission, je changerai de quartier.

Quelques enfants, outre leurs recettes, apportaient des provisions.

Les quatre plus grands attirèrent Si-Sol dans un coin, et fouillant dans leurs poches, ils en retirèrent l'un un porte-monnaie, l'autre un foulard, le troisième une cuiller d'argent, le dernier un portefeuille.

— Bien, mes amours ! fit Si-Sol, ce soir vous boirez de l'eau-de-vie. Une heure après, les *pifferari* dormaient, sauf les quatre plus grands qui chantaient et riaient du rire de l'ivresse.

VII

DEUX CONVOIS.

Quand la Faraude retrouva l'usage de ses sens, le Gréveur qui s'était jeté sur le lit dormait d'un sommeil de plomb. La petite lampe agonisait, et les lueurs du matin en affaiblissaient les clartés mourantes. La Faraude se souleva avec peine, et détira ses membres pour s'assurer qu'aucun n'était cassé; elle se sentait brisée, anéantie; sa blessure la faisait cruellement souffrir, mais elle en avait reçu tant d'autres qu'elle avait l'habitude de compter pour peu la douleur. Bassinant ses tempes avec un peu d'eau glacée, elle banda son front entr'ouvert et s'assit près du foyer mort. Un accès de toux de Serinette l'appela près du lit de l'enfant qu'elle enveloppa de ses bras, et sentant le pauvre petit corps maigre secoué par la souffrance, elle se demanda avec terreur si la maladie ne lui prendrait pas cette enfant comme le Gréveur venait de lui voler l'autre. Elle s'oublia elle-même, elle oublia sa détresse et son abjection, le misérable qui ronflait à deux pas d'elle, pour ne plus voir que l'enfant chétive collée contre son sein pour s'y réchauffer. La lampe s'éteignit; le jour était venu; dans la maison noire les bruits s'éveillaient l'un après l'autre; le cordonnier en vieux commençait sa chanson de la *Saint-Crépin*, la blanchisseuse faisait dans la cour un grand vacarme de seaux et de baquets, la machine à coudre de la poitrinaire ronflait au deuxième étage, et la messe sonnait dans l'église.

— Du pain ! mère, du pain ! dirent à la fois les trois enfants.

La Faraude descendit l'escalier et courut chez le boulanger et le fruitier, rapporta dans son tablier les provisions du matin, et dans un vieux panier un boisseau de charbon. Puis elle alluma le feu, le beurre frémit dans un poêlon, les oignons répandirent une odeur âcre, et les enfants battirent des mains : de la soupe ! cela valait infiniment mieux que les pommes de terre de la veille; de la soupe! il y avait huit jours qu'ils n'en avaient mangé ! Le Grèveur ne se réveilla qu'au moment où la Faraude, le touchant à l'épaule, lui présenta son déjeuner dans une écuelle au-dessus de laquelle s'élevait une fumée appétissante. Il regarda la Faraude, remarqua le bandeau qui lui entourait le front, et se souvint de la scène de la veille. Une sorte de remords traversa ce qui lui restait de cœur.

— Tu es tout de même une bonne femme, dit-il en façon d'excuse.

— Mange, dit-elle, nous causerons après.

Les trois enfants assis dans le même lit plongeaient chacun à son tour leurs cuillers dans une soupière brune. Et Serinette, la moins mauvaise des trois enfants, murmura :

— Quel dommage que Cancrelat n'ait pas de la bonne soupe comme nous !

Quand le Grèveur eut déjeuné, il s'approcha gauchement de la Faraude.

— Écoute, dit-il, la vue de *celui* qui est parti hier m'était odieuse, je ne te chercherai plus querelle, je ne te battrai plus...

La Faraude sourit amèrement.

— Il faudra que je sois morte, pour cela.

— Foi d'homme ! et pour te prouver que je changerai, tiens, voilà de l'argent sur lequel tu ne comptais pas... achète une robe et des nippes pour les petits...

Le Grèveur tira un porte-monnaie de sa poche et y prit trois pièces de cinq francs. Les yeux de la Faraude étincelèrent.

— Où as-tu gagné cela ? demanda-t-elle.

— Je ne l'ai pas gagné, on me l'a donné !

— Qui ça ?

— Le banquier.

— Alors, fit la Faraude, c'est par billets de mille francs qu'il a financé !

— Oui, répondit le Grèveur, il me fallait des fonds et beaucoup... avec les mille écus de Belleforge, ma fortune est en train de se faire...

— Tu vas acheter un fonds de commerce ? dit la Faraude avec effroi.

— Jamais ! Je le lui ai dit, voilà tout... Mon argent est mieux employé que cela... Mais il s'agit de politique et d'économie sociale, et les femmes n'entendent rien à cela.

— Tu te trompes, le Grèveur ; à force d'entendre raisonner les hommes, les femmes en savent presque autant qu'eux.

— Eh bien ! nous sommes une centaine qui fondons une association. Nous attirerons ensuite à nous tous les ouvriers de la capitale ; les uns de bon gré, les autres de force. Nous formons avec nos économies ce que nous appelons les *fonds de la Grève*, et quand nous posséderons une masse suffisante pour qu'il nous soit possible de vivre sans travailler pendant six mois, nous refuserons de rentrer dans les ateliers, à moins d'une forte diminution dans les heures de travail et d'une augmentation considérable dans le salaire.

— Et tu as confié l'argent du banquier aux gens qui sont à la tête de cette combinaison?

— Certainement.

— Imbécile! fit la Faraude, triple fou! tu ne le reverras jamais cet argent, et tu es encore un fameux niais de croire qu'on te le rendra quelque jour. Tu es entré dans quelque bande de fins filous qui t'ont monté la tête avec de grands mots, et t'ont grisé d'orgueil avant de t'enivrer d'absinthe; quelque matin les chefs de la banque des *fonds de la Grève* passeront la frontière de Suisse ou de Belgique et tu resteras avec ta courte honte et ta misère.

— Puisque j'en suis, des chefs, dit le Gréveur, je saurai bien ce qui se passe dans la société.

— Et comment avez-vous réglé l'apport de chacun?

— Inégalement... mais la fraternité a des droits... Gauvissard a dit qu'il remettrait intégralement l'héritage; qu'il va toucher dans huit jours: cinq mille francs, rien que cela; Chopin a confié une liasse d'actions sur le *Barrage du Fleuve Amour*, qui ne sont pas encore cotées à la Bourse, mais qui donnent des dividendes magnifiques; sept camarades ont déposé des reconnaissances du mont-de-piété, quelques-uns des livrets de caisse d'épargne... cela fait de l'argent à la masse, tu vois, et beaucoup.

— Mais toi seul, tu as versé trois mille francs d'argent comptant?

— Deux mille huit, j'avais des dettes. On m'a donné mon reçu..., tu peux le serrer...

— Oh! misère! fit la Faraude en prenant le chiffon de papier que lui tendait son mari.

Elle regarda la signature et ajouta:

— La Tronche, voilà le répondant de cet argent qui pour nous eût été une fortune... La Tronche qui t'a rendu fainéant, débauché, mauvais compagnon pour moi, méchant père pour eux... La Tronche qui t'a poussé vers la paresse et te conduira peut-être au crime.

— Bah! fit le Grèveur, tu as des préventions !

— — Non! dit la Faraude d'une voix sombre. Il y a huit ans j'étais presque heureuse... tu t'en souviens, Louis ! car alors on t'appelait Louis et non pas le Grèveur... Je travaillais courageusement, et mon gain suffisait pour mon enfant et pour moi... J'aimais bien la parure, c'est vrai! et je laissais parfois le petit à une voisine pour aller à quelque bal ; mais enfin, on ne pouvait m'accuser d'être une mère dénaturée... Tu me rencontras dans une de ces fêtes, et toi non plus alors tu n'avais pas perdu tout bon sentiment... Tu parlais de ta mère avec une expression de regret si sincère que j'en fus touchée... J'étais jolie, je te plaisais; tu semblais vouloir travailler, et je me sentais bien seule... Un matin nous entrâmes en ménage, et pendant quelques mois l'ouvrage et le bonheur marchèrent de compagnie. Puis La Tronche te donna de dangereux conseils, tu devins brutal avec moi, et au lieu de chercher le moyen de vivre de ton labeur, tu demandas de l'argent à M. Belleforge...

— J'usais de mon droit.

— Soit ! il eût été plus digne d'attendre qu'il t'en offrît. Encore si cet argent avait contribué au bien-être de la famille, mais il s'engloutissait dans des spéculations où tu jouais sans cesse le rôle de dupe... C'est La Tronche qui te fit acheter le fonds de menuiserie sans clientèle, où tu jetas deux mille francs ; il t'emprunta ensuite les quatre cents francs moyennant lesquels tu cédas l'affaire, et jamais il ne te les a rendus... Trois enfants sont venus, non pas resserrer notre tendresse, mais augmenter notre misère et nos préoccupations... La Tronche t'a détourné de moi et de ces petits qui ne sont pas cause de nos peines... La

Tronche t'a arraché les mille écus dont tu parles, et tu ne les reverras jamais... Hier, tu m'as battue à la mort et tu as commis un crime, car c'est un crime de voler un enfant à sa mère Ne cherche pas d'excuse, tu n'en trouverais jamais... Celle que tu as avancée tout à l'heure est un prétexte.

— Écoute, la Faraude, dit le Grèveur, pour avoir été emmené par Si-Sol, Cancrelat n'est pas perdu. Il y a déjà assez de gêne ici... Quand nous serons plus riches, je te le rendrai... Je suis fâché de ma colère d'hier, mais tu semblais terrible armée de tes ciseaux, et la rage m'a pris...

— Je ne pense plus à cela, dit la Faraude, et je te pardonnerai tes coups si tu me promets de travailler et de me rendre mon enfant.

— J'irai à l'atelier aujourd'hui, et quant à l'enfant, je dirai à Si-Sol de l'amener ici, de temps en temps.

L'ouvrier prit sa casquette, haussa les épaules en entendant tousser Serinette, et descendit l'escalier.

Un moment après, la Faraude laissant seuls Grain-de-Mil et Souriceau, sortit en tenant Serinette roulée dans un lambeau de châle. Elle entra dans la pharmacie la plus proche et demanda quelque chose pour calmer la toux de la petite fille.

— Vous n'avez pas d'ordonnance ? demanda l'élève.

— Qu'est-ce que ça fait, répondit la Faraude, donnez-moi un remède qui guérisse le rhume.

— Votre enfant a besoin d'être soignée, dit le jeune homme, faites-la voir par un médecin.

— Un médecin me la tuerait... les enfants des pauvres gens, ça tousse toujours... Ils ont froid et chaud, ou plutôt ils ont toujours froid... je veux seulement un calmant pour elle.

L'élève mit des boules de gomme dans un cornet,

et la mère s'en alla contente. Serinette riait de joie.

La Faraude gagna le magasin de nouveautés du *Panthéon*, et regarda les étoffes pendues extérieurement à l'étalage. Elle se sentait trop pauvre et ses haillons la rendaient trop timide pour qu'elle osât pénétrer dans l'intérieur et faire déplier des étoffes. La pauvre femme palpait les tissus, laine et coton, les comparait, regardait les étiquettes. Elle en choisit un à carreaux verts et rouges, voyant et gai, et en prit assez pour s'habiller, elle et les trois enfants : cela coûtait douze sous le mètre. Elle rentra chez elle épanouie, on pourrait encore l'appeler la Faraude. Le courage lui revenait, elle tira l'aiguille toute la matinée, mais elle avançait peu ; elle avait, comme disent les gens du peuple, les *doigts gourds* ; alors elle songea à sa voisine du second étage, dont la machine dévorait les coutures avec une rapidité féerique. Elle descendit l'escalier, et frappa à une porte basse. Une voix faible lui ayant dit d'entrer, elle ouvrit.

C'était la première fois qu'elle pénétrait chez la pauvre Thérèse. Celle-ci sourit en la reconnaissant, et arrêta sa machine.

La Faraude lui expliqua le but de sa visite. Elle voulait lui emprunter sa machine à coudre pendant les heures de la nuit qu'elle consacrait au sommeil, et en remercîment de son obligeance, elle ferait la cuisine de Thérèse en même temps que la sienne. La jeune fille accepta avec une sorte de joie. C'était du bonheur pour elle de voir une créature humaine dans son galetas. Personne n'y pénétrait jamais ; elle y restait seule, toujours seule, travaillant, veillant, souffrant de l'horrible toux qui lui déchirait la poitrine.

— Mais, dit Thérèse, je crains que le manque d'habitude vous rende malhabile ; une machine ressemble à un cheval : il lui faut un bon cavalier... J'aime mieux la monter tout de suite chez vous, j'assemblerai ce que vous voulez coudre, pendant que vous préparerez le déjeuner, et avant ce soir tout sera fini.

— Mais votre besogne ? demanda la Faraude.

— Je rends l'ouvrage le samedi seulement; j'aurai fini en veillant un peu plus tard.

Thérèse monta la machine avec l'aide de la Faraude et s'installa près de la fenêtre, tandis que la jeune femme allait et venait dans la chambre. Les enfants s'amusaient du ronflement de la *Silencieuse*, regardaient tourner les bobines et la couture s'achever par magie.

Serinette toussait, et Thérèse remarquait avec inquiétude ses yeux pleins de fièvre et les couleurs rouges des pommettes sur sa figure pâle.

— Madame, dit-elle doucement, vous devriez consulter le médecin pour cette petite.

— Tiens ! fit la mère, voilà la seconde personne qui me donne ce conseil dans la journée... ce n'est pas grave, cependant, le mal de Serinette... vous aussi, vous toussez, Mademoiselle Thérèse.

— Oh ! moi !... répondit l'ouvrière.

Elle n'ajouta rien, mais on sentait un tel découragement dans sa voix que ce mot signifiait : « J'irai seulement jusqu'aux premières feuilles... » La Faraude regarda alternativement Serinette, puis Thérèse, et serra la petite fille sur son cœur.

— Connaissez-vous un médecin près d'ici ? demanda-t-elle à Thérèse.

— Oui, celui que je suis allée consulter, rue d'Ulm.

— Et que vous a-t-il ordonné ? demanda la Faraude.

— Une bonne nourriture, répondit Thérèse, de la distraction, et un voyage en Italie ou au Caire.

Elle dit cela comme elle aurait dit : — Je suis condamnée, et j'attends ma fin.

La Faraude hâta le déjeuner, habilla le mieux qu'elle put l'enfant malade, et courut chez le médecin pour attendre l'heure de la consultation gratuite. Elle tremblait et pleurait : Serinette mangeait les boules de gomme. Le docteur était un homme dur et froid, positif comme un chiffre. Il ne savait ni avertir ni atténuer une vérité, si terrible qu'elle fût. Quand la Faraude lui présenta Serinette, il regarda la petite créature, et se contenta de dire à la mère :

— Vous venez six mois trop tard...

— Quoi ! s'écria la Faraude, il n'y a plus de remède ?

— Pour vous, non ; si vous étiez riche, oui...

— Ah ! je sais, dit amèrement la Faraude, une bonne nourriture, du vin de Bordeaux, un voyage en Afrique... la mort, quoi ! pour l'enfant d'une malheureuse comme je suis.

Elle s'enfuit en sanglotant.

Thérèse travaillait encore quand elle rentra. Le soir toute la tâche se trouvait finie, la robe de la mère et les vêtements des enfants. Le Gréveur revint à la sortie de l'atelier ; il fut poli avec Thérèse, et doux pour sa femme. On lui montra étalées sur le lit les toilettes nouvelles, et il promit de mener promener la famille le dimanche suivant.

Quand Thérèse redescendit chez elle, l'ouvrier porta la machine.

— Vous êtes une brave fille, dit-il ; si vous avez besoin de moi...

— Ce n'est pas de refus... les pauvres ont toujours besoin les uns des autres... — Comme il l'avait promis, le Gréveur donna la journée du dimanche à sa famille ; Faraude vêtue de sa robe neuve, coiffée d'un bonnet blanc, portant dans ses bras Serinette radieuse, rappelait un peu la coquette Faraude d'autrefois. La mère eût été presque heureuse si de temps en temps la toux de l'enfant ne lui eût rappelé les tristes paroles de Thérèse et la menace plus grave du docteur. Le temps était beau, un temps de février attiédi par l'approche du printemps. Hélas ! c'était la dernière halte de la Faraude dans sa vie de misère et de lutte. Quand elle rentra le vent était froid, et Serinette tremblait sous sa maigre robe.

A partir de ce jour, ses joues devinrent plus blanches, ses petites lèvres blêmirent, ses yeux cernés gardèrent l'éclat de la fièvre. Elle passait des journées assise sur son lit, pour avoir moins froid, et comme si l'âme de la pauvre créature s'épurait et reprenait quelque chose de la bonté native du cœur d'enfant, il lui arriva plusieurs fois de demander :

— Je ne reverrai donc plus Cancrelat ?

Un soir qu'elle adressait cette question au Gréveur, la Faraude appuya sa main tremblante sur le bras de l'ouvrier.

— Tu m'as punie dans mon enfant, dit-elle, celle-là va mourir... Si tu avais été chercher l'autre... peut-être notre petite fille eût-elle vécu...

— J'ai signé ! dit le Gréveur en baissant la tête.

Pendant un mois, Serinette languit, s'étiola. Durant les nuits, la mère la gardait dans ses bras pour endormir ses cuisantes souffrances. Le Gréveur, ramené pendant une semaine près de la Faraude, un peu par la pitié et aussi par la peur, reprit ses habitudes de paresse. Il rentrait de plus en plus tard, prétextant que les cris de l'enfant lui faisaient mal. La Faraude avait mille peines à lui arracher un peu d'argent pour acheter du pain, et les jours de paie on se battait encore dans le taudis. Un samedi, le Gréveur entra en chantant dans le galetas. Il avait le pas hésitant, la face allumée. La Faraude s'élança vers lui dès qu'il parut, et l'entraînant en face d'une couchette :

— Silence, misérable, dit-elle, l'enfant est morte !

Il demeura un moment comme hébété, puis il se coucha sans rien dire. La mère enveloppa le petit corps d'un linge blanc, et à l'aube elle descendit chez Thérèse. La pauvre fille, en apprenant le malheur qui frappait sa voisine, cueillit quelques branches d'une giroflée qui chez elle parlait de printemps, et montant chez la Faraude, elle plaça les fleurs sur la poitrine de la morte. Le Gréveur sortit pour faire les démarches légales. La mère attristée laissa Thérèse s'occuper des enfants. Quand il fut question d'une bière, comme l'argent manquait, la Faraude avisa une petite caisse de bois blanc assez grande pour former un cercueil, et y plaça l'enfant. Le Gréveur déclara que la morte n'entrerait pas à l'église, que ses amis le renieraient s'il avait la lâcheté de demander une prière et une goutte d'eau bénite pour sa fille.

— On la portera au cimetière, dit-il, comme l'enfant d'un prolétaire, d'un citoyen. Des frères et amis viendront la chercher.

La Faraude tomba sur une chaise en sanglotant.

— Est-ce qu'elle va s'en aller ainsi ? demanda-t-elle.

— Allons, répondit le Gréveur en adoucissant sa voix, je ne t'empêche pas de la suivre.

La Faraude prit un bonnet blanc dans le placard, noua un vieux châle noir autour de sa taille, car elle n'avait pour toute robe que cette robe voyante achetée peu de temps avant, et quand elle fut prête, elle dit à l'ouvrier :

— Et toi ?

— Eh bien ! je t'accompagnerai... je l'aimais aussi, cette enfant... quoique cela fasse une bouche de moins à nourrir...

On vint enlever le corps ; Souriceau et Grain-de-Mil restèrent confiés à la garde de Thérèse, et la Faraude et le Gréveur suivirent le cercueil.

Comme ils passaient devant l'église Saint-Étienne du Mont, un convoi en sortait ; un convoi d'enfant aussi. La bière disparaissait sous un monceau de lilas blancs ; un groupe de jeunes filles vêtues de mousseline et couronnées de roses entourait le cercueil. Des prêtres en surplis blanc se tenaient sur le seuil ; un char garni de draperies bordées de galons d'argent attendait. Un grand concours de parents et d'amis escortait l'enfant ravie à la tendresse maternelle. L'encombrement produit par cette foule arrêta la Faraude et le Gréveur. La femme regarda avec envie cette pompe funèbre ; elle écouta le cœur gros ces chants d'espérance qui saluaient le nouvel ange dans l'enfant endormie par le doigt de la mort. Elle sentait qu'au départ de sa petite fille, à elle, manquait ce qu'elle trouvait là, et sans définir de quelle angoisse nouvelle elle se sentait oppressée, il lui sembla que pour la seconde fois et sans retour on la séparait de son enfant. Les parfums de l'encens arrivaient affaiblis jusqu'au seuil de l'église ; sur les tentures, la grande croix signe de rédemption se détachait victorieuse. Les cierges éclairaient les profondeurs mystérieuses du chœur. Une vie surnaturelle se réfugiait dans le sanctuaire. Les gens recueillis qui formaient le cortége de cette enfant inconnue semblaient garder sur le front le reflet d'une grande pensée que la Faraude ne trouvait pas au fond de son désespoir. On eût dit que son enfant à elle n'appartenait pas à cette famille dont les chants et les symboles la frappaient et l'attendrissaient pour la première fois.

Le Gréveur, impatienté du retard, essaya de faire prendre le pas au cercueil de Serinette ; mais on l'obligea à attendre que l'autre convoi se fût mis en marche. Alors on lui enjoignit de suivre et de prendre la file. La Faraude éprouva une sorte de soulagement. Il lui sembla que Serinette participait de la sorte à la pompe commandée pour une autre, qu'elle aurait un peu de ces chants, de ces prières ; que cette croix qui marchait en avant la protégeait et que la morte inconnue lui cédait avec joie la moitié de sa pompe funèbre. Au contraire, le Gréveur s'irrita d'être obligé de marcher pas à pas derrière cet autre convoi. Il tremblait que la Tronche ou quelque camarade l'aperçût ; n'aurait-on pas pu croire qu'il faisait enterrer son enfant par un prêtre au lieu de l'enfouir comme doit le faire tout citoyen libre penseur et digne de l'amitié des purs ? Cette crainte devint si violente que, passant devant la boutique d'un marchand de vin, le Gréveur dit à sa femme :

— Le temps de prendre un canon, et je reviens...

Il disparut et ne revint pas.

La Faraude marchait seule derrière la bière de Serinette. Des larmes roulaient sur ses joues : elle se demandait si la misère ne lui prendrait pas ses autres enfants comme elle avait pris celle-là. Elle songeait à son fils emmené un soir d'hiver, elle ne savait où, et que peut-être elle ne reverrait jamais... Elle repassait sa vie, et regardait l'avenir d'un œil sombre. Que pouvait-elle attendre de cet homme qui n'avait pas le courage d'escorter jusqu'au bout le cercueil de son enfant ? Une minute l'idée lui vint de prendre Grain-de-Mil et Souriceau en rentrant chez elle, et de s'en aller avec eux n'importe où. Oui, mais on ne demeure pas n'importe où à Paris. Il faut un domicile et pour vivre, de l'argent. La paresse engourdissait la Faraude depuis plus de quinze années. Elle ne savait plus travailler ; le mal l'avait assez gangrenée pour que l'énergie lui fît défaut. Et puis, il fallait bien se l'avouer, malgré les vices du Gréveur, elle tenait à cet homme. Il l'injuriait, la battait, mais pendant de rares moments, quand il n'était pas ivre ou en colère, elle pouvait croire encore qu'il l'aimait un peu. D'ailleurs, il existait entre eux un lien puissant, terrible : l'habitude. Et quand elle s'interrogea, elle dut s'avouer que la force lui manquerait pour le fuir.

On arriva au cimetière; l'enfant de la Faraude devant être jetée dans la fosse commune, la pauvre femme suivit une allée étroite et longue, et gagna avec les porteurs l'énorme tranchée au-dessus de laquelle apparaissaient de petites croix et de rares couronnes. On laissa rouler le petit cercueil comme une masse, des ouvriers jetèrent des pelletées de terre par-dessus, et s'en allèrent. La Faraude demeura seule, toute seule... Qu'avait-elle à faire puisqu'elle ne savait pas prier ? Elle regarda autour d'elle, rien, personne... Le Gréveur n'était pas même là pour soutenir sa marche lassée... La Faraude poussa un long sanglot, regarda avec égarement l'endroit où l'on venait d'enfouir l'enfant qui lui avait souri et l'avait aimée, et, brisée de corps et d'âme, elle reprit sa route à travers le champ des morts.

Comme elle revenait, elle se trouva de nouveau en face du convoi de jeune fille qu'elle avait rencontré à la porte de l'église. Elle s'arrêta. La curiosité la prit de savoir comment disent adieu aux leurs ceux qui demandent à l'Église la sanctification de la tombe.

Elle vit chacun former un signe de croix en agitant un goupillon d'argent au-dessus de la fosse entr'ouverte. Les assistants étaient graves, et quelque chose de surnaturel brillait un moment sur le visage de ceux qui accomplissaient ce suprême devoir. Alors, elle, cette mère qui avait repoussé le prêtre, cette femme dont l'enfant gisait dans la fosse commune comme un fardeau dont on venait de se débarrasser, elle qui ne croyait pas, qui ne franchissait jamais le seuil d'une église, et blasphémait dans la souffrance, prit des mains d'une femme en deuil le goupillon d'argent, et le secoua sur la tombe de cet enfant dont elle ignorait même le nom, comme si cet acte extérieur d'une foi qui n'était pas la sienne pouvait consoler au sein de l'autre vie l'âme de Serinette égarée dans les Limbes obscurs. Instinct sacré de la religion survivant même à la mort de l'âme, dominant les passions ardentes, planant au-dessus de tous les malheurs, soif ardente de se rattacher à quelque chose d'éternel et de divin ! la Faraude sentit tout cela pendant une seconde, et reprit ensuite lentement le chemin de sa demeure, où elle trouva le Gréveur vidant une bouteille d'eau-de-vie en compagnie de la Tronche qui venait lui proposer une affaire...

VIII

CHARITÉ.

Les journaux faisaient grand bruit d'une vente de charité qui devait avoir lieu dans les vastes salons d'un ministre. Les noms des marchandes annoncés à l'avance prédisaient le succès du chiffre auquel s'élèverait cette pieuse spéculation. Dans le but le plus louable, on avait recruté pour tenir les boutiques de ce coquet bazar les femmes et les jeunes filles à la mode. On se proposait de se rendre à cette vente comme à une fête; les hommes dans un intérêt de curiosité, les femmes pour juger de la grâce et de la toilette de leurs amies; quelques-unes pour rapporter de cette promenade philanthropique des idées saines sur la distinction de costume et d'attitude des vraies grandes dames.

En vérité, quand on pénétrait dans les salons métamorphosés par la charité, on restait ébloui. Des éventaires de fleuristes, des étalages de marchandes de fruits rares, des boutiques de gants parfumés attiraient tour à tour. Puis venaient les bijoux, les cartonnages élégants, la maroquinerie, mille riens charmants que Paris excelle à créer et que les deux mondes lui envient. Et dans chaque magasin en miniature, derrière chaque table chargée de brimborions, se tenaient en grande toilette de charité mondaine des femmes qui, un mois d'avance, avaient demandé à Worth et à Laferrière le secret d'une toilette inédite destinée à éclipser celles de leurs rivales. Il y avait, rapprochés, confondus, des costumes de velours affectant une sévérité démentie par la richesse des dentelles et la coquetterie de nœuds chiffonnés avec un goût original; des traînes sans fin s'étalaient sur les tapis, les corsages s'agrafaient avec des diamants. Et chacune de ces marchandes unissait les séductions de la voix, du regard et du sourire pour attirer la clientèle. On organisait une petite Bourse au profit des pauvres. Les valeurs se cotaient, on discutait les prix. Il y avait hausse, baisse, ballottage, primes. Telle négociante avide d'augmenter la caisse des malheureux promettait une contredanse comme appoint de l'objet vendu. Telle autre livrait, moyennant un prix fou, le bouquet attaché à son corsage. L'enthousiasme les gagnant, quelques-unes eussent vendu une boucle de cheveux.

Les hommes de tous les grands clubs se promenaient dans les salons, marchandant pour avoir le loisir de rester près des étalages, achetant pour acquérir des droits à la reconnaissance des vendeuses.

Au nombre des jeunes filles chargées de grossir le budget des pauvres se trouvait Cœlia Belleforge. Elle disparaissait à demi derrière une montagne de bouquets de violettes de Parme. Sa toilette d'un goût charmant était de la nuance des fleurs qu'elle vendait. On l'entourait, on la fêtait, on enlevait ses bouquets d'assaut. Elle avait à peine le temps de les présenter aux élégants qui se pressaient autour d'elle. La situation du banquier, la beauté de sa fille, le chiffre de la dot expliquaient l'enthousiasme des jeunes gens pour les violettes de Parme. Cœlia n'avait plus à indiquer le prix de ses fleurs. La hausse s'était faite d'elle-même; un des amis de son père ayant payé le sien un louis, son voisin l'imita;

un troisième, pour se distinguer, mit deux pièces d'or dans le coffret d'argent qui servait de caisse à Cœlia, et au bout d'une demi-heure, la cassette débordait.

Il ne lui restait plus que quelques bouquets quand Cœlia vit s'approcher le comte d'Ivrée. Il ne l'avait pas reconnue et s'avançait vers l'éventaire sans lever les yeux; quand il se trouva près de la jeune fille, une fugitive émotion passa sur son visage ; mais elle s'effaça vite, et Rolland, s'inclinant devant mademoiselle Belleforge, la félicita sur le succès qu'elle venait d'obtenir. Malgré lui cependant, il mit une sorte de tristesse dans son éloge, et Cœlia, dont le cœur avait battu joyeusement aux premières paroles de monsieur d'Ivrée, se sentit tout à coup envahie par le découragement ; Rolland comprit qu'une fois encore il venait de blesser cette bonne et charmante créature. Il le regretta sincèrement. De quel droit blâmait-il tout en elle, depuis son amour du monde jusqu'à sa charité ? Il lui avait fait comprendre que la différence de leurs opinions empêcherait entre eux toute sympathie. Elle avait baissé humblement la tête et s'était courbée sous sa condamnation. Quand elle se retrouvait en face de lui, c'était au moment où elle remplissait un rôle de femme, où elle se vouait au soulagement de ceux qui souffrent, et loin de la louer franchement, il cachait sous ses paroles une sorte d'ironie cruelle. Il paraissait lui dire que cet exercice de la charité était bien dans ses goûts, dans son rôle, que la coquetterie d'une femme y trouvait sa part, plus que son instinct de bienfaisance.

Cœlia le comprit. Loin de se révolter contre ce qui paraissait une injustice de la part du comte, elle sembla plus confuse, plus affligée qu'irritée, et levant sur le jeune homme deux yeux purs dans lesquels montait une larme :

— Ce que nous faisons toutes ici, demanda-t-elle, n'est-ce pas le bien ?

— Vous l'avez dit, Mademoiselle, c'est le bien, et non pas la charité...

— Je croyais que c'était la même chose.

— Non! ce n'est pas la même chose, ni pour vous ni pour ceux que cet or soulagera. Vous rapporterez chez vous, en sortant de cette vente où votre orgueil aura amplement trouvé satisfaction, le plaisir d'humilier bon nombre de rivales ; mais votre âme ne battra point de cette joie ineffable qui la remplit lorsque nous avons prodigué à des souffrants, non pas seulement notre or, mais notre pitié, notre cœur et nos larmes. Vous avez recueilli trop de compliments pour que Dieu vous doive encore quelque chose ! Je trouve qu'il vaut certes mieux employer ses heures à vendre des bouquets de violettes qu'à se promener au bois ; mais rien n'élève l'esprit et ne dilate ici nos sentiments généreux On y fait de la coquetterie sous un masque d'humanité. On y vend des sourires, des quadrilles, des rubans que l'on a portés, et si je m'explique la joie des pauvres qui recevront des secours, je ne leur impose pas la reconnaissance pour des services rendus de la sorte....

— N'êtes-vous pas sévère ? demanda doucement Cœlia.

— Peut-être... répondit le comte d'Ivrée avec une nuance de regret. Il ne faut pas m'en vouloir... J'ai été élevé à une autre école... Ma mère, qui est une sainte, donnait avec prodigalité quand elle était riche.... elle donne encore, maintenant que nous sommes à peu près ruinés... Seulement, son aumône acquiert la valeur d'un acte de bonté et de compassion... Elle monte elle-même dans les galetas, elle connaît les pauvres qu'elle visite, elle soigne les malades qu'elle secourt, elle embrasse les enfants demi-nus à qui elle apporte des vêtements et du pain.

— Oh ! cela est vraiment beau ! fit Cœlia avec admiration.

— Cela est chrétien surtout, Mademoiselle, et nous explique pourquoi cette bienfaisance mêlée de coquetterie et d'orgueil ne me touche pas sincèrement...

— Je le comprends... et moi qui croyais bien mériter des pauvres en vendant mes fleurs très-cher !

— Vous avez encouru une grave punition, Mademoiselle, dit Rolland avec un sourire... je vous l'infligerai... De tous ceux qui ont épuisé votre éventaire, je serai certes celui qui payera vos violettes le moins cher... voilà cinq francs... Je ne suis ni riche ni flatteur...

Cœlia tenait dans les mains le plus beau des bouquets, elle le tendit à monsieur d'Ivrée.

— Merci deux fois, dit-elle gravement.

Sa voix était si douce, le regard qu'elle jeta sur le comte traduisait une émotion reconnaissante si profonde que Rolland s'éloigna troublé, en répétant pour la seconde fois :

— Quel dommage !

Quand il rentra chez lui, le comte d'Ivrée se mit au travail en attendant l'heure du dîner. L'abbé de Hautmoustier devait venir, et Rolland voulait lui remettre les notes concernant l'histoire complète de *Notre-Dame*. Pendant le repas, le jeune homme resta préoccupé. Il oublia de répondre à mademoiselle de Segondie, qui lui demandait des nouvelles de la vente de charité pour laquelle elle avait envoyé deux lots charmants. Madame d'Ivrée pensa que son fils songeait à quelque grave procès et n'osa l'interroger. Quant à l'abbé, il garda cette bonne humeur faite de sérénité qui était l'expression vraie de son caractère. En quittant Rolland, il lui serra la main :

— Peut-être te donnerai-je des clients d'ici à quelques

jours, mon enfant, des clients excellents... Ils ne te payeront jamais...

— C'est pour ceux-là que je plaide le mieux, répondit le jeune homme.

Huit jours plus tard, Rolland recevait ce billet :

« Mon cher enfant, rends-toi rue Gît-le-Cœur, numéro 8 ; au dernier étage de la maison, tu trouveras une grande misère à soulager, et une malheureuse femme dont le mari a besoin du secours de ta parole. »

Dès le lendemain, Rolland prit le chemin de cette rue étroite qui coupe le quai et s'enfonce dans de noires profondeurs. Arrivé au numéro indiqué par l'abbé de Hautmoustier, il traversa un couloir sombre et gravit au hasard un escalier en spirale. Sur le dernier palier se présentait une seule porte ; comme elle était entr'ouverte, il se contenta de la pousser et s'arrêta un moment devant le spectacle qui s'offrait à ses yeux.

Sur un lit de sangle sordide était couché un vieillard poussant des cris douloureux. Une femme aveugle assise dans un angle promenait ses doigts tremblants sur le front de deux enfants hideux, gnômes de la misère, dont les yeux hagards trahissaient à la fois la souffrance et l'idiotie. De la paille amoncelée au fond de la chambre avait sans doute jusqu'à ce moment servi de couche aux petits malheureux. Dans une partie de la pièce éclairée d'aplomb par la fenêtre, Rolland distingua avec surprise les plis soyeux d'une robe de riche étoffe. Il ne voyait en ce moment que la jupe de faille relevée simplement *à la blanchisseuse* et une belle chevelure blonde un peu dérangée par l'actif labeur auquel se livrait une jeune femme. Elle tirait d'un paquet posé à terre des draps et des oreillers, tandis qu'un commissionnaire aidé par une vieille servante achevait de monter un bois de lit. Le sommier et le matelas rangés, la jeune femme étendit les draps, les lissa avec soin, et souriant à la servante, rangea les couvertures, plaça les oreillers, puis regarda ce lit blanc et moelleux avec une sorte d'orgueil.

— Est-ce bien pour un essai, Annette ? demanda-t-elle.

Le son de cette voix frappa Rolland. Tout d'abord, se voyant prévenu dans l'accomplissement de son œuvre charitable, il se demanda s'il ne vaudrait pas mieux revenir une autre fois que de troubler en ce moment ceux qui s'occupaient de la malheureuse famille. La vive sensation de joie qu'il ressentit en reconnaissant une voix qui lui était chère le porta au contraire à demander tout de suite sa part du bienfait.

Il s'avança rapidement, puis s'arrêta une seconde encore. Au moment où la jeune femme se dirigeait du côté du vieillard qu'il s'agissait de transporter dans le lit nouveau, le comte d'Ivrée se trouva en face de mademoiselle Belleforge. Une vive rougeur monta au front de la jeune fille. Elle resta interdite, prise à la fois d'émotion et d'une sorte de honte. Elle ne redoutait pas que l'on apprît ses bonnes œuvres par respect humain ; mais se rappelant les conseils de monsieur d'Ivrée, et sachant au fond de son âme le mobile qui, depuis le jour de la vente de charité, la poussait chez les pauvres, elle restait émue, surprise, se demandant si le comte ne devinerait rien, s'il ne comprendrait pas.

Rolland comprit, car son regard rayonna d'une joie pure. Il n'adressa aucune parole banale à Cœlia, mais lui désignant le vieillard, il dit à la jeune fille :

— Le brave commissionnaire et moi, nous allons transporter le malade.

— Bien, répliqua Cœlia, je pourrai m'occuper des enfants

La jeune fille se dirigea vers les petits malheureux, qui regardaient autour d'eux sans rien comprendre à ce qui se passait, tandis qu'Annette donnait des soins à leur mère aveugle.

Le commissionnaire et Rolland, se trouvaient près du lit et l'homme à la plaque allait ôter la couverture qui pouvait le gêner pour soulever le malade, quand celui-ci poussa un cri d'effroi :

— Qu'avez-vous ? lui demanda vivement Rolland.

— Mes jambes... répondit le malheureux tremblant, mes jambes, par pitié !...

— Soyez tranquille, mon ami, je les soulèverai avec précaution...

— Ah ! ce n'est pas cela ! fit le malheureux avec désespoir.

Rolland ne le devina pas tout de suite, mais une minute après, tandis qu'il le posait doucement dans le lit blanc, la couverture s'écarta, et Rolland vit aux jambes du vieillard deux plaies vives, creusées à la cheville... deux plaies accusatrices... deux plaies qui criaient le mot : « bagne ! » par leurs lèvres saignantes.

Le jeune homme regarda doucement le malade, et lui serra la main.

— Silence ! Monsieur ! silence... dit le malheureux, si cette dame savait...

— Elle doit savoir, répliqua monsieur d'Ivrée, parce qu'elle est assez généreuse pour tout excuser. Demain, je vous enverrai mon médecin, aujourd'hui, je vous panserai moi-même.

Monsieur d'Ivrée rejoignit Cœlia.

— Mademoiselle, dit-il, j'ai besoin de compresses et de bandes de toile fine... Il faut aussi une infirmière pour m'aider...

— Me voici, répondit Cœlia.

Les pieds du malheureux furent dégagés des couvertures, et Cœlia les lava avec des précautions infinies. Rolland l'aidait. Jamais il n'avait trouvé plus de grâce à cette jeune fille, jamais son regard ne l'avait enveloppée avec autant de sollicitude et de tendresse. Il lui semblait qu'elle lui appartenait un peu, et qu'un lien secret rattachait leurs âmes. Par deux fois n'avait-il point donné une impulsion nouvelle à ce cœur né pour le bien? Ce que Cœlia faisait au nom de la charité, ne le ferait-elle jamais au nom de la foi? Quelle différence entre la jeune fille allant et venant comme une abeille diligente au milieu de ce grenier, et celle qu'il avait vue au bal, entourée de courtisans, et effaçant toutes ses rivales! N'était-elle point mille fois plus charmante encore et plus vraie que cette jolie et coquette marchande de la vente de charité, qui échangeait contre des pièces d'or des bouquets de violettes d'un sou? Cœlia ressemblait à une plante subitement épanouie par une tiède brise de printemps, et qui promettait une ample moisson de fleurs et de fruits. Certes, cette enfant si docile au bien ne demandait qu'à suivre une impulsion nouvelle. Rolland savourait l'intime joie de se dire qu'il deviendrait le guide de Cœlia; si jamais un espoir d'avenir ne leur était permis, il laisserait du moins dans sa vie une trace ineffaçable : elle lui devrait des sentiments, des lumières et des joies destinés à changer sans retour sa destinée.

Quand l'aveugle fut soigneusement habillée, que les enfants lavés et souriants l'entourèrent, Annette dressa le couvert près du lit du malade.

Une volaille froide, du pain blanc, des bouteilles de vin, du fromage, des fruits, des confitures et des gâteaux allumèrent à la fois la convoitise et la joie des enfants. Cœlia les servait, attentive comme une mère, gaie comme une sœur. Rolland s'occupait du vieux forçat, et, comme le malheureux semblait confus des soins de monsieur d'Ivrée, et préoccupé d'un souvenir, Rolland, par un sentiment d'exquise délicatesse, dit à Cœlia :

— Ne pensez-vous pas, Mademoiselle, que nous devons rompre le pain avec nos protégés, sans cela ils se croiront trop nos obligés, mieux vaut qu'ils deviennent nos hôtes.

La jeune fille cassa un gâteau et en tendit la moitié à Rolland.

Une grosse larme roula dans les yeux du forçat.

— Que Dieu vous donne le bonheur, Mademoiselle! dit-il en joignant les mains.

— Que Dieu vous garde la lumière! ajouta l'aveugle.

— La lumière... répéta Cœlia presque bas, la lumière, vous avez raison...

Elle regarda Rolland d'Ivrée comme si c'était de lui qu'elle attendait ce secours nouveau, cette illumination céleste; et pendant un moment, le silence des deux jeunes gens fut plein d'une émotion religieuse.

Un moment après, Cœlia quittait le grenier, où elle laissait l'abondance; et comme le comte d'Ivrée la saluait d'un adieu :

— Est-ce que vous vouliez?... demanda-t-elle.

— Je vous ai appris la charité, répondit-il, je vous révélerai Dieu.

IX

L'OUBLI QUI TUE.

La santé de madame Belleforge déclinait visiblement. Les médecins consultés conseillèrent les eaux; la malade s'y rendit avec plus de docilité que d'espérance et n'en rapporta pas le soulagement que la famille espérait. Le banquier désolé appela chez lui les princes de la science. On discuta, on consulta, on écrivit d'inutiles ordonnances. Les mots vides de sens inventés par l'art médical pour caractériser des maladies qui n'existent pas, furent prononcés tour à tour, et redoublèrent l'effroi de Cœlia et de Conrad, sans provoquer autre chose chez madame Belleforge qu'un pâle sourire où l'ironie se mêlait au désespoir. Cette femme, qui mourait lentement, emportait-elle donc le secret de son mal? Cependant, autour d'elle se réunissaient tous les éléments du bonheur. Les brillantes études de son fils, le sérieux de son caractère, ses hautes relations le faisaient accueillir partout avec distinction. Les qualités de Cœlia l'emportaient encore sur sa beauté. Elle pouvait choisir un millionnaire, un prince, un diplomate pour mari au milieu des hommes qui prétendaient à sa main. Madame Belleforge insistait parfois pour que sa fille fixât son choix sur l'un d'eux, mais Cœlia se jeta dans les bras de sa mère avec une expansion de tendresse qui touchait trop celle-ci pour qu'elle gardât la force de rien ajouter.

— Je me trouve heureuse près de vous, disait Cœlia, et puis, aucun des hommes que vous nommez ne me semble offrir de sérieuses garanties de bonheur...

— Tu as peut-être raison, répondait madame Belleforge, mais je voudrais voir ta destinée fixée avant de te quitter...

— Ah ! méchante ! méchante mère ! toujours ces idées sombres, ces pressentiments sinistres...

— Chérie ! ce sont des faits ; ne vois-tu pas chaque jour ma faiblesse augmenter... dans un mois, peut-être ne quitterai-je plus mon lit, et qui sait combien de jours me seront alors accordés jusqu'à l'adieu sans fin, l'adieu éternel...

Cœlia sanglotait dans les bras de sa mère, et il n'était plus question de mariage ; la jeune fille s'efforçait d'effacer de l'esprit de la malade les lugubres idées qui l'obsédaient et madame Belleforge s'y prêtait pour consoler Cœlia.

Cependant, si avide que fût celle-ci de se reprendre à l'espérance, ni elle ni Conrad ne conservèrent longtemps d'illusion. Le banquier seul gardait pleine confiance. Les médecins lui affirmaient d'une façon si positive que leurs diagnostics ne signalaient rien de grave, qu'il finissait par croire les médecins, rejetait les souffrances de sa femme sur l'irritabilité de ses nerfs, et se contentait de mettre à sa disposition plus d'argent qu'elle n'en pouvait souhaiter.

Un soir, le banquier, forcé d'assister à un dîner où devait se traiter une grave affaire de chemin de fer, quitta sa femme vers sept heures. Pour la première fois, depuis qu'elle se plaignait, il fut frappé de l'altération de ses traits, du fiévreux éclat de son regard.

— Mon Dieu ! s'écria-t-il avec un sincère élan de tendresse, ne puis-je donc rien pour te guérir ?...

— Non, mon ami, répondit-elle, vous ne pouvez rien !

Elle l'embrassa affectueusement, et presque aussitôt une subite faiblesse alarma vivement ses enfants. Annette en larmes soignait sa maîtresse avec un empressement inquiet. Quand la malade retrouva l'usage de ses sens, elle tendit les mains à ses enfants agenouillés.

— Ce n'est rien, dit-elle ; Cœlia, ma chérie, va te reposer, Conrad me veillera ce soir.

La jeune fille insista pour partager les soins que Conrad donnait à sa mère, mais celle-ci ordonna doucement, et Cœlia obéit.

Quand elle se trouva seule avec son fils, la malade prit la main du jeune homme, et lui demanda avec une sorte d'angoisse :

— Jures-tu d'obéir à ce que je vais exiger de ta soumission et de ta tendresse?

— Je vous le jure, ma mère, vous ne pouvez vouloir que le bien. Mais pourquoi cette gravité dans le serment, pourquoi cette crainte que je lis dans vos yeux?... Vous seule vous vous obstinez à croire qu'un danger vous menace... Si vous étiez malheureuse, on pourrait penser qu'un chagrin secret vous dévore, mais votre situation est florissante, mon père vous aime...

— A sa manière, oui !

— Cœlia et moi, nous ne vivons que pour vous.

— Hélas ! murmura la malade, vous devriez me haïr, peut-être...

— Vous haïr, nous !

— Tu ne saurais me comprendre avant d'avoir entendu le récit que je veux te faire, ce récit, testament d'une tendresse alarmée, cri désespéré d'une conscience aux abois...

— Ah! s'écria Conrad en pressant sur ses lèvres les

mains de madame Belleforge, et la contemplant avec une filiale et respectueuse confiance, vous ne pouvez jamais avoir commis une action coupable.

— Tu vas en juger, mon fils, et après m'avoir entendue, si tu me comprends, si tu me pardonnes, j'espérerai encore dans une autre miséricorde. Tu me demandes, ils se demandent tous pourquoi je meurs... le voici... Il faut t'apprendre d'abord toute l'histoire de mon enfance et de ma jeunesse... Tu n'as pas connu ta grand'mère, une sainte... ton aïeul, un vieillard spirituel et doux qui avait eu dans sa vie une affection unique : celle qu'il portait à sa femme; une seule préoccupation : l'idée de trouver le moyen de colorer artificiellement les fleurs, recherche innocente qui lui fit préférer son jardin aux salles de spectacle et aux bals, et sa serre aux soupers d'hommes et aux cafés. Je fus bientôt plus aimée que les plantes, les fleurs, tout ce qui poussait et germait autour de la maison, et la vie me fut faite si facile et si douce que je n'eus jamais le temps de rien souhaiter. Cependant, ces gâteries de chaque jour n'empêchèrent pas que l'on ne me donnât une éducation sérieuse. L'angélique piété de ma mère m'enveloppait, et elle avait sur moi une influence pénétrante et facile. J'avais le caractère enjoué, une imagination vive, un cœur aimant. Je voyais peu le monde. On disait tout bas que j'étais belle, et quand j'atteignis seize ans, on pensa que j'étais d'âge à être mariée... Mariée! le mot mariage renferme une promesse ou cache une menace. Du caractère de l'homme à qui la femme va être unie dépend le bonheur ou le désespoir de son existence. Je rêvais parfois comme rêvent les jeunes filles, je cherchais le compagnon de ma vie dans un monde presque idéal, et un jour je crus le reconnaître, non pas dans un héros de roman, mais dans un jeune homme intelligent, dont chacun vantait le mérite. Ce jeune homme était monsieur Belleforge. Une sympathie développée brusquement dans nos deux cœurs, exprimée par lui avec éloquence, écoutée par moi avec trouble, effraya ma famille. Ma mère redoutait les sentiments trop vifs comme un danger; mon père, accoutumé à vivre de revenus modestes, ne se sentait pas rassuré en pensant que la fortune de son gendre était de celles qu'un événement politique bouleverse et détruit. On essaya de me forcer à réfléchir, je suppliai mes parents de ne pas s'opposer à notre union. Raisonnablement, ils ne pouvaient rien objecter. Mon fiancé jouissait de l'estime générale, et la position qu'il m'offrait était inespérée. On me parla bien de différences d'opinions, je répondis que je convertirais mon mari aux miennes. Un aveuglement complet ne me permettait de consulter ni ma raison ni ma conscience. Je cédais à un entraînement, et je devais trouver mon châtiment dans mon aveugle tendresse... Conrad, le mariage ne saurait être la légitimation d'un sentiment violent, il doit être le but sérieux, le couronnement de la vie.... Il était trop tard quand je le compris... J'entendais répéter : — « Quel dommage que monsieur Belleforge soit un libre penseur! » — et je souriais en pensant tout bas : « — Je lui apprendrai à croire! » Ma famille céda, notre union fut décidée. Monsieur Belleforge m'envoya une corbeille d'une richesse royale; si je n'en fus point éblouie, j'en restai du moins reconnaissante. Les fêtes de mon mariage furent magnifiques, et on décida que la semaine suivante nous partirions pour la Suisse.

La veille du jour où je devais quitter Paris, je priai mon mari de m'accompagner à l'église où l'on nous avait mariés.

Il me regarda en souriant :

— Ma chère enfant, me dit-il, je vous aime beaucoup, mais ma tendresse ne me porte pas à faire abstraction de mes idées. Je garde des convictions ou plutôt des doutes, et rien ne me décidera à donner des preuves d'inconséquence. Je me suis laissé marier à l'église par convenance, mais je ne crois pas en Dieu ! N'essayez jamais de toucher à la question religieuse. Vous êtes une charmante fille, élevée dans une honnête famille qui a entouré votre esprit de bandelettes, et, l'empêchant de grandir, l'a lentement atrophié au moyen de petites pratiques et d'absurdes superstitions. Vous en perdrez le souvenir près de moi... Je ne veux point que ma femme me reste inférieure par l'intelligence. Je ne souffrirai point qu'elle plie sous le joug d'obligations que je dédaigne. Où je n'entrerai point, elle ne mettra jamais les pieds. Je resterai son ami, son guide, je ne lui permettrai point d'avoir un confesseur... Vous baissez la tête, Antonie, et je vois une larme dans vos yeux... On vous avait appris cependant que je suis un homme pensant librement, un philosophe peut-être, mais non un chrétien.

— Quoi ! m'écriai-je, vous m'empêcherez de remplir mes devoirs ?

— Vous n'en avez plus d'autre que celui de m'obéir.

— Si j'abandonne Dieu, il me châtiera.

— Je ne crois pas en Dieu ! me dit-il.

— Ainsi l'entrée de l'église m'est interdite comme à une excommuniée ?

— Vous perdrez même jusqu'au désir d'en franchir le seuil.

— Mon bonheur s'en ira avec ma croyance.

— Ce bonheur m'est confié, je le ferai seul.

Je priai, je suppliai, sans rien obtenir ; le désespoir s'empara de moi, mais au milieu de ma souffrance je continuai d'aimer mon mari. Lentement le poison de sa parole pénétra dans mon âme. Je m'abandonnai avec un entraînement mêlé de remords à sa dangereuse éloquence ;

je me révoltai plus faiblement contre ses raisonnements d'athée, ses oppositions de philosophe, ses rêveries de libre penseur. Mon âme finit par garder un coupable silence. L'esprit du mal l'emporta sur l'esprit du bien, et la triste victoire de monsieur Belleforge ne tarda pas à devenir complète.

Notre voyage dura un mois ; ce mois fut un enchantement.

Quand nous revînmes à Paris, ma mère m'embrassa avec une ardente tendresse, et ses pleurs mouillèrent mon visage. Elle comprenait la différence d'opinions qui nous séparait déjà, mais elle ne perdait pas l'espoir de ramener lentement mon mari à des idées plus saines ; elle comptait sur mon influence pour attendrir cette âme rebelle, et moi, qui avais cessé de croire à mon pouvoir sur monsieur Belleforge, je gardai à ma mère cette suprême illusion.

Tu vins au monde, Conrad, et mes sentiments de foi engourdis, mais non pas éteints, se réveillèrent avec force. Si je renonçais pour moi aux trésors dont la religion se montre prodigue, je voulais t'enrichir de tous ses droits célestes. Il me semblait que tu ne pourrais vivre privé de ce qui fait le chrétien et moralise les hommes. Hélas ! je n'avais plus le droit de franchir le seuil d'une église, et je ne pus obtenir que l'on versât l'eau du baptême sur le front de mon nouveau-né... A partir de cette heure seulement, je compris que ma famille se trouverait à jamais dépossédée des bienfait et des consolations de la foi... Mon amour maternel se mêla d'horribles angoisses... Je redoutais sans cesse que mes enfants portassent le châtiment de ma faute... Le pacte par lequel j'avais vendu, livré mon âme n'immolait-il pas aussi leur vie... J'ignorais à la fois l'heureuse confiance de la mère et la sécurité de l'épouse... Ce ciel qui n'était pas garant des promesses du mari me devait-il la félicité intime ? Dieu que je n'avais pas supplié d'adopter mes enfants me devait-il les ineffables joies de l'amour maternel ?... A toute heure, partout, me poursuivait le souvenir de mon apostasie... Cette maison dont le prêtre était exilé ressemblait à un lieu maudit... Ma famille était une famille de parias ! Et pourtant, il faut rendre justice à ton père, Conrad, jamais sa tendresse ne s'est démentie... Cœlia et toi vous êtes faits pour rendre orgueilleuses toutes les mères... Il faut que la religion tienne aux fibres les plus intimes de notre âme pour que rien n'ait pu en affaiblir en moi le sentiment, et que la passion même soit impuissante à la chasser. On la menace, on la bafoue, on la crucifie ; sublime immortelle, elle reparaît à nos côtés à la fois rayonnante et vengeresse... La foi ! c'est le pain de l'âme ! La foi, c'est la lumière divine du cœur ; sans elle nous nous débattons au sein d'horribles ténèbres, sans elle notre âme meurt faute d'aliments... La foi chrétienne, Conrad, c'est l'air vital en dehors duquel on ne saurait respirer... Chaque jour, à toute heure, se sont renouvelés mes regrets et mes tortures... Quand je voyais au mois de mai des jeunes filles vêtues de blanc, je me demandais pourquoi ma Cœlia, pure et chaste comme elles, ne revêtait point cette innocente parure... Le son des cloches me remuait le cœur comme une parole de reproche tombant d'en haut... Je me regardais comme criminelle envers vous que je privais des biens les plus précieux, des joies auxquelles vous aviez droit... Je vous dérobais Dieu ! Je vous volais le ciel ! Et je vous aimais pourtant, oui je vous aimais tous deux ! Pendant dix-sept ans, j'endurai cette privation, cette souffrance, cette agonie... Enfin, je meurs d'un mal que mon médecin ne saurait définir, je meurs de la nostalgie de Dieu, du mal du ciel... Je meurs, parce que les pensées célestes ne viennent plus alimenter mon âme, et que, traître comme Judas, j'ai presque peur d'être condamnée comme lui.

— Oh! ma mère! ma mère! s'écria Conrad.

— N'ai-je pas vendu mon maître et trafiqué de mon âme pour trente deniers! trente deniers : la fortune, la tendresse d'un mari, tendresse aveugle et mal comprise! Trente deniers la considération du monde! Oh! quelle misère. Conrad! quelle misère et quelle douleur!

Madame Belleforge se tordit les bras en sanglotant.

— Que puis-je faire? demanda Conrad. N'y a-t-il point de remède à votre désespoir?

— Si, mon enfant, et c'est ce remède que je devrai à ton amour, à ton obéissance... Je t'ai élevé loin de l'autel, et à cette heure, je te le jure, l'autel est notre vraie patrie! Je ne t'ai jamais parlé de Dieu, Dieu reste l'éternel besoin de nos cœurs! Si toute ma vie j'ai menti à ces convictions ma mort en porte témoignage... Oublie dix-sept années d'amour, et ne crois qu'à mon agonie... Je t'ai donné le souffle, tu me dois l'existence; rends-moi mon âme et le paradis fermé... Tout va finir pour moi... Sur le seuil de ce grand inconnu qui s'appelle l'éternité et commence avec la mort, je m'effare et j'ai peur, j'appelle à grands cris ce Dieu repoussé par la créature... lui seul me rendra la paix et l'espérance... Va, va, si tu veux que je te bénisse, va, si tu veux que je croie que tu me pardonnes, Conrad, va me chercher un prêtre...

Le jeune homme rapprocha de sa bouche les mains jointes de la malade, et lui cria en sortant :

— J'y vais!

Quand il fut à la porte de l'hôtel, il se demanda à qui il s'adresserait; puis, un souvenir lui revenant à la mémoire, il se dirigea vers Notre-Dame.

X

RÉVÉLATION.

L'abbé de Hautmoustier habitait rue du Cloître-Notre-Dame un modeste appartement, dont le seul avantage était d'ouvrir toutes ses fenêtres sur un des côtés de la basilique. Le savant abbé ne perdait donc jamais de vue la plus grande et la plus complète merveille architecturale du monde chrétien. Le soir, il la regardait s'assombrir par degrés et s'ensevelir dans les brumes ; au matin, tout inondée des splendeurs du soleil levant, elle semblait elle-même un lumineux foyer au milieu duquel s'agitaient les saintes figures de pierre qui la rendaient vivante. L'abbé de Hautmoustier vivait en elle et par elle : dans le passé, il évoquait les phases diverses de son histoire; dans le présent, il passait les plus douces heures de sa vie au sein de sa nef pleine de mystère et d'ombre, reposant à la fois son cœur et ses regards, s'associant à ses chants, assistant à ses cérémonies, réglant son existence sur le son de ses cloches, et participant par tout son être à la mystique existence du géant de granit.

Il recevait peu de monde; quelques doctes prêtres frappaient de temps en temps à sa porte et venaient écouter la lecture d'un chapitre de l'*Histoire de Notre-Dame*. On se séparait de bonne heure, et lorsque l'abbé de Hautmoustier se retrouvait seul, il ravivait la clarté de sa lampe et rouvrait ses vieux livres. Il lisait ou écrivait jusqu'à minuit. Alors il regardait le mince filet de lumière passant à travers les vitraux de la cathédrale, et il s'endormait d'un sommeil paisible jusqu'à l'heure où l'angélus sonnait pour lui l'heure du travail. L'abbé avait à son service une vieille fille alerte et silencieuse, pleine d'un respectueux attachement pour son maître, et qui considérait comme un grand honneur de passer sa vie près d'un homme à la fois si savant et si doux. Elle possédait une qualité rare chez les domestiques, elle ne touchait jamais aux papiers de l'abbé, respectait le désordre des feuillets épars sur le bureau ou étalés sur le plancher, laissait les bouquins ouverts, et sous prétexte de ranger, ne se permettait de toucher ni à une note, ni à une page, ni à une gravure. Elle soupirait bien tout bas de l'impuissance à laquelle elle se trouvait réduite, mais elle comprenait qu'une âme vivait dans ces fouillis étranges de croquis, de brochures, de manuscrits, et une sorte de superstition la portait à les considérer comme les parties détachées d'un être dont la vie allait bientôt s'épanouir complète et radieuse. Elle ne se rendait pas cependant un compte exact de la manière dont les pages noircies par le chanoine deviendraient les feuillets d'un volume, mais il lui suffisait de le croire. Trine servait l'abbé depuis vingt ans et comptait mourir dans la vieille maison du Cloître-Notre-Dame.

Le chanoine achevait sa tâche de la journée quand un violent coup de sonnette retentit. A cette heure tardive, il n'attendait aucune visite; le malheur seul pouvait venir à lui. L'abbé alla ouvrir, et se trouva en présence d'un jeune homme dont le visage était profondément altéré.

— Monsieur, lui dit celui-ci, je viens vous demander un grand service.

Le vieillard fit au jeune homme un signe affectueux, le précéda dans son cabinet de travail et lui avança un siége.

Le visiteur resta debout.

— Monsieur l'abbé, dit-il, je n'ai pas l'honneur de vous connaître, mais le comte d'Ivrée, qui est presque mon ami, m'a beaucoup parlé de vous...

— Vous vous appelez Conrad Belleforge?

— Oui, Monsieur l'abbé!

— Et à quoi puis-je vous être bon, mon enfant?

— Ma mère se meurt... répondit Conrad d'une voix étouffée, et ma mère demande le secours de votre ministère.

— Votre mère se meurt, et elle m'appelle?...

— La chère créature n'a désigné personne, elle m'a crié seulement : « Un prêtre, amène-moi un prêtre ! » et je suis venu.

L'abbé de Hautmoustier trouva en un instant sa lévite, son livre et son chapeau. Tout en se disposant à partir, il rapprochait les confidences de Rolland d'Ivrée de la démarche de Conrad, et il se sentait le cœur consolé par une sainte espérance.

— Je suis prêt, mon enfant, dit-il à Conrad.

— Pardonnez-moi, Monsieur l'abbé, de n'avoir pas songé aux choses les plus élémentaires ; je suis sorti de l'hôtel sans donner d'ordres, sans faire atteler, j'ai couru, comme si je devais arriver plus vite que ne l'eussent fait les chevaux. Nous trouverons une voiture dans ce voisinage, sans doute... J'ai la tête perdue et le cœur plein de larmes.

— Courage, mon enfant, dit le prêtre, votre mère vous sera rendue, et Dieu sait quelles joies naîtront dans l'avenir de la douleur présente.

Un moment après, une voiture passant sur le quai reçut l'abbé de Hautmoustier et son compagnon ; une demi-heure plus tard, ils étaient arrivés à l'hôtel Belleforge. Minuit et demi sonnait à l'horloge du vestibule.

Conrad s'élança dans la chambre de sa mère. La malade assise sur son lit épiait avec angoisse les bruits de la rue et ceux de la maison ; elle rassemblait ses forces pour attendre, mais parfois de subites défaillances la rejetaient toute pâle sur ses oreillers, où elle restait quelques instants anéantie jusqu'à ce que la course d'une voiture, le son éclatant d'un timbre la tirassent de sa torpeur. Quand elle reconnut le pas de Conrad dans l'escalier, quand elle le vit apparaître dans sa chambre à demi obscure, elle tendit vers lui ses bras tremblants, puis l'attira sur sa poitrine.

— Tu es un bon fils, dit-elle, un bon fils !

Conrad amena l'abbé de Hautmoustier au chevet de madame Belleforge, et celle-ci, les mains jointes, les yeux brillants de fièvre, balbutia un remercîment entrecoupé par ses pleurs.

— Va, mon enfant, dit la malade à Conrad, va...

Le jeune homme se retira dans la pièce voisine, prêt à revenir au premier appel de sa mère.

Quand il se trouva seul, un monde de pensées nouvelles germa dans son esprit. Depuis trois heures il sentait son âme bouleversée. Tout à coup, sans transition, il apprenait que son cœur était vide, que la lumière manquait à son intelligence, et qu'il existait un bonheur dont jusqu'alors il n'avait pas eu sa part. Il voyait que faute de l'élément divin qui la vivifie, la créature, cette plante frêle qui a besoin de jeter ses racines en Dieu, se dessèche et meurt. Il venait d'entendre sa mère, que jusque-là il avait jugée heureuse, lui crier ses regrets avec désespoir, et lui montrer dans sa nudité terrible la plaie de son âme, en répétant avec des sanglots : — « Je meurs de l'oubli de Dieu ! » — Et jusqu'à cette heure, il avait vécu sans éprouver en lui-même cette soif que désaltère la foi. Il avait cru respirer, aimer, apprendre, grandir dans la science, et il avait oublié d'aimer la perfection, d'apprendre la vertu, de grandir dans la seule science nécessaire. Tout à coup, deux mains de mourante déchi[rai]ent le voile qui le faisait aveugle, et brusquement ébloui, terrassé par cette clarté, il demandait, comme Saul sur la route de Damas, quelle serait désormais sa voie, car déjà il aspirait à la vérité. Parfois, il lui semblait entendre des sanglots étouffés dans la chambre de sa mère, puis la voix de l'abbé de Hautmoustier montait calme et imposante, et dominait cet élan de douleur.

Pendant une heure, Conrad demeura dans le boudoir; tantôt, il marchait à grands pas; tantôt, assis devant une petite table, il plongeait son front brûlant dans ses deux mains. Quel mystère s'accomplissait dans la nuit, à deux pas, au chevet de cette mourante? Le vieillard qu'il était allé chercher aurait-il le pouvoir de calmer madame Belleforge? Pour le faire, à quels moyens avait-il donc recours?

Enfin, la porte s'ouvrit, et l'abbé de Hautmoustier parut; il posa la main sur l'épaule de Conrad et lui dit avec une douceur extrême :

— Venez, mon fils.

Conrad le suivit en chancelant.

Quand il se trouva en face de madame Belleforge, il poussa une exclamation de surprise en la retrouvant rayonnante, transfigurée. Son regard avait une expression de joie extatique, un sourire bienheureux entr'ouvrait ses lèvres. Ce n'était plus cette femme folle de remords et d'épouvante qui deux heures auparavant lui peignait ses angoisses, c'était une créature rassérénée, confiante, allant vers un but lointain peut-être, mais que désormais elle était sûre d'atteindre. Conrad pressa ses deux mains sur sa bouche.

— Comme te voilà paisible, et comme tu sembles heureuse! tu vas guérir, n'est-ce pas? dis-moi que tu vas guérir!

— Mon bien-aimé, répondit madame Belleforge, si je vis, je ne souffrirai plus jamais du mal qui me torturait, et si Dieu me rappelle, j'irai vers lui pleine de résignation et de confiance.

Conrad se tourna vers l'abbé de Hautmoustier.

— Il se fait donc encore des miracles?

— Tous les jours, mon enfant, grâce au Ciel.

Puis le vieillard s'approchant de la malade:

— Je viendrai demain matin, dit-il, je vous laisse sous la garde de votre fils.... adieu, mon cher enfant! courage!

— Ah! ce n'est pas seulement le courage que vous me rendez! dit-il avec une émotion puissante.

Un moment après, madame Belleforge se trouvait seule avec son fils.

— Dieu te récompensera, lui dit-elle, d'avoir été respectueux et soumis...; de ma mort qui eût été pleine de ténèbres et de désespoir, tu vas faire une mort chrétienne et douce...; je sais maintenant que mes fautes me seront pardonnées, je te lègue le soin de les expier. La fin de ma vie doit être désormais toute la leçon de la tienne.... Tu apprends de moi trop tard ce que j'eusse dû t'enseigner tout enfant! Mais tu écoutes mes suprêmes conseils avec un cœur docile, et ils germeront en toi! Pauvre cher Conrad, je ne t'ai jamais mieux aimé, et pour aller vers Dieu, c'est presque dans tes mains que j'ai remis mon âme... Promets-moi de raconter un jour à Cœlia ce qu'elle ignore, de lui dire que ma prière la plus ardente a été pour elle...; promets-moi de l'attirer aux pieds de ce même crucifix sur lequel se collent mes lèvres refroidies....

Conrad ne répondit à sa mère que par un sanglot.

— Tu resteras respectueux et bon pour ton père, Conrad ; seulement, si jamais il exigeait de toi un sacrifice pareil à celui qu'il m'a demandé, lutte, souffre, meurs, mais ne cède jamais !

Madame Belleforge passa le reste de la nuit dans un paisible repos.

Au matin, Cœlia pénétra sans bruit dans la chambre de la malade; Conrad lisait dans le volume oublié par l'abbé de Hautmoustier.

La jeune fille s'assit au pied du lit, et le premier regard de madame Belleforge rencontra son visage attristé.

Le banquier, qui n'avait pas voulu réveiller sa femme à l'heure de son retour, vint peu après demander de ses nouvelles. La malade le rassura avec beaucoup de douceur, et lui témoigna une tendresse qui le remua profondément.

Lorsque sonna l'heure qui devait ramener l'abbé de Hautmoustier, madame Belleforge congédia tout le monde et fit mander Annette. L'excellente fille, qui avait passé toute la nuit dans l'antichambre, avait vu entrer le prêtre et compris quel drame intime se passait dans cette maison dont le seuil semblait interdit à tout ce qui est saint. Si son attachement pour madame Belleforge avait pu grandir, il l'eût fait à la pensée que sa chère maîtresse revenait aux enseignements de sa jeunesse.

Annette alla prendre dans sa cellule placée sous les combles une branche de buis bénit et posa un crucifix sur la table. Conrad la suivait d'un regard interrogateur. De temps en temps, madame Belleforge retrouvait dans sa mémoire une phrase de prière, la répétait d'une lèvre tremblante ou s'absorbait dans la méditation.

Enfin, le prêtre reparut dans la chambre transformée en oratoire, et Conrad prosterné vit se dérouler devant lui les cérémonies saintes, dont il ne comprenait pas les symboles, mais dont il admirait les miraculeux effets. Son âme se fondait d'admiration et d'enthousiasme. Il sentait son cœur se régénérer dans sa poitrine. Sans analyser quel changement s'opérait en lui, il ne se trouvait plus le même homme. Courbé comme sa mère sous la bénédiction du prêtre, frappant sa poitrine et s'accusant de ses fautes, il resta anéanti, le front appuyé sur les couvertures, perdu dans une pensée qui brisait à jamais les liens du passé et ouvrait devant lui des espaces inconnus.

L'abbé de Hautmoustier, devinant que sans doute il ne lui serait plus possible de revenir dans cette maison, commença les dernières prières. Quand il arriva à ces paroles sublimes :

— Ame chrétienne, montez au ciel....

Les mains tremblantes de madame Belleforge se posèrent sur la tête de Conrad, comme si cet être si cher la retenait encore en ce monde. Alors le jeune homme se leva, et, d'une voix vibrante, il dit à la mourante :

— Ame chrétienne, retourne au Dieu que tu avais oublié... meurs en paix! meurs heureuse, ma mère ! la grande leçon de ton trépas ne saurait être oubliée! l'absolution qui tombe sur ton front fait de moi un chrétien ! Pars, consolée! l'impression produite par ce que je viens de voir et d'entendre ne s'effacera jamais... De cette heure, je le reconnais, il n'y a eu qu'une voie, qu'une vie, qu'une lumière : Dieu! Je n'ai qu'un rôle à remplir, celui de ministre du Seigneur qui te fortifie et te relève... Je crois avec toi! J'aime et j'espère comme tu espères et comme tu aimes ! Remonte vers Dieu, triomphante, ce n'est pas seulement ton âme que tu lui rends, c'est la mienne que tu lui offres... A tes pieds, devant le prêtre qui a reçu tes aveux, devant le Dieu qui remplit cette chambre de sa présence, je jure d'embrasser le sacerdoce qui console et pardonne, et Conrad devenu prêtre ne cessera de prier pour toi !

Les yeux de la mourante s'emplirent d'une joie surhumaine, elle se souleva sur son lit, désigna le ciel comme pour le prendre à témoin de ce serment, puis, renversée sur les oreillers, elle tomba subitement en défaillance.

Conrad appela au secours, l'abbé de Hautmoustier disparut, et une heure après, Antonie Belleforge entourée de ses enfants et de son mari expirait sans souffrances. Son dernier mot fut pour Conrad.

— Souviens-toi ! dit-elle.

Il ne devait jamais oublier.

XI

LE CIEL ET L'ENFER.

Deux jours après les funérailles de madame Belleforge, funérailles qui furent entourées d'un grand luxe *civil*, Conrad courut chez l'abbé de Hautmoustier. La douleur du jeune homme était grave, recueillie, sans élans de désespoir. Ses regrets ne ressemblaient point à ceux de Cœlia qui ne rattachait son cœur à aucune espérance immortelle. Le jeune homme n'osa pas faire à sa sœur la confidence de ce qui s'était passé. Il voulait désormais laisser au chanoine le soin de diriger sa vie, et comptait sur ses conseils pour trouver une solution au problème qui se présentait à son esprit. Avec la courageuse franchise des néophytes il avait hâte d'avouer le changement opéré dans son âme. Il ne se croyait pas le droit de dissimuler ses sentiments, de cacher sa foi nouvelle comme une faiblesse et de continuer à vivre dans un apparent athéisme. Tout changeait de face autour de lui. La vive tendresse qu'il éprouvait pour Cœlia se doublait d'un sentiment de protection. Il se sentait devenir le père et le guide de cette jeune âme perdue dans des ténèbres qu'elle soupçonnait à peine. Sa mère la lui avait léguée : il répondrait à la fois de son bonheur et de sa pureté. Cœlia ne put démêler les sentiments multiples qui remplissaient l'âme de Conrad, mais elle comprit qu'un appui sérieux lui restait, et, par une sorte d'instinct, elle se rapprocha plus de son frère que de monsieur Belleforge. Celui-ci, en proie à un désespoir sombre, fuyait jusqu'à ses enfants. Enfermé chez lui, oublieux de ses affaires, et négligeant ses intérêts pour la première fois de sa vie, il laissa aux orphelins le temps de pleurer dans les bras l'un de l'autre, mais il ne leur permit pas de le voir perdu dans sa douleur, les yeux rouges de larmes, le cœur saignant ; il ne voulut point qu'ils l'entendissent appeler avec des cris d'angoisse désespérée celle qui ne pouvait plus revenir vers lui. Peut-être durant ces heures de douleur suprême se reprocha-t-il sa conduite passée ? Nul ne peut affirmer que l'adieu de sa femme ne renferma pas un pardon implicite du joug qu'il avait fait peser sur elle, et dont le poids l'avait broyée. Dieu qui lui envoyait des remords en connut seul la profondeur et la sincérité.

Conrad, après avoir confié Cœlia aux soins d'Annette, partit donc pour la rue du Cloître-Notre-Dame, afin d'y chercher à la fois des consolations et des avis.

L'abbé de Hautmoustier qui l'attendait lui tendit les bras. Tous deux restèrent un moment rapprochés par cette étreinte fraternelle, et Conrad comprit qu'un lien d'affection sacré l'attachait désormais au docte vieillard.

— Eh bien ! mon enfant, lui demanda celui-ci, qu'avez-vous résolu ?

— De raconter à mon père ce qui s'est passé entre ma mère et moi, et de lui apprendre en même temps ma vocation nouvelle.

— Vous savez que monsieur Belleforge s'y opposera de tout son pouvoir.

— Je suis majeur, répliqua Conrad.

— Je le sais ; mais je redoute et je condamne les luttes impies qui prennent la loi pour base et pour sanction.

D'ailleurs, mon ami, cette vocation dont vous parlez date d'hier...

— N'ai-je pas lu dans les annales de Rome chrétienne que plus d'une fois les insulteurs des chrétiens, touchés subitement par la grâce, demandaient leur part du martyre dont ils avaient seulement voulu rester spectateurs. La foi m'est venue comme nous frappe un coup de foudre. La pusillanimité me semble une honte. Je me sens assez fort pour braver la colère paternelle.

— Je ne vous permets point de l'exciter. Cette foi subite, ardente, qui ne reculerait pas aujourd'hui devant une manifestation dangereuse ne s'appuie sur rien de solide. Elle vit d'enthousiasme et non pas de vérité. Le côté mystérieux et puissant de la religion a surpris et exalté votre imagination, vous en ignorez la partie solide et pratique. Vous criez bien : « Je crois! » mais vous ne pouvez définir les objets mêmes de votre croyance. Vous renversez des idoles adorées hier, mais, au moment de pénétrer dans un temple sacré, vous ne savez rien de ses symboles, de ses cérémonies, de ses fêtes. Le livre de l'Évangile n'est plus fermé de sept sceaux, mais vous n'en épelez pas encore la première page. Vous ignorez ce que vous aurez à défendre désormais, vous embrassez la croix avec l'ardeur de la conquête, par une sorte d'instinct que le raisonnement ne consolide pas encore. Commencez par apprendre ce que vous ignorez : les éléments mêmes d'une religion que le premier petit enfant venu sait déjà. Devenez docile comme lui, simple et doux comme lui, et lorsque la science sera venue appuyer, légitimer les élans de votre cœur, quand vous pourrez prendre pour base de vos résolutions, des raisonnements solides; quand des preuves sanctionneront vos paroles, alors je vous autoriserai à dire à monsieur Belleforge, non ce que vous avez résolu, mais quel est l'objet ardent de vos désirs.

— Je rougirai donc de mes convictions nouvelles?

— Vous les rendrez plus inébranlables par l'étude, le silence, le travail et la lutte. A partir de ce jour, vous embrasserez une double vie dont seul je posséderai le secret. Avez-vous confiance en moi?

— Je vous ai remis mon âme, je vous commets le soin de ma vie.

— Soyez tranquille! Je formerai l'une, je remplirai l'autre... Vous faites votre droit?

— Oui, mon père.

— Vous continuerez ces études et vous vous montrerez plus assidu aux cours que jamais... Dans deux ans vous serez avocat. Le jour où l'on vous remettra votre diplôme je vous autoriserai à formuler vos désirs, à dévoiler le fond de votre pensée, à raconter ce qui s'est passé entre votre mère et vous... d'ici là je vous adopte pour mon disciple, et je vous aimerai comme mon enfant.

— J'obéirai, répondit le jeune homme avec soumission.

En effet, extérieurement rien ne parut changé dans l'existence de Conrad. Monsieur Belleforge s'applaudit de le voir devenir de plus en plus studieux. Le deuil de Conrad favorisa ses projets de retraite pendant une année. Il ne quittait guère l'hôtel Belleforge, et passait avec Cœlia et son père une partie de ses soirées. Quand il sortait, sous prétexte d'aller au cercle, il se rendait chez l'abbé de Hautmoustier, afin de continuer ses études religieuses. L'excellent prêtre se réjouissait du zèle et de la persévérance de Conrad, il découvrait chaque jour dans cette âme énergique et droite des qualités nouvelles. A l'entraînement enthousiaste de l'esprit s'unissait une logique serrée. L'avocat deviendrait plus tard un brillant orateur de la chaire, une des gloires du clergé français. Un soir, Rolland chargé par sa mère de traiter une affaire litigieuse avec l'abbé de Hautmoustier, trouva Conrad Belleforge dans le cabinet de celui-ci. Le comte d'Ivrée ne put dissimuler sa surprise, et le chanoine, prenant dans ses deux mains les mains des jeunes gens, dit à Rolland d'une voix émue :

— Regarde-le comme un frère.

La sympathie qui depuis longtemps attirait Rolland d'Ivrée vers Conrad fit tout de suite place à cette chaude et vaillante amitié que se portent souvent les jeunes hommes.

Si Rolland hésitait à s'abandonner à l'impulsion qu'il avait toujours ressentie pour le fils de monsieur Belleforge les paroles de son oncle lui enlevèrent ses scrupules et dissipèrent ses derniers doutes. L'abbé de Hautmoustier ne pouvait lui présenter pour ami qu'un compagnon digne de ce titre.

Un autre sentiment, que Rolland s'avoua moins peut-être, fut la joie qu'il ressentit de se rapprocher de Cœlia d'une façon détournée : en se liant avec Conrad il se ménageait l'occasion de parler de sa sœur. Pour la première fois les obstacles qui d'abord lui avaient paru invincibles semblèrent s'aplanir. Les changements progressifs amenés par son influence dans l'esprit de la jeune fille ne pouvaient manquer de s'accentuer davantage. Sous la direction fraternelle de Conrad, Cœlia deviendrait digne d'être la compagne de Rolland Une affection qu'en vain il tentait de se nier à lui-même prit soudainement des proportions telles qu'il n'eut plus le courage de former des rêves d'avenir sans y associer mademoiselle Belleforge. Quelles douces soirées Rolland et Conrad passèrent dans la rue du Cloître-Notre-Dame! L'abbé leur lisait parfois des pages de son volumineux volume, il recueillait les impressions de ses deux auditeurs également jeunes et enthousiastes; ceux-ci sentaient leur intelligence grandir au contact de l'esprit du savant abbé, et l'abbé trouvait dans leur jeunesse une sève nouvelle, une source inépuisable d'inspiration.

Mais comme contraste à ses heures paisibles, comme repoussoir à des scènes d'intime bonheur, Conrad, cédant aux conseils de l'abbé, à la volonté de monsieur Belleforge, reprit au bout d'une année ses habitudes mondaines. Il fit de son existence deux parts distinctes : l'une fut abandonnée au monde, aux camaraderies d'école, l'autre consacrée au travail ardu, aux amitiés saintes. Il n'était pas de jour où Conrad ne passât subitement d'une atmosphère embrasée au calme rafraîchissant d'une cellule. En sortant d'un bal il s'enfermait chez lui, afin de poursuivre ses études théologiques. Pour se reposer d'un cours de droit, il courait chez l'abbé de Hautmoustier. Quand son esprit venait d'être révolté par les paradoxes impies du banquier, il allait se cacher dans l'ombre d'une chapelle. La prière le reposait de la contrainte qu'il avait subie. Le front baigné par les clartés et les rosées du ciel, il restait les deux pieds emprisonnés dans les cercles de l'enfer. Avide d'étendre les ailes de son âme, il feignait de ramper encore. Le luxe l'entourait au moment où son ambition unique était d'embrasser la pauvreté. Jamais supplice plus permanent, plus raffiné, ne fut imposé à un homme.

Cœlia sans deviner la cause de sa souffrance paraissait le plaindre d'autant plus qu'elle aussi dévorait une secrète douleur. Sans ouvrir son cœur à la passion, elle lui permettait trop de rêver. Chaque fois qu'elle s'abandonnait à ses songes, la même image se représentait à ses yeux. Le bien qu'elle accomplissait se mêlait d'une égoïste pensée. Lorsqu'elle franchissait le seuil des pauvres, elle cherchait instinctivement si dans la mansarde nue, dans le froid galetas, ne lui apparaîtrait point

Rolland d'Ivrée. Une année de deuil l'ayant séparée du monde, les hasards du plaisir ou de l'ostentation charitable ne les rapprochèrent plus. Une compensation lui fut réservée cependant. Dans leurs fraternels entretiens Conrad prononçait souvent le nom du jeune comte d'Ivrée. Leurs rapports devenaient presque journaliers. Sans le savoir, Cœlia formait un lien entre eux ; tandis qu'elle s'attristait de ne plus revoir une figure trop chère, Rolland ne cessait de s'occuper d'elle, et forcé de cacher au plus profond de son cœur cet amour que lui défendaient tant de considérations diverses, il le sentait chaque jour grandir d'une façon plus puissante.

La double existence de Conrad ne fut point soupçonnée par monsieur Belleforge. Fier des éloges donnés à son fils, fêtant à l'avance ses succès de barreau, il plaçait en lui son espoir et son orgueil. Jamais le jeune homme n'avait besoin de demander de l'argent à son père ; le banquier remplissait régulièrement une cassette d'or et de billets de banque, et la trouvant vide avec la même régularité, il en concluait que son fils profitait du loisir de ses soirées pour s'abandonner à quelques folies. Mais comme aucun scandale ne rejaillissait sur son nom, que la réputation de Conrad restait inattaquée, Belleforge en concluait que Conrad était à la fois habile et généreux. S'il eût souhaité savoir ce que devenaient les sommes relativement considérables dépensées par le jeune homme, il lui aurait suffi de consulter un petit carnet bleu, sur lequel étaient inscrits le chiffre de ses aumônes et l'adresse de ses clients malheureux.

L'époque des derniers examens s'avançait. Si résolu que fût Conrad il lui arrivait parfois de trembler à l'idée de la colère paternelle dont il provoquerait les éclats. Il chérissait assez son père pour s'affliger à l'avance de la peine qu'il lui causerait, et son respect lui interdirait toujours de répéter les paroles de reproche et de douleur prononcées par sa mère. Monsieur Belleforge allait voir s'écrouler en un jour cet échafaudage d'athéisme élevé avec tant de persévérance. Il avait défendu sa famille contre l'autorité du prêtre, il l'avait soustraite à l'Église, disputée à Dieu et tout à coup Dieu reprenait ses droits, l'Église rapprochait l'enfant de son sein maternel, et de son foyer même surgissait le prêtre armé par la vérité, fortifié par l'amour, et portant sur les lèvres des paroles d'espérance.

Monsieur Belleforge avait vu couler sans les essuyer les pleurs de sa jeune femme, il avait deviné parfois le secret de sa tristesse sans avoir le courage de la guérir ; il avait vu grandir ses enfants sans leur révéler ce que les mondains apprennent, sans leur désigner le ciel comme le but de la vie, et tout d'un coup, d'un seul élan, Conrad y voulait atteindre. Certes la douleur, la rage de Belleforge seraient grandes, et quand il y songeait, le jeune homme ne pouvait se défendre d'une sorte de terreur ; mais cette terreur tenait plus au respect et à la tendresse qu'il res...tait pour son père qu'à un effroi égoïste. Quel que fût le châtiment infligé au fils rebelle par le père irrité, Conrad se sentait de force à le subir.

Cependant, la veille du jour où il devait tout apprendre à monsieur Belleforge, Conrad passa fort avant la soirée chez sa sœur et sa lampe resta allumée toute la nuit.

XII

LES DROITS DU PÈRE.

Monsieur Belleforge demeura près d'une année plongé dans une morne douleur : l'affection de Cœlia, celle de Conrad ne parvenaient point à lui faire oublier Antonie. Il fuyait le monde, les grandes réceptions, et quand il se décida de sortir un peu de cette claustration absolue, il se contenta de recevoir chez lui des amis anciens et dévoués qui, loin de lui reprocher la vivacité de ses regrets, y trouvaient une raison pour l'aimer et l'estimer davantage.

Au nombre de ces amis éprouvés se trouvait le baron de Ranville, qui, déjà possesseur d'une grande fortune patrimoniale, avait encore doublé ses capitaux dans une magnifique affaire lancée par le banquier. Monsieur de Ranville gardait à Belleforge une sincère reconnaissance et cherchait toutes les occasions de la lui témoigner. Mais entre millionnaires il ne s'agit guère de s'ouvrir mutuellement sa bourse, et les preuves de dévouement à donner ne se présentent pas tous les jours. Un matin, le baron de Ranville entra radieux dans le cabinet du banquier.

— Mon ami, dit-il, je viens m'acquitter envers toi !
— T'acquitter ! mais tu ne me dois rien.

— Quinze cent mille francs, d'abord, et je tiens à te les rendre.

— Tu as une affaire à me proposer?

— Superbe, si tu le veux, nous signerons le contrat dans trois semaines.

— Il s'agit d'un chemin de fer!

— Il s'agit de mariage.

— Je ne comprends plus, répondit le banquier.

— N'as-tu pas une fille charmante?

— On le dit, moi je sais qu'elle est bonne, et je me contente de cette qualité.

— Eh bien! je viens te demander Cœlia!

— Pour toi? dit Belleforge avec une surprise mêlée d'un peu de crainte.

— Je croyais que tu avais bonne opinion de ma sagesse... Je resterai célibataire, rassure-toi..., et c'est justement cette volonté de rester célibataire qui m'inquiète pour le placement futur de ma fortune. Quatre à cinq millions à léguer préoccupent toujours. Hier j'ai trouvé le dépositaire de mes biens, dans la personne de mon neveu, monsieur Arthur de Ranville, un charmant garçon, travailleur, intelligent, qui, chargé de travaux importants s'en est acquitté à merveille et a conquis subitement une grande réputation comme ingénieur. Absent depuis six années, il revient en France, descend hier chez moi, et m'annonce qu'il ne me quittera plus. Cette nuit même en songeant à toi, en me préoccupant de lui, une idée m'a traversé le cerveau. A peine Arthur était-il éveillé que je courais à sa chambre, et au moment où il allait commencer un récit de voyage, je l'ai interrompu pour lui demander :

— Le mariage t'inspire-t-il des répugnances?

— Au contraire, mon oncle... Je vous dirai donc qu'à peine arrivé au Tyrol...

— Qui souhaites-tu rencontrer pour femme?

— Une créature douce et bonne, ni prude, ni sotte, aimant son intérieur et ne fuyant pas absolument le monde... A peine arrivé dans le Tyrol, je me sentis à la fois surpris et charmé...

— Jolie et riche, n'est-ce pas?

— Sans doute, et musicienne, si cela se peut... Je fus à la fois surpris et charmé...

J'abandonnai Arthur à son charme et à sa surprise, je lui serrai la main avec une vivacité amicale, et je sortis brusquement, le laissant probablement très-étonné du peu de succès obtenu par ses récits de touriste.... Me voilà, veux-tu mon neveu pour gendre ?

— Ta caution suffit pour me prouver sa valeur morale, amène-le, au premier jour, nous dînerons ensemble... Je ne parlerai de rien à Cœlia.

Deux jours après, les messieurs Ranville se présentaient chez Belleforge. Cœlia aimait beaucoup le vieillard, elle ne fut donc nullement surprise de le voir, et par affection pour le meilleur ami de son père, elle fit au jeune homme un gracieux accueil.

Celui-ci la trouva charmante, et quand il sortit de l'hôtel Belleforge, son admiration pour la jeune fille atteignait presque l'enthousiasme.

— Comme elle est simple ! disait-il, quelle voix douce ! Son frère et son père paraissent ne vivre que pour elle, et je me sens tout disposé à les imiter.

— Fais discrètement ta cour, répondit monsieur de Ranville, le père t'agrée, il s'agit de te faire aimer de Cœlia.

Préoccupée du souvenir du comte d'Ivrée et d'ailleurs accablée encore par une douleur filiale, la jeune fille ne s'aperçut point des délicats efforts qu'Arthur de Ranville multipliait pour lui plaire. Recueillie en elle-même, ne pensant pas que son père songeait à l'établir, et décidée à attendre qu'un événement imprévu secondât ses désirs secrets, Cœlia ne vit rien, ne devina rien. Monsieur Belleforge au contraire apprécia vite le mérite d'Arthur. De quelque côté que ce jeune homme tournât son intelligence, il était assuré de réussir. En outre, son oncle lui donnait le jour de la signature du contrat, quinze cent mille francs comptant, et lui assurait la propriété de ses terres après sa mort. Si ambitieux que fût le banquier, il n'avait jamais rêvé pour sa fille un si brillant mariage. Avant donc de s'assurer du consentement de Cœlia, cette union était arrêtée dans l'esprit de Belleforge. La douceur, la soumission, la déférence dont sa fille lui avait toujours donné des preuves l'assuraient par avance de son acquiescement. Il était d'ailleurs impossible qu'elle ne rendît pas justice aux qualités brillantes et solides du jeune homme. Peut-être éprouvait-elle déjà pour lui un tendre penchant? Sa réserve de jeune fille l'empêchait seule de manifester ses sentiments, mais à la première question que lui adresserait Belleforge, celui-ci ne doutait pas qu'elle ne répondît avec abandon.

— Comment n'aimerait-on pas ce garçon-là? — se disait Belleforge. Je ne lui connais qu'un défaut, celui de manquer absolument de vices; rangé, sobre, intelligent et bon, il possède des qualités dont une seule suffirait pour faire un mari passable.

Un soir que Cœlia s'était montrée plus gracieuse encore que de coutume, le baron de Ranville dit au banquier en le quittant :

— Je t'en supplie, interroge Cœlia; mon neveu l'aime sincèrement, mais il ne veut la tenir que d'elle-même... Je viendrai demain apprendre moi-même le sort d'Arthur.

— Et demain je te transmettrai un « oui » qui dissipera toutes ses inquiétudes.

Il était trop tard pour commencer avec Cœlia un entretien grave, le banquier l'embrassa avec une tendresse plus vive que de coutume, et la jeune fille se retira. Son cœur battait de joie, Conrad lui avait raconté un trait touchant de la bonté de Rolland d'Ivrée, et le souvenir qu'elle gardait du jeune homme se réveillait fidèle et tendre au fond de son âme.

Quand elle s'endormit, elle y songeait encore.

Cœlia se leva de bonne heure, elle pria Annette de lui acheter des fleurs, soigna elle-même ses oiseaux, et rencontrant Conrad, elle se jeta à son cou avec une expansion de joie.

Presque aussitôt monsieur Belleforge la fit prier de passer dans son cabinet.

La jeune fille y entra, un sourire et un baiser sur les lèvres, elle donna le baiser à son père et garda le sourire.

— Bonne et chère enfant ! dit Belleforge, tu es ma seule joie désormais...

— Ne soyez pas injuste pour Conrad, dit-elle.

— Certes, mais la tendresse d'une fille est plus affectueuse, moins grave, et puis tu ressembles à ta mère.... Cœlia, tu crois bien, n'est-il pas vrai, que le soin le plus cher de ma vie est celui de ton bonheur ?

— Oui, mon père, répondit-elle.

— Et tu me laisseras le préparer, le réaliser avec confiance ?

— Sans doute;

— Le bonheur pour toi n'est pas renfermé seulement dans le présent, il doit s'étendre jusqu'à l'avenir... Songes-tu parfois à l'avenir, Cœlia... ?

La jeune fille répondit d'une voix plus basse :

— Oui, parfois... comme on rêve.... je me trouve heureuse près de vous...

— L'amour d'un père ne suffit pas, cependant... Une heure sonne dans la vie où la jeune fille choisit son époux... Il lui faut un protecteur pour le jour où manquera le père. Tu as plus de vingt ans, Cœlia, le sais-tu ?

— J'aurai vingt et un ans dans un mois.

— Tu ne réponds pas complètement à ma question, j'ai cependant besoin que tu me parles en toute franchise... te marierais-tu volontiers ?

— Cela dépendrait du mari, dit Cœlia rougissante.

— Un homme jeune, intelligent et bon...

— Voilà bien des qualités déjà, mon père...

— Portant un vieux nom...

Le cœur de Cœlia battit plus vite.

— Et riche comme un prince des contes de fées.

— Riche ! répéta Cœlia avec une surprise attristée.

— Un million et demi comptant, et plus tard trois millions en terres.

— C'est trop, répondit Cœlia, beaucoup trop... elle ajouta tout bas : j'avais espéré trop vite.

— Devines-tu le nom de ce prétendant, Cœlia ?

— Non, mon père, répondit-elle avec indifférence.

— Voyons, c'est impossible ! Si peu coquette que soit une jeune fille, elle comprend vite les sentiments qu'elle inspire.

— Qui donc éprouverait pour moi les sentiments dont vous parlez ?

— Arthur de Ranville.

— Monsieur de Ranville me fait beaucoup d'honneur, dit Cœlia, c'est un homme estimable et bon, riche, dites-vous, il rendra une femme très-heureuse...

— Tu l'acceptes donc ?

— Vous ne m'avez pas laissé finir, mon père... mais je ne serai jamais cette femme-là...

— Tu reconnais son intelligence, son cœur, tu sais

le chiffre de sa fortune et tu le refuses... Jamais tu ne trouveras un parti semblable.

— Que m'importe, dit Cœlia, je ne songe pas à me marier.

— Tout à l'heure, cependant...

— Je répondais tout à l'heure à ma pensée, et non pas à votre question.

— Tu réfléchiras, Cœlia, tu ne voudrais pas me causer ce chagrin de porter une réponse si décourageante à mon meilleur ami ?

— Je ne crois pas que vous vous soyiez engagé pour moi, mon père.

— Sans doute, j'ai fait des réserves... celle de ton consentement...

— Eh bien! dites que je ne l'accorde pas... Je ne souhaite point vous quitter.

Vous me disiez tout à l'heure que je vous rappelle ma mère, pourquoi songer à me séparer de vous...?

— Mais nous ne nous séparerions pas, Cœlia, la famille s'augmenterait, voilà tout...

— Au lieu de l'augmenter, serrons-nous les uns contre les autres plutôt; vous et Conrad, vous suffisez à ma vie, je ne demande rien de plus...

— Et si j'insistais, poursuivit le banquier, si après t'avoir montré les avantages de cette union, t'avoir priée de me causer la joie de prendre pour mari un homme que j'aime déjà, je faisais appel, pour triompher d'un refus que rien ne me motive, à ma sagesse plus grande que ta volonté enfantine, aux droits sacrés que je tiens...

— De quoi ? demanda gravement Cœlia.

— De la nature...

— La nature..., répéta Cœlia, voilà un grand mot, un mot si vaste dans le sens qu'il renferme que je n'en comprends pas l'étendue... Mais la nature me conseille à moi de choisir pour époux l'homme que j'aimerai, et celui-là seulement... Elle m'interdit les calculs intéressés, les faiblesses hautaines, elle me dit : tu es intelligente, sache toi-même élire ton compagnon, ton maître, et ne t'en rapporte qu'à toi sur ce choix difficile, car seule tu porteras la chaîne forgée par tes mains... Voilà, mon père, ce que me dit la nature...

— Cœlia !

— Avez-vous une autre autorité à faire valoir?

— Oui, répondit Belleforge, il me reste la loi.

— Vous invoquez la loi ensuite; ce mot est plus précis que l'autre et je le comprends mieux... Un frère avocat laisse toujours un peu traîner ses livres de jurisprudence... J'ai ouvert le code, un jour, par hasard, et je vous jure qu'alors je ne songeais point que vous évoqueriez la loi contre votre fille... le même hasard m'a fait tomber sur les articles concernant les devoirs des enfants, les droits des pères. Je suis tenue de vous respecter, de vous obéir en toute chose; vous pouvez me contraindre à exécuter toutes vos volontés hors une seule : vous ne pouvez me forcer à prendre un mari qui me déplaît, pendant ma minorité... et lorsque la loi qui prévoit tout me rendra maîtresse de ma destinée, cette même loi vous interdira de m'empêcher de choisir mon mari... Voilà, mon père, ce que dit la loi, ce que m'apprend la nature!

— C'est de la révolte !

— Non! non! fit Cœlia redevenant elle-même et regardant son père avec tendresse, c'est moins une révolte qu'une prière... Je n'aime pas monsieur de Ranville, je ne désire pas l'épouser...

— T'avoir tant aimée, dit Belleforge avec amertume, et me voir payé par tant d'ingratitude... moi, tandis que les autres pères sont obéit sans réplique, avec respect, avec joie!

— Peut-être, dit Cœlia à voix basse, ont-ils enseigné à leurs enfants qu'ils tenaient leurs droits non de la nature et du code, mais...

— De qui donc? s'écria le banquier.

— De Dieu! fit gravement la jeune fille.

— De Dieu! répéta Belleforge d'une voix sourde.

— Oui, de Dieu, répondit Cœlia, du Dieu qui fit un ordre aux enfants de respecter la volonté des auteurs de leurs jours.

— Ton cœur ne te le commande-t-il pas?

— Sans doute, et je me soumets, jusqu'au jour où ce cœur lui-même se trouve partagé par deux volontés différentes... Dans les plateaux de la balance se trouve d'un côté votre vouloir, de l'autre mon désir, et je sens que ma volonté personnelle l'emportera sur la vôtre... peut-être dans ces cas-là, ajouta Cœlia d'une voix attristée, le poids d'un crucifix aurait-il tout changé.

— Je ne veux rien devoir qu'à ton respect filial! Je connais ton cœur qui semble à cette heure entrer en révolte... Tu vaux mieux que tes paroles, Cœlia...

— Je ne crois pas, dit la jeune fille.

— Tu souhaites du moins ne pas me contrister?

— Certes, mon père.

— Alors fais un effort pour triompher pendant quelque temps de tes répugnances... Je ne te forcerai point à devenir la femme de monsieur de Ranville... Promets-moi seulement de l'accueillir comme par le passé... Accorde une trêve à ton vieux père... Je garde mon désir et toi ta volonté, tu me fais seulement le sacrifice de ne la point exprimer pendant un mois, et durant ce temps je garde ma Cœlia douce et soumise comme je l'ai connue, comme je la veux, comme je l'aime... Y consens-tu?

— Oh! de grand cœur! fit Cœlia, ma tendresse me le conseille d'avance!

La paix fut scellée entre Belleforge et sa fille, mais quoi que dît Cœlia, il resta une double blessure dans leurs cœurs. Pour la première fois le banquier comprit que cette enfant si douce d'ordinaire possédait une grande énergie, et qu'elle raisonnait trop pour qu'il fût possible de la traiter désormais comme il l'avait fait. Un mot surtout lui était entré dans le cœur comme un fer rouge : Cœlia ne lui avait-elle pas osé dire :

— Je me révolte, soit ! mais de quoi vous plaignez-vous, vous qui ne m'avez pas enseigné que l'autorité des pères découle de l'autorité de Dieu?

La trêve consentie par le père et la fille fut scrupuleusement observée, et comme Cœlia se montra d'une grâce parfaite à l'égard de monsieur de Ranville, le vieux baron et son neveu attendirent avec assez de patience que Belleforge leur communiquât la réponse de sa fille. Le banquier pour éviter de se prononcer eut recours à mille fraudes savantes, il parla de la timidité de Cœlia, de son deuil encore profond ; mais loin de décourager le fils de son ami, il l'encouragea affectueusement.

Pendant ce temps Cœlia en proie à une grande tristesse envisageait avec crainte pour la première fois l'avenir qui lui était réservé. Sa résolution de ne pas épouser Arthur de Ranville était irrévocable, mais elle se demandait avec une inquiétude douloureuse si jamais Rolland d'Ivrée songerait à devenir son époux. N'allait-elle pas exciter la colère de son père, briser pour jamais peut-être un cœur qui l'adorait, sans retirer aucun fruit de sa révolte?

Elle n'osait ouvrir son cœur à Conrad et lui parlait de plus en plus timidement de monsieur d'Ivrée ; l'amitié de Conrad pour celui-ci allait jusqu'à l'enthousiasme, et ce que la jeune fille apprenait de Rolland augmentait dans son âme un attachement invincible. Cœlia aurait voulu confier son secret, demander un conseil, pleurer à l'aise; elle étouffait dans sa solitude, et le chagrin la faisait pâlir chaque jour davantage, elle prit une grande résolution. Une amie lui restait, cette jolie madame des Garcins qui l'avait priée d'être la marraine de son enfant. Léonie heureuse en ménage ne pouvait souhaiter voir que des unions heureuses. Son âge lui interdisait les égoïstes calculs, elle saurait à la fois guider et consoler Cœlia. Un matin, suivie d'Annette, la fille du banquier se rendit à l'hôtel de madame des Garcins. Celle-ci renfermée dans la chambre des enfants, entourée de deux bonnes anglaises, lavait, peignait et dévorait de baisers deux petits chérubins blancs et roses dont les bruyants éclats de gâité retardaient la toilette matinale. Léonie partageait un peu leur enfantillage, et quand Cœlia pénétra dans la chambre retentissante d'éclats de rire, elle trouva Léonie assise à terre se défendant à grand'peine contre les charmantes agaceries des bébés. Madame des Garcins poussa un cri de joie en reconnaissant son amie. Puis confiant les enfants aux deux bonnes Anglaises, elle entraîna Cœlia dans son boudoir. A peine toutes deux eurent-elles pris place sur une ottomane, que madame des Garcins dit à Cœlia en lui pressant les mains :

— Conte-moi tes peines, car tu souffres.

— Oui, je souffre et je suis venue pour te le dire.

Alors elle lui parla de la scène pénible qui s'était passée entre elle et son père; puis comme Léonie s'étonnait du refus de Cœlia, de devenir la femme de monsieur de Ranville, la jeune fille, la rougeur au front, les larmes aux yeux, avoua le secret espoir qu'elle avait conçu :

— On ne s'abuse pas sur ce que l'on inspire, dit Cœlia, Rolland d'Ivrée est attiré vers moi, je sens que je lui suis chère, mais je devine aussi qu'il lutte contre cette tendresse et cette sympathie.

— Madame d'Ivrée verrait sans doute avec peine son fils songer à ce mariage, dit Léonie ; une vieille noblesse comme celle de Rolland est exigeante en fait d'alliance ; et si ruiné que soit le jeune comte, sa mère voudra qu'il cherche une femme dans une famille égale à la sienne par le rang.

— Ah ! ce n'est pas la seule cause, s'écria Cœlia ; par tendresse pour son fils, la mère de monsieur d'Ivrée céderait, j'en ai l'espérance ; l'obstacle viendra de Rolland lui-même. Il ne donnera jamais son cœur à une femme qui ne partage pas ses croyances. Il me l'a fait assez comprendre ! Et après tout, est-ce ma faute si l'on ne m'a rien appris de ce qu'il faut adorer et croire ? Il me semble que j'aurais eu l'âme docile pour comprendre tout ce qui est grand et beau ! Sous prétexte de me douer d'un esprit fort, mon père a étouffé en moi les germes sacrés de la foi. Je ne ressemble pas aux autres femmes, je ne suis pas ton égale, à toi, je reste même au-dessous de tes enfants à qui tu apprends déjà à joindre leurs petites mains. Ce qui a été semé dans la tempête se récoltera dans les orages. Je ne me sens pas de pitié pour le père qui n'inclina point mon cœur vers les choses saintes et douces. Il a voulu faire de moi une créature rebelle à Dieu, il la rendra rebelle envers lui... Si j'avais été pieuse, si j'avais possédé la foi de Rolland d'Ivrée, depuis deux ans déjà ma vie serait fixée ; je m'accoutumerais peut-être à l'idée de le perdre, je n'accepterai jamais de vivre pour un autre. Dans huit jours mon père me demandera quelle est ma résolution, et dans huit jours peut-être il m'aura maudite... Me repousseras-tu si alors je viens à toi ?

— Je t'en supplie, dit madame des Garcins, ne commets aucune imprudence, impose silence à ta colère, tâche d'étouffer en toi l'esprit de révolte. Tu te plains d'ignorer les préceptes d'une religion qui suffit au bonheur de la créature, puisqu'elle la rapproche du Créateur... qui t'empêche de les étudier ? pourquoi la jeune fille ne ferait-elle pas aujourd'hui ce que n'a pas fait l'enfant ?

— Il est trop tard, répondit Cœlia.

— Il ne peut jamais être trop tard, reprit madame des Garcins. Si tu reproches avec raison à ton père d'avoir manqué à un devoir sacré en ne faisant pas de toi une chrétienne, quelle excuse peux-tu te donner maintenant à toi-même, si tu négliges de réparer sa faute ? Tu parles de ta majorité et de la liberté qu'elle te donnera, je vois bien que tu comptes en faire une arme, j'aimerais mieux te voir reprendre la liberté de ton âme que la liberté de tes actes... Cependant mon amitié ne peut accepter l'idée que dans quelques jours cette Cœlia que tout le monde croit heureuse sera livrée à elle-même et au désespoir... Je t'ouvre ma maison pour qu'aucun doute n'entache ta réputation, mais je te supplie encore de prendre garde.

— Sois tranquille, répondit Cœlia, je n'abuserai pas de ton hospitalité... Je prévois trop la fin de cette crise... cherche-moi donc sans bruit une situation qui me permette de vivre modestement, mais de vivre de mon travail... Ma mère était pauvre, quand elle se maria, je n'ai donc point d'héritage à recueillir.... En me séparant de mon père, j'aurai l'orgueil de me suffire à moi-même... Désillusionnée de tout, ne gardant ni bons souvenirs du passé ni rassurantes espérances pour l'avenir, je me ferai à ma vie, je me plierai sous le joug, je deviendrai stoïcienne, comme dit mon père... Tu sais ce que je puis faire, je parle quatre langues, je dessine agréablement, et l'on me dit bonne musicienne. Je remplis donc toutes les conditions voulues pour devenir une excellente institutrice... avant huit jours tu me verras revenir...

— Mauvaise enfant! dit Léonie, tu aurais appris la patience dans l'Évangile.

— Peut-être... Mais un seul homme pouvait me le faire épeler, et celui-là n'y songe pas... au revoir et merci !

Une heure plus tard, Cœlia était de retour à l'hôtel Belleforge.

Tandis que le baron de Ranville et son neveu attendaient la réponse de Cœlia, et que le banquier comblait sa fille d'attentions et de cadeaux pour la décider doucement à lui obéir, Conrad se préparait à passer son dernier examen. Il n'éprouvait aucune crainte sur le résultat. Depuis trois ans il travaillait d'une façon exemplaire et ses professeurs en faisaient grand cas. La vive préoccupation à laquelle il était en proie ne venait donc point de son inquiétude au sujet de ses examens, mais des événements qui les devaient suivre. Le terme fixé par l'abbé de Hautmoustier approchait. Encore quelques jours et Conrad reçu avocat, en pleine possession de la science, de la raison et de la volonté d'un homme, aurait à s'expliquer sur son avenir, et à révéler ses projets à son père. Conrad s'attendait à une explosion de colère, il savait que la lutte serait terrible, et n'espérait guère désarmer monsieur Belleforge à force de respect et de soumission. Jamais le banquier ne pardonnerait à son fils de condamner sa conduite. Conrad rassemblait ses forces, se retrempait dans la prière, s'affermissait dans ses longs entretiens avec l'abbé de Hautmoustier, mais si résolu qu'il fût à parler avec une énergie respectueuse, il n'en souffrait pas moins à la pensée de désoler son père. Bien loin de se douter de ce qui se passait dans l'esprit de son fils, monsieur Belleforge se réjouissait à l'avance de le voir prochainement inscrit au tableau des avocats, et quand le jour de l'examen arriva, le banquier au lieu d'aller à la Bourse prit le chemin de l'École de droit.

Conrad remporta une véritable victoire, et Belleforge le serra dans ses bras avec une émotion si grande qu'elle doubla les angoisses de Conrad. Tandis qu'ils revenaient tous deux, Belleforge dit à son fils :

— Demain matin nous causerons... ce soir emploie donc ton influence sur Cœlia pour la décider à épouser Arthur de Ranville... C'est un homme accompli, habile et bon, qui l'aime de tout son cœur... Ce soir, anniversaire de la naissance de ta sœur, il viendra dîner avec nous, je souhaiterais que ce repas fût un repas de fiançailles... Les jeunes filles sont souvent un peu folles, et comprennent mal les côtés positifs de la vie... J'ai besoin que ton influence sur Cœlia vienne en aide à ma volonté...

— J'obéirai, mon père, répondit Conrad.

Quand il fut seul, le jeune homme plongea son front dans ses mains avec accablement :

— Pauvre père ! murmura-t-il, pauvre père ! doit-il donc être frappé si rudement et à la fois par les seuls êtres qu'il aime en ce monde ?

Avant l'heure du dîner il alla trouver Cœlia.

La jeune fille avait fait une toilette ravissante. Vêtue de blanc, portant dans ses beaux cheveux une rose pâle, émue à la pensée du drame intime qui allait se passer, elle devait à son émotion un incomparable éclat de regard, et son teint s'avivait des couleurs de la fièvre.

— Mon Dieu ! lui dit Conrad, tu m'effraies.

— Oh ! reprit-elle, mon père t'a parlé...

— Je souhaite vivement te voir épouser Ranville, quel motif as-tu de le refuser ?

— Un seul, je ne l'aime pas...

— Ceci est la moitié d'une confidence...

— C'est vrai, j'en ai choisi un autre... es-tu satisfait ?

— Un autre ! répéta Conrad, mais qui donc, nous ne voyons personne ?

— J'ai bonne mémoire, frère, je n'oublie jamais...

— Cœlia, par pitié, ne me fais pas à moi un mystère de cette inclination que ne soupçonne pas mon père.... Un frère a quelquefois autant de droits que le chef de la famille à un aveu de ce genre... Nos âges nous rapprochent l'un de l'autre... sois tranquille, si tu souffres je saurai te comprendre et te plaindre...

— Me plaindre surtout, car tu ne me donneras pas plus d'espoir que je n'en conserve moi-même.

— Tu ne peux avoir fait un choix indigne de toi !

— J'ai regardé trop haut, murmura Cœlia.

Tout à coup une pensée rapide traversa l'esprit de Conrad, il saisit les mains de Cœlia dans les siennes, et la forçant à le regarder :

— Rolland ? dit-il.

Cœlia répondit par ses larmes.

— Tu as raison! dit le jeune homme, tu as regardé trop haut, si la force te manque pour monter jusqu'à Dieu.

— Jusqu'à Dieu ! répéta Cœlia stupéfaite d'entendre ce nom dans la bouche de son frère.

— Nous avons chacun notre secret ce soir, ma sœur... demain mon père les connaîtra tous deux... qu'arrivera-t-il de nous, alors, je n'en sais rien, mais je te jure que tu pourras toujours compter sur moi!

Un moment après Cœlia mandée par son père descendait au salon où l'attendaient les messieurs de Ranville. En les apercevant elle devint un peu pâle, mais elle maîtrisa vite son émotion et retrouva dans son habitude du monde la force de triompher de cette faiblesse. Cependant les efforts réunis des conviés ne parvinrent pas à réveiller sa gaîté.

Cœlia et son père s'observaient parfois à la dérobée comme deux lutteurs qui mesurent leurs forces. Monsieur

8

Belleforge devinait sous la grâce de sa fille une résolution déjà prise, et Cœlia sentait que le père allait dans quelques instants manifester sa volonté. Le baron de Ranville essaya d'amener l'entretien sur un terrain facile, mais à mesure que s'avançait la soirée, le front de Cœlia devenait plus sombre; elle cherchait un moyen d'apprendre sa décision à Arthur de Ranville avant de l'avouer à son père, et apercevant dans un vase un bouquet de roses blanches qu'il lui avait envoyé, elle en effeuilla distraitement les fleurs autour d'elle, puis quand il ne resta ni un pétale ni un brin de verdure, elle regarda bien en face le jeune homme qui tremblait.

— Ce n'est pas ce bouquet que vous avez voulu détruire? lui dit-il d'une voix triste.

— Non, répondit Cœlia, mais vos espérances.

— Vous prononcez ma condamnation, Mademoiselle?

— C'est l'expression de ma volonté, du moins.

— Et ne puis-je en appeler?

— A qui, à mon père? Je suis majeure, Monsieur de Ranville; à partir d'aujourd'hui j'ai le droit de disposer de ma vie.

— Un mot encore, Mademoiselle, et croyez-le, si j'insiste encore, c'est moins pour plaider la cause de mon bonheur que pour vous épargner une lutte violente avec monsieur Belleforge... Vous refusez de devenir ma femme, donc vous n'avez pour moi nulle affection... Mais tant qu'aucun autre n'occupera pas la place que j'ambitionne, je conserverai une espérance, gardez donc jusqu'au bout votre cruelle franchise, si un rival plus heureux occupe votre pensée, avouez-le à un homme d'honneur qui respectera votre secret.

— Vous avez deviné, dit Cœlia, à défaut de tendresse je ressens pour vous une grande estime pour vous l'avouer.

— Je n'ai pas le droit de me plaindre, dit Arthur de

Ranville avec tristesse, ceux qui arrivent trop tard ont toujours tort...

Pendant que les jeunes gens causaient, Belleforge et son vieil ami, croyant qu'ils s'entendaient enfin, se réjouissaient et se serraient les mains. Arthur les rejoignit dissimula l'impression pénible causée par la confidence de Cœlia, et bientôt après il entraîna son oncle.

— Eh bien ! lui demanda celui-ci, tout est arrangé ?

— Tout est fini. Mademoiselle Belleforge ne m'aime pas.

— Que vous disiez-vous donc tout à l'heure ? vous sembliez cependant vous entendre.

— Sans doute, mon oncle, elle me suppliait de renoncer à sa main et je lui promettais d'obéir.

— Quelle double folie ! s'écria Ranville, heureusement Belleforge et moi nous nous entêterons.

— Non, mon oncle, répliqua le jeune homme, car j'ai donné ma parole d'honneur, et dès demain pour échapper s'il se peut, à la tristesse qui me gagne, je partirai pour la Suisse.

Le baron et son neveu ne s'adressèrent plus une parole jusqu'à ce qu'ils fussent rentrés chez eux. Une énergique poignée de main du vieillard remplaça les discours et les remontrances; quant à Arthur, il se jeta dans les bras de son oncle avec abandon, et s'écria avec un sentiment de douleur vraie :

— Je suis bien malheureux !

Pendant que cette scène se passait chez monsieur de Ranville, le banquier congédiant Conrad du geste retint Cœlia dans le salon. Quoiqu'il ne fût pas absolument rassuré sur son dessein, il ne pouvait croire que la décision de la jeune fille fut irrévocable. Il prit donc sa voix la plus douce, la plus paternelle, pour lui demander ce qui avait été convenu entre elle et celui qu'il lui avait présenté en qualité de fiancé.

— Monsieur de Ranville est un galant homme, dit Cœlia, il sait que je ne l'aime pas, et ne tentera rien pour faire violence à mes sentiments... Je puis à cette heure tout vous avouer, mon père, hors le nom de celui que je préfère au neveu de votre ami ; je me suis fait le serment de n'appartenir à personne si je ne devenais pas la femme de celui que j'ai choisi.

— Ah ! tu ne voudras pas me causer cette douleur, Cœlia.

— Vous ne pouvez vous affliger de la pensée que je veux être heureuse, et créer moi-même ce bonheur.

— Ainsi tu déclares à ton père une guerre ouverte ?

— Je resterai la plus respectueuse des filles, s'il ne tente pas de contraindre les penchants de mon cœur.

— Ne parle pas de respect ! fit Belleforge avec violence, car tu te révoltes et tu me braves ! Mon indignation est telle qu'une parole de malédiction est prête de sortir de mes lèvres ! Retire-toi, Cœlia, je ne te reverrai que soumise à mes ordres.

Cœlia prit les mains de son père, y posa les lèvres et murmura d'une voix grave :

— Adieu donc, mon père, adieu !

Elle sortit sans se retourner, et laissa le banquier seul dans le salon.

Il y resta longtemps, marchant avec agitation, parlant tout haut, tantôt s'encourageant dans sa volonté, tantôt faiblissant à l'idée de rendre sa fille malheureuse. Puis il s'étonnait de trouver dans cette enfant une résolution terrible, tandis qu'il avait ployé sous son vouloir madame Belleforge durant vingt ans. Il ne se demanda pas si la révolte de Cœlia était un châtiment du Ciel, une revanche du passé; il sentait autant d'humiliation que de douleur, et quand il rentra dans sa chambre pour y goûter un peu de repos, un terrible cauchemar lui rendit les angoisses de la veille.

En s'éveillant, une pensée le consola : Conrad! Il allait avoir avec Conrad un entretien décisif, fixer son avenir, et trouver dans sa sagesse, son intelligence, d'amples compensations à la désillusion de la veille.

Il lui avait donné rendez-vous dans son cabinet vers dix heures, il attendit que l'horloge sonnât avec une émotion secrète, et lorsque Conrad parut, un cri de joie s'échappa des lèvres du banquier.

Cette exclamation de bonheur troubla profondément le jeune homme, et il s'approcha lentement de Belleforge qui le contemplait avec une tendresse orgueilleuse; cette affection, ce bonheur allaient être si cruellement anéantis, si fatalement blessés, que toute la force dont le jeune homme s'était armé tomba subitement. Il ne comprit plus qu'une chose, le coup inattendu qu'allait recevoir son père.

Conrad tomba dans un fauteuil, et rassemblant son énergie, il en appela à Dieu pour trouver le secours et la force.

Dieu lui répondit, car après ce premier tribut payé à la faiblesse humaine, Conrad se sentit prêt pour le combat.

— Mon cher enfant, lui dit Belleforge, avant de m'entretenir avec toi de tes projets futurs, je veux te remercier pour le passé.... Un grand nombre de jeunes gens font des années que tu viens de traverser un temps de dissipation, de plaisir, de folie.... Tu as prouvé tant de sagesse et de raison que si les pères pouvaient être ingrats, je le deviendrais en ne te remerciant pas des satisfactions de cœur et d'orgueil que tu m'as données. Ne crains donc pas d'abuser aujourd'hui en me demandant beaucoup. Te voilà inscrit sur le tableau des avocats, c'est un honneur, mais je ne crois pas que tu veuilles faire ta profession du barreau.... Mon influence est grande.... Choisis la profession qu'il te convient d'embrasser, tu es riche, car j'ai des millions, et à partir de cette heure je ne veux plus que tu dépendes de moi. Parle sans crainte, sans honte, fie-toi à ma tendresse d'une façon absolue... Tu ne peux rien vouloir que de bon et d'honnête, et je te rends ce témoignage que j'ai en toi une confiance sans bornes.

— Mon père, répondit Conrad en se levant, et en regardant le banquier avec une expression à la fois ferme et respectueuse, je souhaite entrer au séminaire.

La foudre tombant à quelques pas de Belleforge l'eût moins surpris, moins effrayé que cette parole. Il resta un moment muet de stupeur. Puis prenant les mains de Conrad avec violence :

— Toi croyant! fit-il, toi chrétien!

— Moi, disciple de cette foi que m'a enseignée ma mère à son lit de mort.

— A son lit de mort! répéta le banquier.

— Vous n'avez pas compris de quel mal elle se mourait, mon père, ce mal s'appelle la privation de Dieu... je lui ai juré de me faire prêtre afin de prier pour elle, et je vous demande l'autorisation de tenir ce serment.

— Jamais! jamais! s'écria Belleforge, tu masques cette folie sous l'apparence d'un devoir... Ta mère ne s'est pas plainte... C'est en vain que tu me crierais que je l'ai moralement assassinée, je ne te croirais pas! Elle est morte! tout le monde meurt... je l'ai fidèlement aimée! j'ai fait pour vous tous les sacrifices! Si j'ai cherché sans cesse à augmenter ma fortune, je n'avais d'autre but que votre bonheur... Toi et Cœlia vous résumiez ma vie... j'ai été bon époux, père dévoué, ma conscience est tranquille, mais vous! toi et Cœlia, vous devenez mes bourreaux!

— Mon père! mon père! fit Conrad avec un intraduisible élan de tendresse, ne nous calomniez pas! Écoutez-nous, comprenez-nous... Nos cœurs ne sont pas faits comme le vôtre, de stoïcisme et d'incrédulité. Nous avons soif de clartés célestes, de tendresses infinies... Nous demandons tout cela au ciel au lieu de l'attendre de la terre... j'en prends à témoin vos paroles de tout à l'heure, j'ai été pour tous les jeunes gens de mon âge un modèle de raison, de sagesse, de vertu... Mais cette raison avait sa source plus haut que vous ne le croyiez : cette sagesse se retrempait dans la foi, cette vertu était une vertu chrétienne... Sans son secours, j'eusse comme les autres cherché les distractions folles et coupables, au lieu de partager entre des malheureux les revenus dont pour moi vous vous montriez prodigue, je les eusse jetés à d'indignes créatures. Ma force avait un mobile sacré, elle a fait de moi un homme, en me laissant fils respectueux... Pouvez-vous me repousser parce que je veux mener une vie d'étude, de labeur, d'abnégation? La parole a-t-elle moins d'autorité dans la chaire qu'au tribunal? Laissez-moi faire de ma vie le noble emploi que j'ai rêvé, aimez-moi en dépit de nos dissidences d'opinions... je n'invoque le privilége d'aucune loi, je prie mon père, et ce père n'aura pas le courage de me refuser.

Belleforge répliqua durement à Conrad :

— Vous quitterez cette maison demain.

Le jeune homme courba la tête, une larme brillante roula sur sa joue, et il sortit en chancelant.

Le banquier prit son front à deux mains, puis soudain il s'écria :

— Ma fille! ma fille!

Il avait besoin d'une caresse, d'un baiser d'enfant.

— Ah! poursuivit-il, elle est restée mienne, celle-là... Elle ne veut pas épouser Ranville, soit! je lui donnerai celui qu'elle aime... j'ai bien écouté mon cœur, moi! Elle écoute le sien, c'est justice!... Elle aura un million de plus en dot s'il le faut... Cœlia est bien de mon sang... quand je lui impose ma volonté, elle me répond par son droit, elle ne me crache pas à la face les mots de religion et de vertu, elle n'évoque pas pour m'épouvanter le fantôme de sa mère mourante...

Belleforge traversa rapidement son cabinet, et les deux salons qui le séparaient de l'appartement particulier de Cœlia.

Dans l'antichambre il trouva Annette en larmes.

— Ma fille est chez elle? dit-il.

— Mademoiselle ne veut sans doute recevoir personne, j'ai appelé, prié, supplié, car je suis inquiète... Si monsieur savait comme elle a pleuré hier...

Le banquier tourna le bouton de la porte, il éprouva de la résistance.

— On a tiré le verrou, dit-il.

Mais les doubles portes n'étaient pas difficiles à forcer; un robuste coup d'épaule les poussa en dedans, et le banquier se trouva dans la chambre de sa fille.

Elle était vide, le lit intact; sans nul doute Cœlia ne s'était pas couchée.

Annette aperçut la première une lettre posée sur la tablette de la cheminée, Belleforge la décacheta fièvreusement. A mesure qu'il la parcourait le tremblement de ses membres s'accentuait davantage.

— Partie! fit-il enfin, partie!

En effet, dans un laconique billet, Cœlia annonçait à monsieur Belleforge qu'elle abandonnait la maison paternelle pour ne point être forcée d'épouser un homme qu'elle n'aimait pas... Sans indiquer aucun lieu de séjour, sans parler de retour possible, sans même laisser à son père la faculté de revenir sur sa décision, elle lui adressait un éternel adieu.

— Plus d'enfants! s'écria Belleforge avec désespoir, je n'ai plus d'enfants!

XIII

L'ADOPTION DE CAÏN.

Le banquier resta perdu dans le sentiment d'un abandon complet, d'un horrible désespoir. Cet homme envié de tous soudainement le plus à plaindre, le plus misérable des hommes ; ce millionnaire eût à cette heure changé avec joie sa vie contre l'existence d'un pauvre ouvrier passant sous les fenêtres de son hôtel, portant sur chacun de ses bras un enfant, et se retournant pour sourire au dernier qui riait penché sur l'épaule de sa mère. Il se trouvait seul, tout seul, après avoir respiré vingt-cinq ans dans une atmosphère de tendresse. Il n'entendrait plus d'affectueuses paroles, il ne recevrait plus les douces caresses qui le reposaient d'un incessant labeur. Son travail même allait lui devenir insipide ; à quoi bon travailler sans relâche, doubler, tripler sa fortune, puisqu'il ne gardait plus l'intime satisfaction de se dire : « c'est pour mes enfants que j'amasse ! c'est pour eux que j'aligne des chiffres ! Chaque heure passée dans mon bureau, à la Bourse, augmente leur richesse... Ils seront les premiers dans ce Paris qui estime l'or comme jadis les Hébreux. » Quel courage Belleforge avait puisé dans cette pensée ! Avec quelle joie, voyant Cœlia si belle et la trouvant si affectueuse, il avait arrondi chaque année le chiffre de sa dot ! Et quand on parlait devant lui de l'avenir de Conrad, quand ses professeurs le louaient de son assiduité à suivre les cours, de son intelligence à comprendre, de sa facilité d'élocution, et de cette éloquence naturelle qui le distinguait déjà, comme le banquier ressentait une satisfaction orgueilleuse et tendre à la fois ! Ce fils qui lui ménageait des joies si complètes et si pures, avec quel bonheur il lui remettrait un jour, dans les mains une fortune, sûr qu'il en ferait un bon usage... ! Et tous ces rêves, toutes ces espérances, et tous ces projets d'avenir se trouvaient soudainement anéantis !

— Le malheureux! répétait Belleforge, il m'a porté un coup mortel... Il m'accuse d'avoir tué sa mère, et lui, de ce moment, n'est-il pas un parricide! Tué Antonie, moi! Moi, qui l'aimais comme pas une femme ne fut aimée peut-être... ! Lui ai-je jamais refusé quelque chose? Ne puisait-elle pas à son gré dans ma caisse? Ai-je vérifié ses mémoires et dérangé ses projets? M'a-t-on vu négliger mon ménage pour porter au dehors un luxe scandaleux? Non ! j'ai respecte ma maison, j'ai chéri ma famille, j'ai aimé ma femme...

Belleforge s'arrêta un moment et cacha son front dans ses mains comme pour se mieux interroger.

— Aimé ma femme! répéta-t-il... Sans doute, mais lui ai-je demandé si ce bonheur était bien celui qu'elle eût rêvé, voulu, celui qu'elle attendait de moi...? Je ne l'ai vue pleurer qu'une fois... Ne s'est-elle pas cachée depuis pour me dérober ses larmes?

Cette pensée bouleversa Belleforge, et tout tremblant il s'appuya sur son bureau ; le souvenir d'une des scènes les plus émouvantes de sa vie se présenta clairement devant lui.

— Ah ! fit-il, je la vois encore, je la verrai toujours cette Antonie si belle, si candide, dont j'avais réussi à remplir le cœur tout entier... Je la vois écoutant avec stupeur ma profession d'athéisme, puis me prenant les mains, les baignant de ses larmes, me supplier de lui faire grâce, de respecter ses croyances, me demandant à genoux la vie de son âme, la vie de son âme que je voulais tuer... Et je souriais de sa terreur, j'essuyais ses larmes avec une sorte d'emportement, je lui reprochais d'être faible, pusillanime, d'avoir des idées bourgeoises et des craintes puériles... Je rassemblais toutes les phrases ramassées dans l'Encyclopédie pour l'écraser sous ma prétendue supériorité. Je lui répétais que je la voulais grande et forte par l'esprit, et elle se contentait de me répondre avec la douceur d'un agneau qu'on égorge. « Je ne suis qu'une femme, laissez-moi la foi qui sera mon bouclier ; la foi qui vous répondra de ma fidélité à garder votre bonheur, la foi qui me rendra la vie plus douce et plus calme et sans laquelle je ne saurais être heureuse. »

Je restai sans pitié. Il fallut qu'elle immolât sa conscience de chrétienne à mon orgueil... Je fis parler si haut la passion que j'ébranlai ce cœur honnête, et comme je ne triomphais pas encore, j'employai un moyen plus odieux, la force... et vaincue par mon despotisme, elle céda... Elle céda tout en larmes, brisée et non convaincue... Elle resta la victime d'un implacable bourreau... Et depuis? Eh bien ! depuis elle a gardé le silence... Jamais une parole de reproche n'a passé ses lèvres... Elle a subi le joug du maître, a-t-elle jamais pardonné à l'époux ? Ne l'ai-je pas condamnée à vingt ans de tortures ? Si elle garda la force du silence en fut-elle moins à plaindre ? En croyant travailler sans repos à son bonheur, n'ai-je réussi qu'à consommer son désespoir... Et jamais, jamais un mot... A la dernière heure seulement un cri d'angoisse et d'épouvante en face de ce qu'elle appelait l'Éternité, et ce cri ce n'est pas dans mon cœur qu'elle l'a jeté ; elle me jugeait indigne de l'entendre... Et c'est à Conrad, à mon fils, qu'elle a fait cet aveu suprême... Ah ! combien il a dû souffrir, le malheureux!.. Sans doute sa mère a exigé de lui le serment qu'il se consacrerait au service du Dieu qu'elle avait aimé... Ayant à choisir entre son père et une mère mourante, il a juré, il tient sa parole... Au fait ! il est homme ! Il pense, il sent, il agit en homme Peut-être croit-il saintement venger sa mère. Placé entre la victime et le bourreau, il prend le parti de la victime. Il raisonne, il se dit : mon père affirme que Dieu n'existe pas, soit; j'ai voulu le croire, je l'ai cru jusqu'à cette heure... Mais ma mère me répète qu'elle meurt de désespoir d'avoir été privée des choses de Dieu, et cette mort terrible me convient mieux que les paroles d'un sophiste ! je crois ma mère ! Je veux jouir des consolations qui lui ont manqué !... Je veux me jeter dans la voie qu'elle abandonna, et vouer ma vie au rachat d'une faute payée au prix de son bonheur... Voilà ce que se dit Conrad... Il ne me compte plus pour rien, et il m'abandonne. Et pourtant rien, pas même les dernières paroles d'Antonie pas même la résolution de Conrad, ne me ferait dire : Dieu existe ! la main de Dieu est là.. Mais si je ne pardonne pas à Conrad, si je le repousse, je sens cependant moins de colère contre lui que contre Cœlia. Elle est cent fois plus coupable que son frère... Conrad m'oppose au moins le serment fait à une morte ; Cœlia obéit aveuglément à son instinct. Cœlia se révolte sans crainte, elle m'offre la loi, elle ouvre le Code pour me confondre, c'est une folle aveuglée par une passion si misérable qu'elle n'ose en faire l'aveu.

Le banquier frappa sur la table avec violence.

— Des droits ! des droits en a-t-elle, seulement ! Depuis

quand un père n'est-il pas le maître de gouverner sa famille...? Ne puis-je faire chercher et ramener de force chez moi l'enfant rebelle?

Cette pensée rendit une seconde un peu d'énergie à Belleforge, il se leva comme pour donner un ordre, mais tout à coup ses regards tombèrent sur le Code, il l'ouvrit, en parcourut une page, puis il le referma brusquement.

— Allons! fit-il, j'ai forgé les armes avec lesquelles on m'attaque, on me blesse, on me tue; c'est fini, je suis abandonné du frère et de la sœur, je reste un naufragé de la vie, et me voilà seul, tout seul! Sans un enfant pour me crier encore : père, je t'aime!

Belleforge laissa tomber son front sur ses bras qu'il tenait croisés sur la table du bureau, et de longs sanglots s'échappèrent de sa poitrine.

Certes, dans ce moment il eût inspiré de la pitié à l'être le plus insensible. Son désespoir prenait les proportions de la folie. Il demeurait écrasé sous les ruines de son bonheur. Sa révolte contre ce qu'il appelait l'ingratitude de ses enfants fit bientôt place à une douleur morne. Mais au moment où son âme s'abandonnait le plus au désespoir une idée surgit tout à coup dans son cerveau fatigué, un nom vint sur ses lèvres et les brûla comme un fer rouge.

— Mon enfant! fit-il, j'ai encore un enfant.

Il venait de voir passer devant ses yeux obscurcis de larmes l'image du Grèveur.

— C'est mon fils aussi! fit-il d'une voix âpre, le fils déshérité, méconnu, repoussé du pied... A celui-là j'ai jeté à grand'peine le pain de l'aumône; jamais un baiser, une caresse ne lui ont fait comprendre que je sentais pour lui s'émouvoir mes entrailles... Il a grandi dans l'enfer parisien, gardant à chaque nouveau cercle parcouru une brûlure, une plaie nouvelle... Il a souffert du froid, de la

9

faim, de l'abandon, il est devenu vicieux faute d'avoir appris la vertu dans une famille régulière... Tandis que deux enfants entourés par moi de soins et de tendresse fuient la maison paternelle, le paria que j'en ai chassé songe peut-être à la cruauté de l'homme qui lui imposa la vie... Le Grêveur est mon fils, mon sang, ma chair! Sa mère est morte de douleur, et je me suis cru quitte envers elle et envers l'enfant avec quelques chiffons de la banque! Comme il m'eût été facile de conquérir l'affection de cet adolescent, à l'heure où il se trouvait seul, dans ce Paris immense! Il est intelligent! j'en pouvais faire un homme! Il est né bon, je l'ai vu pleurer en parlant de sa mère... La dernière fois qu'il est resté à m'attendre, les pieds dans la neige, avec quelle brutalité je l'ai reçu, je lui ai reproché sa vie, son inconduite, sa misère! Que m'a-t-il répondu? « C'est votre faute. » Il avait raison... Si j'essayais de le sauver? Si je renouvelais son existence Tout est possible, j'ai de l'or, beaucoup d'or... J'adopterai cette misère, cette souffrance, et qui sait si les joies que je trouverai de ce côté ne compenseront pas les déceptions que je viens de subir?

Le banquier se leva ranimé, l'œil brillant. Cette pensée généreuse réveillait en lui une soudaine espérance. Il essaya de se distraire du souvenir de Conrad et de Cœlia en songeant au Grêveur. Il prépara des plans d'avenir pour la famille de l'ouvrier. Il le voyait déjà à la tête d'une grande industrie, prenant rapidement sa place au milieu des commerçants notables de Paris. Belleforge s'occuperait immédiatement des enfants, les placerait dans des pensionnats et des lycées, avant trois ans toute la famille métamorphosée respirerait l'aisance, l'ordre, l'honorabilité, et lui, le père de la dernière heure, jouirait de son œuvre, et savourerait encore le bonheur d'être aimé.

Il attendit la nuit pour tenter la démarche qu'il voulait faire près du Graveur, et trouva la journée mortellement longue.

Il dîna rapidement, puis, enveloppé d'un vêtement sombre, il sortit de l'hôtel sans prendre sa voiture.

Il marchait rapidement, sans se soucier des coudoiements des passants, des éclaboussures, et se répétait cette phrase qui résumait pour lui une situation poignante :

— Abel m'abandonne, j'adopte Caïn.

XIV

TROP TARD.

Parfois cependant M. Belleforge ralentissait sa marche comme s'il eût craint d'atteindre le but de sa course. Une émotion violente lui poignait le cœur. La douleur et la joie se partageaient son âme. Si le souvenir de Conrad et de Cœlia le blessait comme un coup de couteau, la pensée de l'enfant dédaigné ravivait en lui une soudaine espérance. La pluie tombait froide, continue, pénétrante. Dans les rues les passants se heurtaient ; la nuit était triste et noire ; les lueurs du gaz la trouaient de points lumineux sans parvenir à l'éclairer. Le brouillard qui tombait enveloppait les lanternes d'une buée morne. Les rues s'inondaient, et le pied glissait sur l'asphalte.

Quand le banquier arriva sur le pont des Saint-Pères l'horloge du Louvre sonnait neuf heures. La Seine coulait avec un bruit sourd et monotone, heurtant quelques bateaux et lavant le pavé de ses berges. On n'entendait ni l'annonce du marchand d'anneaux pour suspendre les clefs, ni l'accordéon de l'aveugle, ni le cri des négociants en « plans de Paris », ni les lamentations des éclopés qui s'y donnent rendez-vous pendant la journée. De temps à autre des lueurs rouges, jaunes ou vertes apparaissaient, puis tout retombait dans le silence.

Seul un enfant immobile restait appuyé sur le parapet

du pont. Il paraissait sonder du regard l'eau profonde, et s'engourdir au clapotement du fleuve contre les lourdes piles de pierre.

Cet enfant pouvait avoir douze ans à peine. La lanterne du gaz permettait d'entrevoir son costume composé d'une veste en peau de chèvre, et d'un chapeau pointu orné d'un bouquet de fleurs artificielles et de plumes de paon.

Tout à coup le pifferaro cessa de regarder la Seine, il tourna le dos au parapet, et tirant de dessous sa veste un méchant violon, il commença le *Miserere* du Trovatore.

Pour qui jouait-il à cette heure ? Qu'attendait-il en échange de la mélodie désolée que jetait son archet aux vents froids de la nuit ?.. Autour de lui personne n'était là pour l'entendre, et l'unique auditeur qui s'avançait n'avait pas même frappé les yeux du pifferaro. Il jouait pour lui, comme il eût pleuré, comme il eût crié sa misère. Il jouait, ce petit être pour qui la musique était presque une lettre morte, avec une expression poignante dont nul maître ne donna le secret. Jamais on ne lui avait appris quelles paroles sont accompagnées par cette sublime mélodie, mais il sentait en lui que ces notes renfermaient des sanglots, des adieux, des pensées de mort... D'ailleurs il ne savait que cet air unique, cet enfant ! Et dans le deuil de son isolement, dans l'acuité de ses tortures, il remplaçait l'art qui lui faisait défaut par une explosion de sentiment et d'angoisse qui eût remué l'être le plus dur.

Il était devenu possible de distinguer son visage, d'une régularité parfaite, d'une pâleur d'albâtre, à la fois transparente et maladive. Ses grands yeux bleus se levaient vers le ciel sombre, et de longs cheveux noirs tombaient sur son cou que rien ne garantissait du froid. Il n'avait pas le sourire charmant des enfants d'Italie, ni l'éclat de leur spirituel regard. Évidemment, le petit musicien était un de ces pauvres petits que la misère des parents ou l'avarice d'un maître chasse chaque matin du logis en lui enjoignant de gagner son pain en sollicitant la charité des riches. L'enfant continuait sa mélodie, son jeu de plus en plus large et déchirant faisait mal à entendre. On eût dit qu'une corde vivante de son cœur se brisait à chaque note, et que l'air fini le pifferaro allait tomber mort tenant encore entre ses doigts son violon à jamais muet.

Belleforge en arrivant au pont des Saints-Pères ralentit le pas pour écouter mieux. Cet enfant l'intéressait et l'émouvait. Il ne voulait point lui faire interrompre le *Miserere*, car cette musique le troublait étrangement. Il attendit même que la dernière note expirât sous l'archet du musicien nocturne. Alors, s'approchant rapidement et posant sa main sur l'épaule du pifferaro :

— Tu viens de jouer d'une façon remarquable, mon petit ami, et c'est grand dommage que tu manques d'auditeurs, dit le banquier. Je tâcherai de te faire une recette à moi tout seul.

Belleforge prit une pièce d'or et la tendit à l'enfant.

Le pifferaro repoussa la pièce d'or avec douceur.

— Merci, dit-il, je ne mendie pas.

— Soit, mais je suis libre de te témoigner ma reconnaissance pour le plaisir que tu viens de me procurer.

— Vous ne me devez rien, Monsieur, je ne jouais pas pour vous.

— Pour qui donc?

— Pour moi, fit l'enfant en fixant ses grands yeux tristes sur Belleforge.

— Mais tu n'es pas seul à vivre de ta recette quotidienne, quelqu'un attend sans doute ton retour au logis?

— Je ne rentrerai pas, Monsieur.

— Tu ne peux cependant rester sur ce pont désert... on te prendrait pour un vagabond, et on t'arrêterait.

— Oh! je suis bien tranquille, personne ne m'arrêtera.

— Ton père va s'inquiéter, sans doute ?

— Mon père est mort...

— Et ta mère?

L'enfant frissonna à ce souvenir, puis se remettant, il dit avec une apparente indifférence :

— Ma mère a d'autres enfants.

Belleforge voulait questionner encore le pifferaro, mais l'enfant se renferma dans un mutisme pénible, et le banquier, comprenant qu'il n'obtiendrait de lui ni un renseignement ni une confidence, se contenta de placer sa pièce d'or dans la main de l'enfant, et pour le forcer à garder son offrande, il s'éloigna rapidement.

Le pifferaro posa à terre le violon qu'il tenait encore, plaça sur la table l'archet et la pièce de vingt francs, regarda le ciel qu'il vit aussi sombre, aussi implacable dans ses ténèbres, puis d'un mouvement agile escaladant le parapet, il se laissa tomber dans la Seine sans pousser un cri.

Le bruit de cette chute fit retourner Belleforge, et n'apercevant plus le pifferaro, il eut brusquement l'intuition de la vérité. Alors, courant sur le quai en appelant au secours, il gagna l'escalier, descendit sur la berge, et quelques conducteurs et patrons de bateaux sautèrent de leurs cabines.

— Un enfant se noie! répétait Belleforge, mille francs à qui le sauve.

— Diable ! fit un marinier, la somme est belle, mais la nuit est noire comme un four.

— Une barque ! une barque ! fit Belleforge, j'y monte avec vous.

En une minute, des sergents de ville, des travailleurs

du port, des maîtres de bateaux de charbon se trouvèrent debout. On alluma des torches, et le banquier sautant dans un canot avec deux hommes désigna l'arche du pont près de laquelle se trouvait l'enfant au moment où il l'avait rencontré.

Le batelier avait raison, la Seine était noire, froide, effrayante. La clarté des lanternes expirait dans un étroit rayon, et les deux hommes qui avaient prêté leur barque au banquier hésitaient à pousser plus loin leur complaisance.

Belleforge comprit leur indécision. Il était dans un de ces moments où les forces de l'âme sont doublées par un sentiment puissant. Il lui semblait que de la vie de ce petit malheureux dépendait son propre avenir. Il crut qu'une heure de dévouement expierait ses fautes; que s'il sauvait la vie du pifferaro, ses enfants à lui reviendraient confus et repentants se jeter dans ses bras.

Arrachant brusquement son paletot, il le lança au fond de la barque et d'un mouvement rapide comme la pensée il se précipita dans le fleuve.

Les mariniers poussèrent un cri d'effroi auquel répondirent de la berge d'autres cris d'angoisse, dix bateaux quittèrent la rive portant des cordages, des gaffes, tout ce qui était nécessaire pour un sauvetage.

On aperçut le nageur une minute, puis il disparut de nouveau, et on put le croire victime de son dévouement. Un silence de mort régnait entre les groupes de mariniers, les cœurs battaient; les bras s'étendaient, élevant les lanternes pour éclairer la surface plombée de la Seine.

Enfin le courageux nageur leva la tête hors de l'eau, et agita celle des mains qu'il gardait libre, en signe de détresse. Une corde lui est lancée, il la saisit, deux hommes manièrent rapidement les rames d'un canot,

Belleforge se cramponnant au bord, l'étreignit d'une façon convulsive, et les matelots reçurent dans leurs bras le corps inanimé du pifferaro, tandis que le banquier tombait au fond de la barque glacé et presque aussi immobile que l'enfant.

Des acclamations enthousiastes saluèrent le sauvé et le sauveur. Belleforge fut conduit dans la cabine d'un marchand de charbon, dont la jeune femme s'occupa immédiatement des soins à donner au pifferaro. Quant à Belleforge, un verre de vin chaud le ranima assez vite, il accepta quelques vêtements secs appartenant au brave homme qui lui offrait l'hospitalité, et bientôt, penché sur le pifferaro, il attendit avec une émotion poignante que le pauvre petit revînt à la vie.

L'enfant ouvrit les yeux, jeta autour de lui un vague regard, poussa un profond soupir et murmura :

— Mon violon !

Une minute après, fortifié par un cordial, réchauffé par un grand feu et couvert des habits d'un enfant du marinier, il était assis devant le poêle rouge et balançait tristement sa tête pâle. Il semblait se demander dans quel but on l'avait empêché de mourir.

Belleforge devina ce qui se passait dans l'esprit du pifferaro. Il ne voulait point laisser son œuvre inachevée. Dieu seul sait quel désespoir immense peut jeter un enfant dans la mort, car l'enfant a l'instinct de la vie. Il ne s'inquiète guère du lendemain, il a le sourire facile et la joie remplace vite pour lui les chagrins et les larmes. Un enfant qui veut mourir... problème horrible ! de combien de douleurs faut-il avoir fait sa vie pour qu'il en arrive là ? Sans nul doute le pifferaro souffrait plus que les enfants de son âge. Belleforge connaissait la puissance de l'or ; quelle que fût la cruauté de ceux qui opprimaient le pifferaro, il était sûr de les

9.

apaiser à prix d'argent, et d'acheter le droit de protéger, de sauver le petit malheureux que le hasard plaçait dans ses bras.

Le banquier nommait le « hasard » ; il ne croyait pas à la Providence.

Pensant que l'enfant serait plus expressif s'il se trouvait moins entouré, il fit comprendre d'un signe amical à la famille du marchand de charbon qu'il souhaitait rester seul avec le pifferaro.

Tout le monde se retira sans bruit.

— Tu me reconnais, mon enfant ? demanda le banquier au petit musicien.

— Oui, Monsieur, répondit celui-ci.

— Crois-tu que je te veuille du bien ?

— Sans doute, vous m'avez donné une pièce d'or.

— As-tu confiance en moi ?

— Je vous crois brave... cependant vous venez de me faire beaucoup de mal.

— A toi ?

— Je voulais mourir, vous m'avez sauvé...

— Mais pourquoi voulais-tu mourir ?

— Ah ! voilà, Monsieur, la vie est trop dure...

— Chez tes parents ?

— On m'a chassé de la maison.

— Qui ça ?

— Le mari de ma mère.... Il me haïssait comme un galeux... mais il a été puni, Serinette ma petite sœur est morte...

— Comment t'appelles-tu, toi ?

— Cancrelat, répondit l'enfant.

— Un nom d'insecte hideux à cette créature de Dieu !... Je vais te ramener chez toi.

— Je n'y demeure plus, Monsieur, j'habite chez un maître avec plus de vingt camarades... Nous jouons tous de la harpe, de la zampogne ou du violon... Si nous ne recueillons pas un franc chaque soir, on nous bat à nous mettre les épaules en sang... Je ne rapporte jamais la somme exigée, je joue mal et je joue en pleurant... Il faudrait rire ! Mais le moyen quand on a faim et que tous les membres sont douloureux...

— Mon enfant, dit Belleforge, le mari de ta mère est donc pauvre ?

— Très-pauvre, Monsieur.

— Il travaille, cependant ?

— Des fois... trois jours par semaine... le samedi il y a la paie, il rentre gris et bat ma mère... elle lui vole quelques sous, et le lendemain nous avons des pommes de terre...

— Quelle misère ! fit le banquier.

Puis prenant le pifferaro entre ses jambes et le regardant avec bonté :

— A l'avenir je m'occuperai de toi... tu ne retourneras plus chez ce maître, et je vais demander à ta mère la permission de t'emmener avec moi.. Tu le veux bien, n'est-ce pas?

Cancrelat jeta ses deux bras autour du cou du banquier.

— Maintenant, reprit celui-ci, dis-moi le nom et l'adresse de ton père.

— Le Grèveur, rue Saint-Étienne-du-Mont.

— Le Grèveur ! répéta le banquier, l'homme qui t'a chassé s'appelle ainsi ?

— Oui, Monsieur, dit l'enfant surpris de la terreur avec laquelle Belleforge lui adressait cette question.

Le banquier se leva et regarda la pendule décorant la cabine du marinier, elle marquait onze heures. Il ouvrit la porte, appela près de lui la famille hospitalière, vida ses poches entre les mains des enfants, et pria le marchand de lui amener une voiture. Il attendit une demi-heure, il ne s'en trouvait pas sur le quai ; enfin un cocher descendant des hauteurs de l'Odéon consentit à *charger*, Belleforge laissa son adresse aux braves gens qui l'avaient si cordialement reçu, plaça l'enfant au fond de la voiture en l'étendant commodément sur la banquette, puis il cria au marinier :

— Rapportez demain à mon hôtel le violon du pifferaro.

Stimulé par un louis donné d'avance, le cocher fouetta ses rosses affamées et partit aussi rapidement que possible pour la montagne Sainte-Geneviève.

Arrivé devant Saint-Étienne du Mont, Belleforge descendit, et saisissant la main de l'enfant qui tremblait :

— Ne crains rien, dit-il, je saurai bien te protéger.

Devinant dans quelle abominable ruelle il allait s'engager, Belleforge prit la précaution de se munir d'une des lanternes du fiacre.

Il poussa la porte de la maison indiquée par Cancrelat, gravit l'escalier en spirale, et précédé par l'enfant, il s'arrêta sur le palier.

Dans la chambre, on distinguait le pas régulier mais saccadé d'une personne qui cherche à tromper son impatience par une marche automatique.

Belleforge frappa. Les pas s'arrêtèrent, mais on ne répondit point.

— Appelle, dit le banquier au pifferaro.

— Maman! dit le petit, ouvre, c'est moi!

— Toi? fut-il répondu de l'intérieur, toi...?

— Oui, moi, Cancrelat, ouvre vite.

Le pêne cria, cependant la porte ne s'ouvrit pas. On eût dit que la femme, avant de céder à l'amour maternel qui la poussait à tendre les bras à son fils, avait réfléchi et refoulait par crainte d'un malheur l'instinct qui l'entraînait.

— Tu n'es pas seul? demanda la Faraude, Si-Sol est avec toi... ?

— Non, répliqua Belleforge, ce n'est pas Si-Sol, mais un homme qui vous ramène ce malheureux enfant... De désespoir il s'était jeté à la Seine.

La porte s'ouvrit avec fracas et la Faraude bondit vers l'enfant.

— Mourir! dit-elle, toi mourir!

Elle le porta près de la maigre lampe posée sur la cheminée, et le regarda avec une curiosité amère.

Pendant ce temps, le banquier plaçait la lanterne sur la table et promenait autour de lui des regards stupéfaits.

Il n'avait pas l'idée d'un tel dénûment.

Dans leur lit, Grain-de-Mil et Souriceau levaient leurs petites têtes ébouriffées, qu'ils se hâtèrent de cacher sous les couvertures dès qu'ils se virent observés.

La Faraude embrassait son enfant, et Cancrelat pleurait sous ses caresses.

— Ah! fit-elle, quand mon homme devrait me tuer, tu ne me quitteras plus!

— Non, répondit le banquier, l'enfant ne vous quittera plus... des jours meilleurs vont venir pour vous, pour ces pauvres petits, pour votre mari... A partir de cette heure, je vous adopte tous! plus de misères, de souffrances, de larmes! Vous aurez comme tous votre place au soleil et votre part de joie... Demain, vous quitterez ce taudis, demain un appartement commode et sain sera prêt pour vous recevoir... ces enfants reviendront à la santé... le Grèveur mis à la tête d'une industrie fructueuse deviendra bon en cessant d'être malheureux... il ne vous battra plus, pauvre femme, il ne vous séparera plus de vos enfants, pauvre mère...

— Mais c'est un rêve! un rêve! fit la Faraude en ouvrant de grands yeux surpris.

— Non, le rêve, le mauvais rêve qui dura trop longtemps, ce fut votre existence de tortures et de pleurs... La réalité, je vous l'offre, c'est l'aisance qui demain sera votre partage, c'est le bonheur auquel vos souffrances passées vous assurent des droits.

— Monsieur, oh! Monsieur, s'écria la Faraude en joignant les mains, qui êtes-vous donc pour changer ainsi soudainement une vie...?

— Qui je suis? Je m'appelle Belleforge.

La Faraude se leva toute droite :

— M. Belleforge le banquier?

— Oui!

— Ah! s'écria la malheureuse, vous êtes venu trop tard...

— Trop tard! Un père ne vient jamais trop tard dire à l'enfant repoussé : je t'adopte; au paria sans pain: je te fais riche; à la famille désorganisée : je t'édifie! Mes torts, car je reconnais avoir des torts, seront amplement réparés... pour me mériter mon pardon...

La Faraude se tordit les mains avec désespoir.

— Ah! fit-elle, vous me rendez mon enfant, et je ne puis rien! rien pour vous sauver à mon tour!

Elle n'acheva pas et tomba à genoux.

— Je suis une misérable femme, dit-elle en saisissant la main de Belleforge, je ne mérite ni estime ni pitié... Mais je ne suis pas ingrate, cependant... Votre bienfait de ce soir ne sera point perdu... Si perverse que je sois, je fais des vœux pour votre salut, et je sacrifierais à cette heure ma vie pour la vôtre... Courez à votre hôtel... courez, et Dieu veuille que vous arriviez à temps!

— Que voulez-vous dire? demanda le banquier qui la crut atteinte de folie.

— Ils ont fait un pacte, un pacte infâme... Ne perdez pas une heure, pas une heure, pas une minute, vous dis-je, il y va de votre fortune, il y va de votre honneur peut-être !

Et la Faraude, le visage brillant d'émotion et de crainte, attendit la réponse du banquier.

Celui-ci regarda fixement la Faraude, puis d'une voix étranglée il murmura :

— Le Grêveur, n'est-ce pas ?

— Le Grêveur, répondit-elle accablée.

— Sur la tête de votre enfant ?

— Sur sa tête, car rien ne m'est plus sacré en ce monde.

Le banquier s'élança dans l'escalier, gagna sa voiture, cria au cocher engourdi sur son siége l'adresse de son hôtel, et les chevaux glissèrent sur le pavé ruisselant.

XV

LE PACTE.

Quelques jours avant les événements que nous venons de raconter, deux hommes à figure sinistre causaient dans la partie la plus obscure d'un caboulot borgne situé au fond d'une cour. On y pénétrait comme dans une cave, après avoir descendu une demi-douzaine de marches glissantes et mal équilibrées. Une table étroite séparait ces deux hommes, de larges taches vineuses, des bouteilles vides, une forte odeur d'absinthe et d'eau-de-vie à puissance vitriolique indiquaient de nombreuses libations.

Cependant les buveurs possédaient tout leur sang-froid et raisonnaient tranquillement à voix basse, les coudes sur la table, les têtes rapprochées. Leur voix ressemblait à un sifflement, et les paroles qu'ils prononçaient mêlées de tous les argots du bagne et de la vieille truanderie eussent été inexplicables pour qui n'eût pas été initié à la langue terrible et imagée des filous de Paris.

L'un de ces hommes, long, maigre, blême, portait les cheveux collés sur les tempes; tout luisants de pommade et tournés en accroche-cœur, ils rendaient plus ignoble encore l'expression de son visage. L'hébétement de la bouche aux lèvres lippues se corrigeait un peu par l'éclat métallique du regard. La prunelle nageait dans le vague fluide de l'ivresse. Le front gardait de morbides pâleurs et des rides profondes ; les joues se creusaient, les pommettes s'accusaient par une saillie énorme, et la mâchoire tombait avec une lourdeur bestiale. Cet homme devait être terrible dans ses colères. Toute la bile des mauvaises passions et le fiel de la haine bouillonnaient alors dans son âme, car cette âme vivait par la seule raison que l'âme est dans l'impuissance de mourir. Il avait les mains longues et nerveuses, presque blanches : l'outil du travailleur ne les fatiguait pas. Il était vêtu d'une blouse grise, le cou dégagé par un col de chemise tombant sur une cravate de foulard rose, et il bourrait flegmatiquement sa pipe en observant son compagnon qui, depuis une minute, gardait le silence et paraissait réfléchir.

Ce dernier pouvait avoir soixante ans. Large d'épaules, trapu, portant une tête ronde et rasée, bouffie et rouge sur un cou de taureau, il étalait sur la table avec une sorte de complaisance des mains lourdes comme un marteau et faites comme des tenailles. Son paletot brun déteint et râpé dissimulait l'absence de linge, il fumait un excellent cigare, et paraissait suivre une idée dont son jeune compagnon attendait la confidence.

— Eh bien ! la Tronche, demanda enfin celui-ci, as-tu trouvé le moyen de rétablir nos finances par un coup décisif ?

— Populus, mon ami, répondit la Tronche, tu es trop pressé. Savoir attendre est une grande chose ! On ne mange les nèfles qu'après les avoir fait mûrir sur la paille. Ce n'est pas à un vieux cheval de retour comme moi que l'on apprendra la prudence. Je ne refuse ni mes conseils ni mon aide dans une affaire: mais je ne veux pas me compromettre...

— Comment donc ! s'écria en gouaillant Populus, on tient à sa réputation.

La Tronche regarda son compagnon avec une pitié dédaigneuse :

— Oh ! toi ! dit-il, tu es bon pour prendre la parole dans les clubs, et défendre le sort de l'ouvrier, le pauvre ouvrier, comme tu dis ; si tu en portes le costume, tu n'en connais que cela ! Je t'ai vu superbe les jours de rentrée des Chambres, de changement de ministère, de discours du trône et de promenade de souverain dans les rues de Paris ! Tu triomphes aux anniversaires de Juin et des Trois-Journées ! Tes poumons te permettent de chanter *la Marseillaise* à plein gosier, et, chose rare, tu en sais tous les couplets. Ta blague infernale ne respecte ni le bourgeois, ni le prêtre, ni le sergent de ville ! Tu organiserais une émeute en cinq minutes, et couvrirais la capitale de barricades en trois heures ! En vérité, Populus, tu es un grand homme ! Les uns te flattent lâchement parce qu'ils ont peur, les autres te suivent par faiblesse, quelques-uns sont encore assez bêtes pour croire en toi, vanter tes vertus et saluer ton avenir ! Populus ! Populus ! tu es un gamin de génie, mais tu restes un gamin, à moins que tu ne te changes en bête sauvage, et alors j'aime mieux celles du Jardin des plantes !

— Où veux-tu en venir ? demanda Populus, qui rougissait sous les sanglantes railleries de son compagnon.

— A ceci, répondit la Tronche, c'est qu'il y a plus de ressources dans mon petit doigt que dans toute ta cervelle.

— Bah ! ton esprit ne t'a pas empêché d'aller au bagne !

— Possible ! j'ai fait mon temps ! je suis en règle avec la société... Si elle me redoit quelque chose, sois tranquille, j'arrêterai mon compte... On ne perd jamais rien, avec moi... Tu parles du bagne, j'y suis allé pour une affaire qui en valait la peine, au moins !... et les cent mille francs soustraits jadis me permettront un jour de vivre tranquillement de mes rentes... J'ai le courage d'attendre... Si je me pressais de jouir j'éventerais la mèche, on forcerait ma conscience à restituer... Pas de ça ! arrondissons le magot, et filons ensuite vers le Canada où l'on parle français et où l'on est libre citoyen de la grande Amérique ! Toi, Populus, tu crèveras dans la peau d'un gueux, faute d'avoir le courage de l'action. Tu parles, tu cries, tu hurles, tu barbouilles les murs de dessins bêtes et d'injures au gouvernement, mais quand il s'agit d'entrer chez un homme, de lutter corps à corps pour lui prendre son sang et sa fortune, tu canes ! Voilà ! flâneur et joli garçon, tel est Populus buveur d'absinthe, fumeur de pipes ; Populus ! une chiffe, une loque !

— Est-ce fini ? demanda Populus en frappant du poing sur la table.

— C'est fini, dit tranquillement la Tronche, si tu en as assez... Je voulais te prouver seulement que les singes comme toi ne m'apprennent pas à faire la grimace... L'affaire dont tu parles est presque mûre, j'attends celui qui doit nous aider.

— Comment ! nous serons trois ?

— Trois, si tu te comptes.

— Si je me compte ? je le crois bien.

— J'en ai vu plus d'un reculer au dernier moment.

— Est-ce que je ne te seconde pas dans l'organisation de la *Banque des Grèves*.

— Autre chanson, mon fils ! il s'agit ici d'entortiller des camarades et tu as la langue bien pendue. Tu sais faire valoir les actions, et amener la hausse à notre petite Bourse. Je reconnais ton adresse ; ton bagout nous attire la clientèle, nous avons déjà trente mille francs avec lesquels on fonderait une maison de change et d'avances sur titres à Bruxelles... Mais quand vient l'heure d'escalader un mur, de forcer des portes, de piller une caisse de plus forts que toi s'effraient, c'est pourquoi je te conseille de rassembler ton courage si tu persistes.

— Et qui nous aidera ?
— Le meilleur actionnaire de la *Banque*.
— Le Grèveur ?
— Justement.
— Est-ce qu'il est à point ?
— On l'y mettra... L'ouvrage lui manque, ou plutôt il manque à l'ouvrage... la Faraude lui fait des scènes et le menace de le quitter. Il quémande du pain, et il sait où prendre de l'or... Il viendra ; le Grèveur ne sera pas seulement pour nous un bras, il nous couvrira de son corps. Nous pouvons, grâce à lui, agir avec impunité, l'homme que nous volerons n'osera jamais faire condamner son fils.

— Son fils ! le Grèveur a un père riche ?
— Un père millionnaire, rien que cela...

En ce moment un couplet de chanson, répété d'une voix chevrotante, parvint à l'oreille de l'ancien forçat.

— Voilà le Grèveur, dit-il.

Un coup de poing frappé sur la table, accompagné d'un appel énergique, amena près des buveurs un paquet de chiffons dépareillés surmonté d'une tête hideuse de vieille femme.

— Macaque ! cria la Tronche, une bouteille d'eau-de-vie et du feu !

La vieille tendit la main pour recevoir à l'avance le prix de cette énorme consommation, puis elle passa son tablier en guise de torchon sur la table souillée, emporta les bouteilles vides, coiffa deux de ses doigts des verres salis et s'éloigna en clopinant.

Une minute après, elle revenait portant la bouteille

demandée, et trois verres ruisselants d'eau. Au même instant le Grèveur faisait son apparition dans le caboulot.

— Et arrivez donc, dit Macaque, on vous attend.

L'homme de la Faraude tendit une main à chacun des deux camarades :

— Avez-vous déjeûné? demanda-t-il.

— Nous te laissons le choix du menu.

— Du soigné, si vous avez des balles, pas vrai! J'ai mal soupé hier.

— Bah! la Faraude était dans ses noires?

— Justement! Je l'ai battue, cela m'a creusé.

— Que dirais-tu d'un lapin sauté?

— J'approuve le lapin, et avec ça?

— Une omelette au lard et du fromage.

— Du vin à discrétion ?

— Sans doute, commence par l'eau-de-vie...

— Jamais ! l'eau-de-vie accompagne le café... Avant le repas, je ne veux que de l'absinthe.

La Tronche appela une seconde fois la Macaque et lui donna des ordres; puis les trois hommes se versèrent la moitié d'un grand verre d'absinthe, le blanchirent d'eau et avalèrent ce mélange avec une délectation visible.

Ils parlèrent peu. Le Grèveur, comme il l'avait dit, souffrait de la faim. La Tronche et Populus sentaient que l'heure des confidences n'était pas venue.

Enfin une forte odeur de beurre brûlé, d'oignon roussi, d'ail et de graisse, se répandit dans la cave, et la Macaque reparut portant triomphalement le lapin sauté dans un plat de terre jaune ; trois assiettes, du pain, des couteaux, terminèrent le service, et le paquet de chiffons s'éloigna, laissant les trois convives libres de satisfaire leur appétit et d'échanger leurs confidences.

Pendant les premiers moments le Grèveur s'entretint

seulement de la situation de la Banque des *Fonds des Grèves*. La Tronche et Populus lui montrèrent sur des carnets la signature de plusieurs adhérents nouveaux.

— Et quand pensez-vous donner aux ouvriers le mot d'ordre de la coalition? demanda le Grèveur.

— Vers le milieu de l'été, répondit Populus, alors la grève, la grève universelle s'étendra sur l'Europe. Plus de tisseurs en soie, de charpentiers, de menuisiers, de forgerons, de doreurs ! on ne bâtira plus de maisons ; on ne ciselera plus de bronze ; les voitures ne rouleront plus dans Paris ; aucun restaurant ne restera ouvert... La grève sera comme la marée qui monte et noie tout...

— Mais, dit le mari de la Faraude, si les hommes qui ne sont pas avec nous consentent à nous remplacer..? Si les apprentis deviennent tout à coup des maîtres, si les niais qui ne croient pas que l'ouvrier est plus fort que le patron se substituent à nous..?

— Le cas est prévu, dit la Tronche.

— Nous les assommerons ! ajouta Populus.

— Soit ! reprit le Grèveur ; et à partir du jour où la grande grève des travailleurs sera déclarée, chacun vivra sur le fonds social ?

— Naturellement, répliqua le forçat.

— Tu ne bois pas, dit Populus, tu causes trop.

— Au contraire, je parle pour me donner soif... à votre santé !

Le Grèveur absorba coup sur coup deux verres de vin, remplit son assiette et dévora un nouveau morceau de pain. Il paraissait pendant ce temps assez préoccupé.

— M reprit-il lentement, les chefs de l'affaire qui sacrifie eurs peines, leurs sueurs, leur sang au triomphe d'une idée...

— C'est un de mes mots ! dit Populus, il faut toujours tout sacrifier au triomphe d'une idée....

— Ne coupe pas mes phrases, reprit le Gréveur, je ne saurais plus les rajuster.

— Les idées, se trouvent au fond des verres, bois !

Le Gréveur but et reprit la suite de son discours :

— ... triomphe d'une idée, ceux-là devraient vivre en attendant l'éclosion de l'œuf.

— Comme qui dirait manger la grenouille ? fit la Tronche, pas de ça, mon petit ! On est honnête ou on ne l'est pas ! A partir de la déclaration de la grève, chaque actionnaire de la *Banque* recevra cinq francs par jour à la condition de se promener toute la journée, de parler dans les clubs et de prêcher la liberté et l'affranchissement des travailleurs, le partage des capitaux, et la haine des patrons...

— Mais en attendant.. ? répéta le Grèveur avec l'obstination d'un homme à moitié gris.

— En attendant, chacun gagnera sa vie comme il pourra.

— Et que fais-tu, toi, Populus ?

— Je souffle des idées à la Tronche.

— Et toi, la Tronche ?

— J'exécute les idées de Populus.

— Et vous vivez ?

— Nous boulottons... pas mal et toi ?

— Moi j'ai faim la moitié du jour et soif toute la nuit.

— Faudrait-il pas te plaindre ?

— Sans doute, puisque je pâtis.

— Quand on souffre par sa faute, on ne mérite pas de pitié.

— Par ma faute ! Je souffre par ma faute !

— Certes.

— Allez-vous me reprocher de ne pas travailler ?

— Jamais ! fit la Tronche, je te reproche de manquer d'énergie.

— A quoi voulez-vous que je l'emploie ?

— A faire fortune ! imbécile ! Si Populus était à ta place, je te jure qu'il vivrait de ses rentes depuis longtemps... Comment! tu habites un grenier, ta femme languit, tes enfants meurent de faim et tu as un père banquier...!

— Vous savez bien qu'il ne s'occupera plus de moi : la dernière saignée est faite à sa bourse.

— A sa bourse paternelle, soit ! mais à sa caisse de capitaliste...

— C'est la même chose ! répliqua le Grèveur en haussant les épaules.

— Bois donc ! dit Populus en remplissant le verre du Grèveur.

— Vous avez raison, cependant, fit celui-ci d'une voix dolente, c'est amer de se dire : Dans un des grands quartiers de Paris, vit un homme habitant un hôtel somptueux ; dix chevaux peuplent son écurie ; il y a six voitures sous ses remises. Des laquais en livrée attendent ses ordres dans l'antichambre... ses enfants sont son orgueil et sa joie.... ! il augmente sa fortune pour les voir un jour plus heureux encore... et moi pauvre, misérable, vêtu de haillons, moi marié à la famine, je suis le fils de cet homme et le frère de ces enfants ! C'est injuste ! c'est atroce ! c'est intolérable !

— Ce qui est injuste on le corrige, dit la Tronche.

— Mon père garde pour lui la force et le droit.

— As-tu jamais vu le droit de l'un primer la volonté de l'autre ?

Le droit ! Est-ce que tu n'es pas son fils au même degré que le beau Conrad ? Le droit !... Mais le droit est de ton côté, si tu avais du sang dans les veines au lieu d'eau...

— Qu'est-ce que je ferais ? demanda le Grèveur qui fixa des yeux étincelants sur la Tronche.

— Tu suivrais les conseils de tes véritables amis.
— Mes amis ! toi et Populus ?
— Sans doute.
— Et quel conseil me donneraient-ils ?
— De prendre ce que l'on te refuse.
— Voler... ! dit le Grèveur d'une voix sourde.
— Oh ! voler ! c'est une appréciation malheureuse... As-tu jamais lu le Code, le Grèveur ?
— Jamais, répondit l'ouvrier.
— Il existe une lacune dans ton éducation, mais le mal est réparable... Eh bien ! moi, la Tronche, ton ancien et ton supérieur, je le connais comme si je l'avais fait... le Code est un champ moral que je côtoie souvent et dont j'ai plus d'une fois franchi les barrières... Or le Code ne reconnaît pas le vol du fils au préjudice du père ni le vol de la femme au détriment du mari... le banquier est ton père, n'est-ce pas ?
— Sans doute.
— Donc tu peux lui emprunter.
— De son plein gré, soit...
— Aide à la bonne volonté.
— Le Code a dû t'apprendre aussi, la Tronche, que les articles auxquels tu fais allusion ne me concernaient pas. M. Belleforge fut devant Dieu le mari de ma mère, il ne nie point sa paternité, quand nous nous trouvons seuls ; mais il rougirait comme d'une injure, si j'osais me prévaloir de l'union contractée jadis avec la pauvre petite ouvrière de Bruxelles.
— Qui sait ? répliqua Populus, il aurait peur de compromettre sa réputation d'honnête homme.
— Ne parlons plus de cela, dit le Grèveur.
— Soit ! buvons alors ! fit la Tronche en manière de conclusion. Il remplit d'eau-de-vie le verre du Grèveur et leva le sien avec une affectation de gaîté.

10

— A la piété filiale ! dit-il.

— Il est encore bon, ton ami, reprit Populus, en s'adressant au forçat, un gniaf, un cœur de lièvre, un faux frère ! nous en avons assez de sangsues du peuple et du prolétaire sans que l'ouvrier établisse la concurrence ! et ça demande des vivres ! ça voudrait des rentes ! Trop de flemme à la clef, mon vieux ! grise-toi d'absinthe et roue ta femme de coups, tu n'es bon qu'à ça. La Tronche dont la Sorbonne vaut mieux que le pied t'a tenu un discours limpide. Je l'ai compris comme une page de journal écrite par un pur. Il t'a dit : la nature t'a rendu le fils d'un père millionnaire, mange ton plat de lentilles si tu ne peux t'asseoir à table ! prend les miettes du festin si tu ne reçois pas ta part de gâteau. Ou bien si, dupe des sentiments de la famille et satisfait de ton sort, tu te résignes à vivre dans un bouge en voyant tes en-enfants mourir de faim, cesse d'étaler ta misère, nous ne pouvons rien pour toi.

— Satisfait de mon sort ! moi ! répéta le Grèveur, moi qui ai fait mes preuves, moi qui travaille à peine deux jours par semaine et qui emploie les autres à prêcher la ligue contre le capital, et la haine contre les patrons ! Moi qui ai versé dans vos mains la dernière somme arrachée à mon père...

— La dernière si tu le veux bien.

— Oui, vous y revenez... et le bagne, la Tronche, y songes-tu ?

— J'en reviens, répondit cyniquement le forçat.

— Tout ça, c'est pas des raisons ! fit Populus ; d'abord, le Grèveur, tu ne risquerais rien, par la raison que tu ne volerais rien...

— Toujours le même raisonnement.

— Non, un autre, il ne faut pas de raisonnement ayant servi... tu ne risquerais rien, pour cette raison que tu n'agirais pas... On est brave ou on est trembleur, c'est une affaire de tempérament... tu es trembleur, nous, nous sommes braves... La besogne nous regarderait. — Les portes à ouvrir, les serrures à forcer, voilà notre affaire, tu devrais seulement nous fournir des renseignements sur les ôtres de l'hôtel et nous guider dans nos recherches...

— Complice d'un vol, ou voleur...

— C'est bien différent devant la justice, lis le Code, mon petit, article 59 du Code pénal.

— Tu nous guides, nous agissons, reprit Populus; le partage se fait par tiers... et chaque tiers équivaut à une fortune...

— Et si l'on nous découvre...

— On ne nous découvrira pas... d'ailleurs tiens-tu à la France, toi... moi pas! Je deviendrais volontiers citoyen libre de la libre Amérique. — Bois encore, le Grèveur... On gagne si vite le Hâvre... du Hâvre en Angleterre, un saut de marsouin; et après la richesse, sans compter la possession d'une honorabilité que personne ne vous dispute... On laisse pousser des favoris, on étrangle sa prononciation, on boit de l'ale, et tout est dit! Tu ne bois plus, Grèveur?

— Je crois bien, je suis ivre.

— Vois-tu double?

— Je vois deux fiers coquins, toujours.

— Et tu les renies, Judas?

— On peut se quitter sans se trahir.

— Non point, mon fiston! tout l'un ou tout l'autre, traître ou ami, camarade ou espion... Nous t'avons montré nos cartes, tâche de jouer notre jeu... d'ailleurs réfléchis à ceci, flâneur naïf, si tu nous refuses ton aide dont nous nous passerons admirablement bien, nous agirons quand même à nos risques et périls... Si la chose réussit, le magot nous reste et nous n'en faisons que deux parts...

— Soit! mais si vous échouez, si l'on vous arrête?

— Nous avons la ressource de faire abaisser notre peine d'un degré en dénonçant notre complice, articles 62 et 63.

— Et ce complice?

— Ce sera toi, le Grèveur.

— Moi! moi qui refuse de vous seconder!

— Toi qui nous as révélé quelle parenté te lie à M. Belleforge, toi qui nous as fait une description si exacte de l'hôtel que nous y irions sans lanterne, en pleine nuit... toi qui nous as monté le coup, et qui ne fuiras pas à cette heure!

L'ivresse abattait déjà le Grèveur, ces dernières paroles le terrifièrent.

— Vous me perdez! dit-il, vous me perdez!

— Es-tu avec nous ou contre nous?

— Vous me garrottez et vous me demandez si j'ai l'usage de mes membres... Vous me prouvez que je ne puis vous abandonner et vous voulez savoir si je vous reste... c'est lâche! c'est infâme! mais il y a une chose que vous oubliez de prévoir... Si en quittant le caboulot de la Macaque, j'écrivais à mon père pour le prévenir de se tenir sur ses gardes, et au commissaire de police pour vous dénoncer?

Ce fut au tour de Populus et de la Tronche à blêmir.

Mais le Grèveur venait d'user sa dernière énergie, les vapeurs d'une lourde ivresse envahissaient son cerveau, son regard devenait vague, ses doigts traçaient sur la table des caractères bizarres, il s'attendrissait sur lui-même et n'était pas loin de pleurer.

Populus reprit l'entretien d'une façon caressante, la Tronche étouffa les remords du malheureux, et sans avoir une conscience absolue de ce qu'il promettait et du piége qui lui était tendu, le Grèveur écrivit sous la dictée de la Tronche quatre lignes qu'il signa et que l'ancien forçat renferma ensuite soigneusement dans son portefeuille crasseux.

Une heure plus tard la Tronche et Populus ramenaient leur camarade ivre-mort à son taudis de la rue Saint-Étienne-du-Mont.

XVI

CHAINE RIVÉE.

Quand Monsieur Belleforge, plus effrayé qu'il ne voulait le paraître devant la Faraude, se jeta dans la voiture, il resta un moment étourdi comme un homme frappé d'un coup violent.

Il ne pouvait douter de la franchise de cette femme. Sa conscience réveillée par la reconnaissance et l'amour maternel prenait en ce moment parti contre l'homme qui avait vendu son enfant à Si-Sol, pour protéger le sauveur de Cancrelat.

De quelle nature pouvait être le danger qui menaçait le banquier ? Quel misérable s'attaquait à sa maison ? Si la Faraude était si complétement au courant de ce qui se passait, évidemment le Grèveur faisait partie du complot.

La fièvre dévorait Belleforge ; il se penchait à la portière pour reconnaître les rues qu'il traversait et s'assurer qu'il approchait du terme de sa course.

Deux heures sonnaient à l'horloge du Louvre quand la voiture en traversa la grande cour. Au même moment le cheval fit un faux pas, s'abattit, et le cocher jurant, maugréant, frappant la bête exténuée de la lanière et du manche du fouet, perdit plus d'un quart d'heure à la remettre sur pied. Encore la malheureuse haridelle, affamée et fourbue, ne fît-elle que se traîner entre ses brancards, tandis que le banquier se demandait quel drame terrible se jouait en ce moment dans sa maison.

Quand Belleforge se trouva à quelques pas de chez lui il descendit afin de ne donner l'éveil à personne par l'arrêt d'une voiture devant l'hôtel. Il sonna, la porte tourna doucement sur ses gonds.

Belleforge trouva la cour déserte et paisible. Il traversa l'antichambre où un laquais dormait tranquillement; l'aspect général des lieux indiquait que l'ordre accoutumé régnait dans sa demeure.

Le valet de chambre accourut et Belleforge respira longuement en voyant la bonne vieille figure du serviteur, placide comme à son ordinaire.

— Rien de nouveau, Jean ? demanda Belleforge.
— Rien, Monsieur.
— Tout le monde est rentré ?
— Pardon, Monsieur, le maître d'hôtel, le cocher et le palefrenier, sachant que monsieur n'avait pas besoin de leurs services, sont allés au spectacle ; ils ne tarderont sans doute pas à revenir.
— Mais il est plus de deux heures, Jean.
— Monsieur sait que les féeries finissent toujours le lendemain.

Belleforge monta dans sa chambre, congédia Jean et tomba dans un fauteuil.

Il se dit que les terreurs de la Faraude étaient heureusement vaines. Le lendemain celle-ci instruirait le Grèveur des intentions généreuses du banquier, et l'ouvrier fainéant, le mauvais orateur de clubs, le compagnon cruel, le père oublieux, retrouverait assez de cœur dans sa poitrine pour demander pardon, assez d'énergie pour changer de conduite.

Belleforge venait même de dénouer sa cravate, quand

une dernière réflexion, une dernière crainte le poussa à visiter ses bureaux. Il ne portait pas les clefs sur lui.

Deux pistolets dans les poches, un bougeoir à la main, il descendit l'escalier, traversa une antichambre, et pénétra dans un salon d'attente. Il lui sembla alors entendre un bruit léger dans le bureau dont les portes s'ouvraient sur le salon.

Sans réfléchir qu'il est seul et que peut-être il va se trouver en face de plusieurs hommes, il ouvre rapidement la porte... Belleforge n'a ni le temps d'appeler au secours ni le moyen de se servir de son pistolet. Avant qu'il comprenne bien ce qui se passe, avant qu'il aperçoive et vise ses ennemis, on lui arrache son arme, on le bâillonne, on le réduit à l'impuissance ; il voit s'enfuir deux misérables chargés de ses dépouilles.

Belleforge ne cherche pas même à se débattre ; dans le voleur qui vient d'étouffer ses cris il a reconnu le Grèveur. La Faraude l'avait dit, il arriverait trop tard.

Dès que le Grèveur jugea que ses complices se trouvaient hors d'atteinte, il lâcha les mains de Belleforge qu'il avait saisies.

Le banquier arracha son bâillon, mais il n'appela pas au secours et répéta seulement :

— Toi ! toi !

— Vous deviez le prévoir, répondit ironiquement le Grèveur, j'aide aux circonstances.

— Toi ! être descendu à ce dernier degré de l'abjection !

— On ne vole pas son père ! dit cyniquement le mari de la Faraude, on hérite d'avance, voilà tout !

— Et quel jour, reprit le banquier, quel jour as-tu choisi pour accomplir ton crime ?

— Le jour où je manquais de pain.

— Non, mais celui où, prêt à vous rendre une place dans ma maison et dans mon cœur, je venais de ramener chez vous l'enfant de la Faraude qui s'était jeté à l'eau de désespoir ; celui où, me reprochant l'abandon dans lequel vous aviez vécu, j'allais vous dire : Honoré, le père te revient, pourras-tu l'aimer comme un fils ?

Le Grèveur trembla de la tête aux pieds, une crispation de souffrance passa sur ses traits, il entrevit comme dans un songe rapide le bonheur que la veille il pouvait saisir et dont il venait de se rendre indigne. Mais cette impression dura peu. S'il ne devait pas jouir de la bonne volonté du banquier, il voulait faire retomber sur lui la faute qu'il venait de commettre, et le désespoir qui remplissait son cœur rendit la raillerie à son langage.

— Vous avez bien changé de manière de voir, dit-il ; je me souviens que par une nuit d'hiver sombre et rude comme celle-ci, je vous ai supplié de m'arracher à ma fange et de me prendre en pitié... A cette heure-là j'étais déjà mauvais ouvrier, fainéant, ivrogne, mais je ne m'étais pas enfoncé si avant dans la boue, il était encore temps de me relever, de me purifier, de faire en moi un homme ! Je ne suis bon désormais qu'à faire un déporté ou un forçat.

— C'est horrible ! horrible ! s'écria Belleforge.

— J'ai marché vite, poursuivit le Grèveur, me voilà au bas de l'échelle... les tribunaux m'attendent... faites ce que vous voudrez de moi .. Mes complices sont en sûreté et je ne les trahirai pas ; quant à ma peau, je ne l'estime guère ; à ma vie, elle m'effraie et me répugne... Vous pouvez me livrer...

— Vous livrer, malheureux ! vous livrer, moi ! Vous mettre, vous, entre les mains de la justice ! Si dégradé que vous soyez, je n'oublie pas, je ne puis oublier les liens qui nous unissent... Vous venez, poussé par le besoin et les mauvais conseils, de me voler de l'argent, je voulais vous en offrir... Cet argent je l'abandonne, je ne chercherai pas même à le retrouver, car vos complices vous dénonceraient... Ma caisse renfermait du reste une somme presque insignifiante pour moi, cent mille francs. Cette perte ne m'empêchera point de faire honneur à mes engagements... Les misérables qui l'ont soustraite se hâteront sans doute de quitter Paris, voulez-vous que j'oublie votre crime, voulez-vous que je pardonne...

— Vous ne le pouvez pas, répondit le Grèveur remué malgré lui par cette douceur inattendue.

— Je le puis ! je le veux ! Ne comprends-tu pas, Honoré, que plus grande aura été ta faute, plus grande sera ta reconnaissance ! Ne sens-tu pas que l'affection que je t'offre va laver le passé et transformer l'avenir ? Il ne restera rien du Grèveur allié de misérables bandits, je tendrai la main à un égaré, et de par mon droit paternel je le relèverai à ses yeux... Je me persuaderai que tes fautes, tes crimes, viennent de tes malheurs plus que de la perversité de ton cœur ; je m'accuserai pour t'absoudre. Je trouverai dans ta joie, dans ton attachement, une jouissance inconnue... Tu seras plus que le fils de mon sang, je t'aurai racheté de la honte. Ton bonheur ne sera ni égoïste ni insolent. Tu y associeras ceux qui ont été bons et fidèles pendant les mauvais jours. Je ne connais guère ta femme, mais je sais que tu as deux enfants, et je veux voir ta famille honorée. Tes défauts furent ceux d'un grand nombre de malheureux jeunes gens, à partir d'aujourd'hui tu deviendras un homme...

Le Grèveur secoua la tête.

— Cela ne se peut pas ! dit-il.

— Ah ! s'écria le banquier, es-tu descendu si avant dans le crime que tu ne sentes plus même le besoin d'en sortir ?

— C'est impossible, vous dis-je, le Grèveur restera le Grèveur jusqu'à ce qu'il devienne pire.

— Quoi ! pas une fibre de ton cœur n'a tressailli à mes paroles...

Tu ne songes ni à la Faraude, ni à tes enfants, ni même à moi.

— Je suis lié ! fit le Grèveur d'une voix sourde.

— Lié, à qui ?

— Aux hommes qui vous ont volé.

— Lié volontairement ?

— Non ! non ! répéta le Grèveur en frappant du pied, je ne voulais pas, je devinais le piége... Mais ils sont adroits et terribles ! Un jour je leur avouai que vous étiez mon père ; ce fut le lendemain de la nuit où vous me remîtes trois mille francs que je jetai dans la *Banque des Grèves*... La colère me porta à leur faire cette confidence, et je croyais qu'ils n'y songeaient plus, quand il y a cinq jours ils m'attirèrent dans un bouge, m'enivrèrent, et me décidèrent à leur servir de guide dans cette maison... Je promis... Je fis plus, je signai je ne sais quel pacte infernal qui me met à leur merci. J'avoue dans ce papier appartenir à leur bande, et me dévouer aux intérêts de ses membres. Je m'engage à participer aux vols, aux assassinats, aux incendies des *Enfants du cordon rouge,* enfin, par ce papier dont ils m'ont plus tard mis la copie sous les yeux, je suis dans leurs mains comme une machine, comme un jouet.

— Ce papier il faut le reprendre !

— A aucun prix ils ne s'en dessaisiront, c'est leur sauvegarde et ma condamnation. Je ne suis pas le seul affilié de cette bande, et rongeant de mes dents la chaîne de fer que j'ai rivée... Il faudra que je les suive dans la débauche, dans l'émeute, dans le crime ! Moi qui ne croyais pas à l'enfer, je suis un damné !

Le Grèveur était d'une pâleur livide ; ses yeux prenaient

un égarement sinistre, ses dents claquaient, ses ongles entraient dans la paume de ses mains.

— Eh bien ! ce papier, s'ils ne veulent le rendre de bon gré, rachète-le.

— La Tronche et Populus ne l'ont sans doute pas gardé en leur possession. La compagnie des *Enfants du cordon rouge* est greffée sur une association formidable étendant partout ses ramifications, et formant un réseau inextricable qui enveloppe l'Europe entière. Cette société ne repousse personne. Les criminels y sont au moins aussi utiles que les niais ! Cette société promet la richesse aux pauvres, le partage des biens, l'émancipation de la femme, le bonheur du peuple...

— Tu crois que les chefs de cette société songent au bonheur des autres ! Tu as confiance dans ces meneurs qui seraient des fous s'ils n'étaient des misérables ! Sais-tu ce qu'ils comprennent par le mot enrichissement du prolétaire : leur fortune personnelle ! L'émancipation de la femme correspond pour eux à : débauche illimitée, suppression de la famille, éducation des enfants par l'État ; c'est-à-dire abolition des sentiments les plus impérieux et les plus doux de la nature humaine. Ils crient haut contre les gros appointements, les titres, les costumes d'apparat, les réceptions brillantes, l'orgueil des ministres ; dès qu'ils arriveront au pouvoir, but de leurs convoitises et dont la possession suivra leur victoire, ils doubleront le chiffre de leurs émargements, se feront appeler monseigneur, et doreront leurs habits sur toutes les coutures. Ils renverseront, brûleront, pilleront pour le détruire ce qui existe à la condition de prendre la place de ceux qu'ils auront chassés. Et une fois riches, enviés, tranquilles, ils ne songeront guère au troupeau d'imbéciles qui leur ont servi de leviers et d'instruments... Si, ils s'en souviendront pour repousser toute solidarité avec leurs actes pour les renier, les accuser, les poursuivre, et se débarrasser de témoins gênants en les envoyant à Noukahiva mourir lentement de cette maladie qui s'appelle la *mort sèche*...

— Si c'était vrai ! dit le Grèveur en serrant les poings.
— C'est vrai !
— On fera travailler l'ouvrier à renverser les uns pour élever les autres, et son sort ne s'améliorera pas.
— Le sort de l'ouvrier ne peut s'améliorer que par le travail et l'économie ; le chômage le tue, les grèves le ruinent... Tu m'as dit tout à l'heure que tu avais versé trois mille francs dans une Banque destinée à soutenir les travailleurs pendant la fermeture des ateliers ?
— Oui.
— Jamais tu n'auras un sou de ces trois mille francs ! Tu as affaire à de misérables coquins, brise avec eux à quelque prix que ce soit.
— J'ai mon numéro d'ordre, dit le Grèveur... On tient les livres en règle... les frères et amis me connaissent... Si je les quittais ils se défieraient de moi, et quelque jour ils m'assassineraient...
— Ils te conduiront à l'échafaud, dit le banquier.
Le Grèveur baissa la tête.
Belleforge parla longtemps encore, il tenta vainement de vaincre l'obstination du Grèveur. Il lui offrit de s'adresser au préfet de police, de le sauver des griffes des misérables qui le menaçaient. Il lui proposa de partir pour la Suisse et de s'y établir avec sa famille. Mais l'ouvrier lui répondit obstinément :
— En quelque lieu que j'aille, je serai désigné, surveillé... Vous ne pouvez rien, rien !
Belleforge ressentit une douleur profonde, aussi violente, plus cruellement désespérée même que celle ressentie au moment où Conrad le quittait et où il apprenait la

fuite de Cœlia : Caïn même le repoussait et le reniait pour son père.

Il allait rester seul, bien absolument seul et abandonné.

Quelque chose d'humain se remua pourtant dans le cœur de l'ouvrier. Il comprit la douleur de Belleforge, elle le troubla et le vainquit. Une grosse larme trembla au bord de ses paupières, et d'une voix étranglée, il murmura :

— Pardon !

Belleforge prit la main du Grèveur et l'étreignit avec force.

— Tu persistes à partir ?

— Je persiste...

— Adieu donc ! Honoré, adieu, jusqu'au jour où nous nous trouverons en face l'un de l'autre...

— Je ne souhaite pas vous revoir, dit l'ouvrier, notre rencontre serait sans doute un nouveau malheur pour vous...

— Attends ! fit Belleforge, je reviens.

Le banquier monta rapidement dans sa chambre, et redescendit tenant dans ses mains une liasse de billets de banque.

— Prends, dit-il, je te les donne.

— Non ! non ! dit le Grèveur, je ne veux pas !

— Tu n'es pas seul... les autres souffrent... Si tu crois me devoir quelque chose, permets-moi de m'occuper de l'enfant dont j'ai sauvé la vie ; le petit pifferaro...

— La Faraude l'amènera demain matin ici...

Le Grèveur regarda autour de lui comme s'il voulait sortir.

— Reste encore, dit Belleforge, tu te compromettrais en quittant l'hôtel à cette heure.

Quand le matin blanchit le ciel, Belleforge fit endosser

au Grèveur un simple vêtement et quitta ostensiblement l'hôtel avec lui.

Le banquier rentra seul, mais dans la journée une femme pauvrement vêtue se présenta à l'hôtel; elle y amenait un enfant pâle, habillé en pifferaro, et qui tenait à la main un méchant violon.

L'enfant se jeta dans les bras du banquier, et la mère les quitta en s'essuyant les yeux.

XVII

LES EAUX D'ÉVIAN.

Jamais la petite ville d'Évian n'avait reçu un si grand nombre de baigneurs qu'elle n'en vit affluer en l'année 1870. D'habitude les malades qui viennent demander la santé à la source Cachat arrivent du Piémont, du Lyonnais et de la Savoie. Ce sont en général des familles de médiocre fortune qui ne pouvant prétendre aux luxueux plaisirs des kursaals allemands ou français se contentent de demander des distractions modérées aux eaux d'Évian et au casino d'Amphion les émotions modestes de la roulette à quarante sous. Mais dès le mois de juin de 1870 les baigneurs arrivèrent en foule dans la petite ville. Évian, c'était encore la France, puisque la Savoie est devenue française, puisque cette partie reculée et paisible du pays offrait une sécurité complète. D'ailleurs en cas d'alarme, ne suffisait-il pas d'une barque pour gagner la Suisse et se trouver en pays neutre? La France souffrait d'une commotion terrible ; elle s'agitait sourdement. Le sol tremblait sous les pieds ; des bruits de guerre épouvantaient les uns et suscitaient l'enthousiasme des autres. Ceux qui jugeaient les choses de sang-froid se demandaient quel vertige poussait les hommes du pouvoir vers un colosse redoutable avant de savoir quel était le défaut de son armure. Mais le plus grand nombre, se grisant des gloires passées et regardant les trophées anciens, prophétisait la victoire sans s'inquiéter des moyens de la remporter. On parlait beaucoup, on lançait des brochures, on composait, on répétait des chants patriotiques, la furie de la bataille gagnait les masses, et les jeunes gens parlaient avec enthousiasme de s'enrôler dans l'armée des futurs vainqueurs.

Les hommes sensés s'effrayaient de la facilité, de la légèreté avec laquelle se traitait une chose terrible comme la guerre. Mais l'opinion générale était que la lutte serait courte, et qu'au bout d'un ou deux mois tout serait fini. Beaucoup de familles résolurent de passer soit à l'étranger, soit en province, tout le temps de la durée de la guerre. Les femmes surtout avides de tranquillité, effrayées par des préparatifs meurtriers, s'empressèrent d'abandonner la capitale qui devait un mois plus tard retentir des appels aigus du clairon et des roulements sonores des tambours.

Dès que les bruits de guerre prirent une consistance alarmante, Rolland d'Ivrée supplia sa mère de quitter Paris. La fortune de la comtesse ne lui permettant pas de choisir une station balnéaire luxueuse, elle se décida à séjourner à Évian, et partit avec son fils dans les derniers jours de juin.

Quand elle arriva à Évian, il restait un seul appartement dans l'établissement. Un grand nombre de familles avaient dû descendre jusqu'à Thonon ou remonter dans les hameaux voisins pour trouver des habitations.

Les écrivains, les peintres, s'étaient mis au travail; les uns trouvaient dans le paysage un merveilleux cadre pour y faire mouvoir leurs personnages, les autres enrichissaient leurs albums de croquis variés.

Il n'est pas de pays plus propice pour la rêverie et en même temps mieux fait pour inspirer l'enthousiasme que ce coin de terre renfermant à la fois toutes les merveilles de la nature : la majesté des montagnes, les splendeurs étincelantes des glaciers, la mystérieuse profondeur des bois, le calme des lacs.

Chaque caractère, chaque inspiration, chaque individualité y trouve un aliment, une idée, une incarnation, un reflet.

La jeune femme romanesque feuillette la *Nouvelle Héloïse* dans le batelet qui l'emporte vers les rochers de Meillerie. Le jeune poète regarde blanchir au loin les murailles de Chillon et récite le poème mélancolique du *Prisonnier*. Le savant étudie la flore des montagnes ; le minéralogiste visite le désert de pierre de *Tauretunum* et des grottes merveilleuses semblables à l'habitation des fées.

Les historiens compilent de lourds volumes et annotent de gros cahiers pour contester l'antiquité d'Évian, et prouver l'étymologie la plus juste de son nom harmonieux. La petite ville qui mire dans le lac ses terrasses couvertes de rosiers, les murs de son couvent, le clocher de sa pauvre église, compta jadis des empereurs romains parmi ses hôtes, et beaucoup d'érudits font dériver son nom de Jovien. La tradition du pays semble donner raison à cette opinion et raconte qu'à la suite d'un violent orage, un empereur débarqua sur cette partie des rives du Léman et y bâtit la tour carrée. Du reste qu'Évian dérive d'*Évius*, un des noms de Bacchus, sous lequel on l'honorait en Macédoine, et dont les fêtes prenaient celui d'*Évianes*, ou plutôt du mot patois *évoua* qui signifie *eau*, peu importe ! Il suffit qu'Évian nous offre ses fleurs, ses ombrages et ses eaux vives pour nous attirer et nous garder.

Quand la comtesse d'Ivrée se fut installée à l'établissement des bains, elle refusa ce soir-là de descendre au salon, se fit servir chez elle, et Rolland sortit assez tard pour se promener sur la route d'Amphion.

La soirée était magnifique. Une lumière pure d'un incomparable éclat jetait des reflets d'argent sur le lac dont les frissons multipliaient les lueurs nacrées. Le paysage prenait l'aspect d'une merveilleuse fantaisie. A gauche, des murailles de vignes savamment étagées se dressaient avec une régularité absolue, tandis qu'à droite les squelettes blanchis des arbres morts soutenaient les pampres affolés, montant, descendant, et donnaient à cette partie de la rive l'aspect de ces bosquets de l'île de Java où l'arbre puissant est étreint, étouffé par la végétation envahissante des lianes. En descendant vers Thonon, Rolland vit se dresser les ruines de Ripaille et la Tour des Langues se profila toute noire sur le ciel étoilé. Les pensées de Rolland étaient graves. L'heure qui sonnait pour la France trouvait un écho dans toutes les âmes. Dans quelques jours, obéissant à l'appel du pays, il serait le premier à faire inscrire son vieux nom parmi ceux des volontaires. Dès qu'il ne tremblerait plus pour sa mère, il savait bien que rien ne lui ferait peur. Sa mère ! il allait lui briser le cœur en s'éloignant d'elle ; mais en même temps il connaissait assez sa grandeur d'âme pour être sûr qu'elle ne s'opposerait pas à son désir. L'abbé de Hautmoustier n'avait point voulu quitter Paris ; madame d'Ivrée resterait donc seule à Évian avec mademoiselle de Segondie, sa fidèle et silencieuse compagne. Heureusement, pensait le jeune homme, la guerre ne sera pas longue. Il osait ajouter qu'elle ne serait ni meurtrière ni fatale. Ses pressentiments étaient pénibles. Il s'accusait presque de manquer de patriotisme en ne se sentant pas au cœur l'enthousiaste confiance qu'affichaient la plupart de ses amis.

Seul en ce moment avec lui-même, Rolland pesa les chances heureuses et les chances néfastes. Reviendrait-il jamais près de la mère qu'il allait quitter ? Ne tomberait-il pas la nuit sur quelque champ de bataille, ne le jetterait-on pas dans quelque sépulture hâtive dont pas une croix n'indiquerait la place à celle qui le pleurerait...

Il est des heures où le cœur de l'homme fait son testament de tendresse, où il se sépare avec déchirement de tout ce qu'il aima pour se trouver seul en face d'un devoir impérieux. Il évoque alors les souvenirs du passé, il groupe dans sa mémoire les jours heureux enfuis depuis longtemps ; il appelle à lui les figures chères, à jamais disparues, il lui semble entendre les voix aimées qui jamais plus ne résonneront à ses oreilles. Comme s'il avait soif d'augmenter la somme de ses douleurs, il double l'épreuve présente du fardeau des anciennes douleurs. Près de l'image de sa mère, Rolland vit bientôt apparaître une autre figure : il la connaissait, il l'aimait, il vivait avec elle dans un monde à part. Cœlia vêtue de blanc, le visage baigné de pleurs, se tenait à ses côtés. Elle semblait lui reprocher de l'avoir méconnue ou plutôt de ne pas l'avoir soutenue dans la vie nouvelle, qu'une parole de lui avait frayée. Qu'était-elle devenue? Avait-il fait pour cette jeune âme tout ce qu'un frère, un chrétien, devait accomplir? Devait-il refouler dans le cœur de Cœlia la tendresse inavouée qui faisait toute sa force? Ne l'avait-il point réduite au désespoir ? On avait raconté devant Rolland d'Ivrée la fuite inexpliquée de mademoiselle Belleforge, la malignité s'emparant du fait matériel l'avait entouré de romanesques détails. Au lieu de se borner à voir dans la conduite de cette jeune fille un acte de rébellion, on avait dénaturé la révolte de Cœlia en l'attribuant à quelque indigne motif. Rolland, qui se souvenait de la docilité de Cœlia à suivre ses conseils, de ses efforts pour devenir charitable, humble et douce, se reprochait de n'avoir pas soutenu cette enfant. Il ne pouvait nier que Cœlia eût donné le premier éveil à son cœur. Il avait vu au plus profond de l'âme de la jeune fille, et se détournant d'elle, sans souci de ses regrets naïfs, de sa douleur profonde, il s'était éloigné. La faute de Cœlia ne retombait-elle pas un peu sur lui ? Ne lui avait-elle point un jour confié le soin de diriger sa vie ? Il avait eu peur de lui-même. Il s'était montré faible, lâche. Son cœur parlant trop haut, il avait mieux aimé cesser de rêver, de lutter, de souffrir, que de remplir une tâche que Dieu même semblait lui avoir confiée. A cette heure il plaignait Cœlia, il s'accusait plus qu'il ne l'accusait elle-même. Il lui semblait qu'il la quittait pour jamais et une larme brûlante monta à ses yeux. Rolland rentra tard, il se sentait brisé. En passant devant la chambre de sa mère, il vit jouer un faible rayon sous la porte : madame d'Ivrée ne dormait pas. Elle aussi se demandait avec terreur quel sacrifice le Seigneur allait exiger d'elle.

Cependant, quand au matin Rolland vint s'informer des nouvelles de sa mère, il avait le visage calme, la voix assurée, et de son côté la comtesse semblait pleine d'abandon et de confiance.

Madame d'Ivrée prit le bras de son fils, et tous deux se rendirent dans les jardins. On eût dit un immense bouquet. Les fraîcheurs de la nuit doublaient les parfums des corbeilles, la verdure des arbres gardait une teinte jeune et douce. De loin le lac étincelait comme une nappe d'or, et à droite perdues à demi sous des voiles de vapeurs les dents aiguës des pics se dessinaient par intervalles. Tout à coup, en traversant une longue tonnelle disposée sur une terrasse d'où le regard embrassait à la fois Chillon, Montreux, Morges et Lausanne, la comtesse poussa un cri de joie. Sur un banc, à deux pas, elle venait de reconnaître une de ses anciennes amies qu'elle croyait alors au fond de sa terre du Morvan.

— Vous ici ! dit madame d'Ivrée en prenant place près de la baronne de Roybert.

— Mais par quel hasard vous y trouvez-vous vous-même ?

— Oh ! moi, j'obéis à mon fils. Il a choisi Évian pour ma résidence d'été, et j'y suis depuis hier.

— Y restera-t-il tout le temps de votre séjour ?

— Ne touchons pas à une blessure..., répliqua vivement madame d'Ivrée, mais vous, chère amie, vous êtes seule ?..

— Pas absolument ; j'ai pour compagne une jeune fille charmante.

— De votre famille ?

— Non pas ! c'est une histoire mystérieuse comme un roman à surprises... J'ai vu grandir et j'aime comme mon enfant Léonie des Garcins, une mignonne petite femme qui adore son mari et ses enfants et vit à Paris comme nous vivions jadis dans nos provinces, pour Dieu, les nôtres et les malheureux. Un matin cette chère enfant tombe dans mes bras tout émue, et me dit presque en pleurant : « Marraine, il s'agit de rendre un grand service. — As-tu besoin d'argent ? — Fi ! vous me prenez pour une parisienne. — Faut-il protéger quelqu'un ? — Justement. Il faut accueillir, aimer et garder chez vous une de mes amies, une sœur de pensionnat, une bonne créature qui a la tête un peu vive, mais le cœur excellent. Elle vient de faire une folie... rassurez-vous, une folie qui n'a rien de déshonorant, sans cela je ne vous la recommanderais pas... Elle s'avise de vouloir vivre de son travail, de ne rien devoir à personne ; je m'effraie d'une telle résolution, des dangers qu'elle présente, des interprétations auxquelles elle peut donner lieu. La réputation de mon amie ne doit pas être entachée. Je viens vous dire : prenez-la chez vous en qualité de lectrice, de compagne ; vous accomplirez une action méritoire dont vous ne tarderez pas à être récompensée...

— Mais, dis-je à ma filleule, je ne suis pas assez riche pour avoir une demoiselle de compagnie. — Ah ! celle-ci ne sera pas exigeante. Vos conditions seront les siennes, permettez-moi seulement de vous la présenter... — Eh bien ! répliquai-je, amène-la moi tantôt. — C'est bien tard... elle est en bas, dans la voiture. — Petite rusée, m'écriai-je, qu'elle monte, alors ! » Madame des Garcins descendit en courant et revint une minute après tenant par la main une jeune fille de vingt ans d'une physionomie charmante. Elle semblait si fort intimidée que je la rassurai de mon mieux ; mes paroles la touchèrent, elle porta ma main à ses lèvres, et je sentis une larme chaude. Alors j'attirai cette enfant dans mes bras par un mouvement instinctif, et l'adoption fut scellée. Huit jours plus tard nous partions pour Évian.

— Et vous n'avez pas eu lieu de regretter votre bonne action ?

— La regretter ? Mais ma petite Léonie m'a fait un inappréciable cadeau ; je ne m'acquitterai jamais envers elle.

— Vraiment ! s'écria Rolland, c'est de l'enthousiasme.

— Je ne m'en défends pas ! Cette charmante fille est bien faite pour l'inspirer. Elle a de l'esprit pour dix, et une inaltérable bonté ! Elle dessine à merveille, elle m'a fait aimer le piano ! Elle lit avec une rare perfection et j'abuse un peu de ce talent, enfin, elle m'aime !...

— Alors cette jeune fille est de bonne maison ? dit la comtesse.

— Je le crois de confiance, sur l'affirmation de Léonie. Son éducation me semble avoir été négligée sur un seul point... Et de ce côté-là c'est moi qui enseigne... quelle docile écolière ! quelle âme droite ! quel esprit vif et logique tout ensemble. Les aperçus de cette enfant me surprennent toujours; elle arrive facilement à l'éloquence. Elle s'assimile les idées avec une facilité merveilleuse, et pour les expliquer, pour les discuter, pour se les rendre à elle-même plus claires, plus lumineuses, elle trouve une forme sans pareille, qui me ravit et dont je subis la puissance... Figurez-vous que cette enfant douée de tous les talents imaginables et de toutes les vertus était une athée...

— Une athée ! répéta la comtesse.

— Non par révolte, mais par ignorance... Elle ne croyait pas en Dieu parce que jamais on ne lui avait parlé de Dieu... Vous savez combien j'aime la lecture; chaque jour elle prenait pour me les lire quelques-uns de nos grands orateurs chrétiens; souvent elle s'arrêtait cherchant le sens d'une phrase qui lui échappait; d'autres fois, timidement, avec une sorte de honte elle me questionnait. Enfin, un jour elle s'est confiée à moi. Elle m'a dit à genoux, en pleurant, que les choses de la foi lui étaient inconnues; qu'elle était moins qu'une enfant, une ignorante, une sauvage; qu'elle voulait apprendre ce que je sais, croire ce que je crois. Elle s'est jetée à mon cou en me couvrant de baisers, quand je lui ai dit combien son aveu me rendait heureuse. Depuis un mois elle s'instruit, elle me surprend, elle me transporte de joie. Cette âme avide de lumière est maintenant tout éclairée. Cette néophyte gourmande mon zèle, cet ange m'attire vers la sainteté. Je n'ai plus de famille, cette enfant remplace tout pour moi... Si elle le voulait, je l'adopterais... ce que j'ai de fortune lui appartiendrait un jour...

— Ah! vous me donnez un vif désir de la connaître, dit madame d'Ivrée.

Rolland n'ajouta rien, mais il fit quelques pas en avant

du côté de la pelouse comme s'il s'attendait à voir apparaître la jeune lectrice.

— Elle ne tardera pas à revenir, dit la baronne de Roybert, elle est allée chez de pauvres gens du voisinage... et tenez, ajouta la vieille dame en s'adressant à madame d'Ivrée, voyez-vous cette robe blanche à travers les arbres? c'est elle...

Rolland se pencha et poussa un cri.

— Mademoiselle Belleforge ! fit il.

— La fille du banquier? demanda la comtesse.

— Oui, répondit Rolland, la sœur de Conrad mon ami, de Conrad, l'élève et disciple de l'abbé de Hautmoustier... Montrez-vous bonne pour elle, ma mère...

La comtesse regarda profondément Rolland. La chaleur avec laquelle le jeune homme venait de prononcer ces paroles la laissait songeuse et presque inquiète. Mais l'attitude calme du jeune homme la rassura bientôt. Elle connaissait du reste assez Rolland pour être sûre qu'il ne lui cachait rien.

C'était en effet Cœlia Belleforge qui s'avançait vers la tonnelle. Elle marchait vite, mais les yeux baissés ; la rapidité de sa course avait mis des couleurs roses à ses joues. Quand elle s'aperçut que sa vieille amie n'était pas seule elle ralentit le pas.

— Venez ! venez vite ! dit la baronne de Roybert, je veux vous présenter à ma meilleure amie, la comtesse d'Ivrée.

Cœlia pâlit et s'appuya contre le treillage de la tonnelle. Elle n'osait plus regarder autour d'elle, elle tremblait, son cœur battait à coups pressés, elle sentait que Rolland était là et ne se sentait pas le courage de lever les yeux.

Madame d'Ivrée regarda pour la seconde fois son fils, à qui le trouble de la jeune fille ne pouvait échapper.

Rolland le front haut, le regard assuré, une main

cachée dans sa poitrine, soutint bravement la muette interrogation de sa mère.

Giulia se remit enfin et fut parfaite de bonne grâce ; Rolland s'approcha, elle l'accueillit avec une constante simplicité. Le regard du jeune homme l'enveloppa doucement. Il venait de lui rendre dans une minute l'estime sainte et la chaude sympathie des premiers jours. On passa la matinée dans le jardin.

Après le déjeuner la baronne proposa à son amie de faire une des excursions les plus pittoresques du pays, et de visiter les ruines du château des Allinges.

Une heure plus tard une voiture légère emportait les baigneurs sur la route de Thonon, qui longe le lac, et doit son frais ombrage au dôme de gigantesques noyers. Bientôt le chemin s'éloigne de la petite ville qui forme une presqu'île dans le Léman. On traverse le pont de la Dranse dont les trente-deux arches sont, au moment de la fonte des neiges, battues par les eaux d'un torrent qui se précipite du sommet de la montagne pour se jeter écumant et furieux dans le lac paisible. En été, les bûcherons abattent les arbres dont ils ont besoin et laissent les troncs de sapins dans le lit desséché ; dès que le torrent redescend, il les entraîne et les bûcherons les trouvent dans le lit de cailloux que les eaux se sont creusé.

Non loin du pont on voit encore la pierre marquant jadis la limite entre le canton de Berne qui possédait Thonon, et le Valais dont Évian faisait partie.

A droite les touristes laissèrent le village de Vougy, et saluèrent de loin les restes de Ripaille, berceau de l'ordre religieux et militaire des chevaliers-ermites de Saint-Maurice, et dont il nous est resté un proverbe railleur. La petite ville de Thonon est triste, et les rues étroites sont moins ornées qu'assombries par des boutiques renfermant des objets de menu commerce. Un château percé de meurtrières placées à des hauteurs inégales domine le lac. Il servait de défense contre les Écumeurs du lac, du temps du farouche Jehan d'Ivoire-au-bras-de-fer; aujourd'hui le château est transformé en fabrique.

La façade de l'église de Thonon est peinte à fresque. Les cloches, au lieu d'être suspendues dans le clocher, sont placées dans une cage de bois formée de grosses poutres noires, et bâtie au niveau de l'église.

Les Bernois ont rasé le donjon où naquirent Amédée VIII, Louis Ier et Amédée IX le Bienheureux; sur son emplacement on a élevé une maigre colonne. La route court entre des vergers dont les arbres ploient sous les fruits, et des haies fleuries d'églantiers ou de suaves violettes. Le thym et la menthe revêtent les talus des fossés. Des enfants aux pieds nus, au teint hâlé, attendent les voyageurs au bas de la colline des Allinges, et leur servent de guides jusqu'au sommet.

Une ancienne châtaigneraie revêt les escarpements de la montagne. De belles pentes de mousse, un tapis de gazon fin invitent au repos. L'ombre est épaisse, le silence profond; on respire librement un air plus pur à mesure que l'on gagne les hauteurs de la colline, il semble que le cœur batte plus à l'aise dans la poitrine, et que l'esprit prenne son vol avec plus d'enthousiasme vers les régions célestes.

Rolland marchait entre sa mère et la baronne. Cœlia les devançait en causant avec les guides. Elle avait retrouvé sa démarche rapide, sa gaîté naturelle. De temps en temps elle cueillait une belle branche de rosier sauvage ou de chèvrefeuille et l'apportait à sa vieille amie. En revenant de dépouiller un bosquet, elle choisit deux grappes de fleurs et les offrit timidement à madame d'Ivrée; celle-ci les accepta avec un sourire.

— Quel dommage, Mademoiselle, que l'on ne fasse plus de ventes de charité, vous me vendriez une fleur ! dit Rolland.

— Oh ! je puis vous faire crédit, répondit Cœlia en tendant trois brins de petites fleurs bleues au jeune homme.

On arriva au sommet de la colline, et madame d'Ivrée questionna son amie sur la légende des ruines.

— Oh ! ceci rentre dans la spécialité de Cœlia ; elle est l'historiographe de la maison, et met autant de simplicité que de savoir au service des curieux.

Les châteaux des Allinges présentent des restes d'un aspect magnifique. Les créneaux et les tours ont roulé de la montagne dans la plaine, mais la nature s'est emparée des pans de muraille restant debout. Elle les a drapés de lierre, étagés d'arbustes, fleuronnés de bouquets. La pente croulante est cimentée par les mousses ; où manquent les verrous se découpent les pariétaires.

— Vous demandez la légende de ces manoirs, dit Cœlia d'une voix douce, la voici : deux châtelains voisins, proches parents, mais issus de branches diverses de la même famille, pris d'une haine jalouse se défièrent en combat singulier. Pendant que leurs maîtres maniaient avec fureur l'épée et la hache d'armes, les manoirs pris eux aussi d'une rage furieuse se rapprochèrent, s'étreignirent, et l'un d'eux broya, pulvérisa son rival de granit... On affirme que le château des Allinges date du xe siècle, et qu'il fut bâti par Rodolphe II, roi de la Bourgogne Transjurane.

— Puisque vous connaissez si bien l'histoire du pays, Mademoiselle, reprit Rolland, pourriez-vous nous dire ce que signifie le mot Allinges ?

— C'est à un savant médecin d'Évian que j'en dois l'étymologie. Ce nom est originaire de la langue germanique : ALLEIUIG, *admirable*.

— Et que savez-vous encore de cette partie du Chablais?

— Ce beau pays subit des vicissitudes comme un grand royaume : pris, repris, échangé, vendu en quelques semaines, il appartint tour à tour au Bernois et aux ducs de Savoie. Lors du traité conclu à Nyon en 1589, et rendu inviolable par l'abjuration d'Henri IV, on le réunit définitivement au duché.

— Mais vous ne nous parlez pas du héros des Allinges, ma fille, dit la baronne d'une voix douce.

— Ah! Madame, répondit Cœlia avec une modestie charmante, c'est à vous, mieux qu'à moi, qu'il appartient de louer François de Sales.

— Entrons d'abord dans la chapelle, dit la baronne, elle parlera plus haut que nous ne pourrions le faire.

C'est un pauvre oratoire que celui des Allinges. Sa porte est en bois garni de gros clous et d'un guichet à lamelles de fer. Deux confessionnaux de sapin reçoivent les pénitents pendant la semaine des fêtes annuelles. L'autel est dénué d'ornements. La fresque qui forme le fond de la chapelle est presque effacée. L'objet le plus précieux de cet ermitage est un chapeau enfermé dans un reliquaire de bois doré de la forme d'un ostensoir. Ce chapeau a appartenu à François de Sales.

Quand les visiteurs quittèrent l'oratoire, Cœlia dit à madame d'Ivrée :

— L'apôtre du Chablais, alors prévôt de la cathédrale de Genève, célébra ici la messe, le lendemain de son arrivée chez le baron d'Hermance. On l'envoyait dans ce pays afin d'y combattre l'hérésie. Pendant plus d'une année il le parcourut seul et à pied, revenant chaque soir coucher à la forteresse... Ici tout est plein de son souvenir... il trouva asile dans cette grotte... Plus loin, des assassins l'attendirent, partout il fatigua ses pieds portant à tous la lumière et la consolation... Sévère pour lui-même, il resta indulgent pour les autres. Il eut l'héroïsme paisible, presque joyeux. Ses œuvres furent comme sa vie, toutes de pureté et d'amour... Un siècle après sa mort, la chapelle où il avait officié fut démolie par ordre de Victor-Amédée II ; après les malheurs et les crimes de la révolution, le peuple la rebâtit lui-même, et comme au moyen âge, chacun y travailla pour *l'amour de Dieu et les indulgences.*

Le jour commençait à baisser, il fallait songer au départ.

Tandis que les pèlerins des Allinges descendaient au milieu des châtaigniers, Rolland se trouva fortuitement rapproché de mademoiselle Belleforge, les deux vieilles amies causaient à demi-voix. Cœlia silencieuse regardait vaguement devant elle, le comte cherchait sans le trouver le moyen de reprendre une conversation brusquement interrompue. Comme cela arrive d'ordinaire en pareil cas, se trouvant dans l'impossibilité de laisser parler son cœur, il eut sur les lèvres une phrase banale :

— J'ai été ce matin bien surpris de vous trouver à Évian, Mademoiselle...

— Et surtout, n'est-ce pas, de la position que j'occupe?

— Ah! fit Rolland, ce que je connais de votre passé me garantit l'avenir...

— Ce passé, demanda lentement Cœlia, êtes-vous sûr qu'on ne le calomnie point?

— Et qu'importe? s'écria Rolland.

— Qu'importe! répéta Cœlia, on a dit quelque chose... quelque chose de grave, de terrible... vous vous taisez... C'est donc bien affreux...

— Mademoiselle, répondit Rolland, vous avez brusquement quitté la maison de votre père.

— Pour entrer sous le toit de votre amie...

— Je le sais... Une pareille démarche est sérieuse quoique innocente... je n'ose vous en demander le motif...

— Je me dois de vous l'apprendre... Mon père voulait me marier...

— A monsieur Arthur de Ranville?

— Oui...

— Et vous refusiez ce parti convenable de tous points...

— Je le refusais parce que devant ma conscience, je ne pouvais promettre d'aimer l'homme que l'on voulait m'imposer pour époux.

— Pourquoi? Oh! pourquoi? demanda Rolland avec prière.

— Je me souviens... dit douloureusement Cœlia.

— Celui dont vous vous souvenez, reprit Rolland, est heureux entre tous... Vous n'avez pas dit son nom, je ne sais rien... Je puis donc vous donner le conseil d'un ami, vous engager la parole d'un frère... Celui-là, chérissez-le toujours, avec fidélité et vaillance! Il sait ce que vaut votre cœur, il connaît le chaste secret de votre pensée! Si les événements qui s'accomplissent et les malheurs qui vont surgir l'empêchent à cette heure de lier solennellement sa vie à votre vie, dites-vous qu'à partir de cette heure l'homme à qui vous vous êtes sacrifiée s'abandonne à vous! et qu'entre son cœur et le vôtre s'est formé un indissoluble lien...

— Non, répondit Cœlia, car mon espoir est un rêve... Je n'attends rien de lui, rien de la vie. Je lui dois d'avoir senti mon cœur battre, de m'agenouiller devant le même autel. Il m'a enseigné la charité, il m'a faite ce que je suis aujourd'hui, c'en est assez pour mon bonheur! En désirant plus je deviendrais égoïste! et ce n'est pas pour me faire retomber sur moi-même qu'il m'a donné la foi, l'espérance et l'amour!

Le comte regarda Cœlia avec admiration. La jeune fille

ne sembla pas le comprendre, et rejoignant la comtesse d'Ivrée, elle dit en étendant le bras vers l'horizon :

— Est-il plus beau paysage? A nos pieds s'étend le bas Chablais, riche en plaines fertiles; plus loin, la ligne se creuse en croissant de Genève à Villeneuve. A droite, une vallée fleurie règne de l'Armol à Corvens. Du côté de Fessy, vous apercevez les villages de Lyon, d'Arcier, de Draillant, la chapelle de Notre-Dame d'Hermance. Partout les eaux, la verdure, la fertilité unie à la grâce, la hardiesse des sommets contrastant avec la tranquillité des vallées. Comme on pourrait vivre heureux ici, comme on y mourrait paisiblement au milieu de spectacles sublimes et de pieux souvenirs!..

— Cœlia, dit Rolland en se rapprochant de la jeune fille, je partirai dans huit jours... la guerre est déclarée... Dieu sait si je ne succomberai pas dans cette lutte terrible; si je meurs là-bas me pleurerez-vous?

— N'amollissons pas nos courages, répondit-elle, les plus à plaindre seront les femmes qui n'auront pas le droit de partager vos dangers.

— Vous n'avez rien de plus à me dire?

— Rien! répondit-elle, Dieu sait, il suffit!

Rolland croisa les bras sur sa poitrine avec un geste douloureux... Cœlia se détourna pour essuyer ses larmes...

— Ah! dit Rolland, je ne demandais rien de plus, cependant! Et courant offrir son bras à sa mère, il laissa mademoiselle Belleforge en proie à une émotion profonde.

— Qu'as-tu donc, Rolland? demanda madame d'Ivrée.

— Je remercie Dieu de m'avoir donné une mère telle que vous, dit-il, et je le prie de me la garder.

XVIII

LA BAGUE.

Pendant les jours qui suivirent, Cœlia évita soigneusement de rencontrer le comte d'Ivrée. Elle craignait que le déchirement du départ, l'incertitude du retour, fissent jaillir du cœur de Rolland un aveu direct, une promesse solennelle. Cœlia gardait une vaillance dont les femmes seules sont capables. Dût son secret l'étouffer, elle voulait le cacher et croyait l'avoir dissimulé à tous, surtout à celui qui avait intérêt à le connaître. Dans son ignorance des choses de la passion, elle ne savait point qu'un geste, un silence, une larme, nous trahissent plus complétement que les paroles. Mais si la jeune fille fuyait le comte d'Ivrée, celui-ci ne manquait pas de rejoindre sa mère chaque fois que la comtesse se trouvait avec sa vieille amie.

Il fallut peu de temps à madame d'Ivrée pour s'attacher à Cœlia. La grande franchise de son caractère, le charme de sa personne, une conversation animée du piquant de l'imprévu, des talents réels dont Cœlia avait le bon goût de ne point être vaniteuse attiraient naturellement vers elle toutes les sympathies. Si la lectrice de la baronne de Roybert eût été coquette, elle se serait réjouie des attentions dont elle était l'objet, d'entendre le murmure flatteur qui s'élevait sur son passage. Sa protectrice le voyait, le comprenait, elle recueillait les bénéfices de l'admiration excitée par sa protégée. Les jeunes hommes témoignaient à la vénérable douairière un respect empressé dont elle renvoyait intérieurement tout le mérite à Cœlia. Déjà plusieurs demandes discrètes avaient prouvé à la vieille dame que sa belle amie mettrait, quand elle le voudrait, sur son front, la couronne des mariées. Elle se crut même en conscience obligée de faire part à Cœlia d'une offre brillante. La jeune fille la refusa tranquillement, sans qu'il parût même que son orgueil fût flatté. Et comme la baronne s'étonnait de voir Cœlia sans ambition, sans coquetterie, sans projets d'avenir, la pauvre enfant se jeta dans ses bras et fondit en larmes :

— Jusqu'à cette heure, lui dit-elle, je vous ai trompée; si garder son secret est mentir... Je ne suis pas orpheline, la pénurie ne m'a pas jetée dans une condition qui serait presque servile dans une autre maison que la vôtre..... J'ai un père, un frère, mon père possède des millions.

— Vous avez fait alors un acte de folie! dit la baronne.

— Peut-être ai-je commis une faute, en effet... Vous m'avez appris à le comprendre, et cependant je ne regrette pas ce que j'ai fait... Élevée par mon père dans l'athéisme le plus absolu, accoutumée à n'entendre parler que de la nature et de la loi, j'ignorais ce commandement divin : « *Tes père et mère honoreras afin de vivre longuement.* » Il a sonné une heure dans ma vie, où j'ai prétendu garder la libre disposition de mon cœur. On a voulu me courber sous le joug de l'obéissance, et je me suis enfuie... Mais pas une minute, pas une seconde je n'ai voulu garder seule la liberté que je venais de conquérir. Je ne le pouvais pas. Il ne fallait point que la calomnie pût m'atteindre. Je voulais sauvegarder ma réputation pour l'homme dont je porterai le nom un jour.

Partie de chez mon père le matin, vous m'avez accueillie dans la journée...

— Et votre frère?

— Mon frère, entraîné par une irrésistible vocation, entrait au séminaire à l'heure où je quittais la maison paternelle. Mon père n'a plus d'enfants. L'un l'a abandonné pour Dieu, l'autre...

Cœlia baissa la tête, prit les deux mains de la baronne et les serra sur sa poitrine.

— L'autre..., reprit la vieille dame en attirant sa compagne sur son cœur, l'autre s'appelle....

— Ne le dites pas! Ne le dites pas! s'écria Cœlia, je ne me l'avoue pas à moi-même.

— Allons! fit la baronne, si vous avez eu tort de quitter votre famille, vous réparerez au moins cette faute de votre mieux; et quand ce cœur révolté sera complétement pacifié par la religion, c'est moi-même qui vous remettrai dans les bras de votre père.

— Combien vous êtes bonne, Madame! dit Cœlia en baisant les cheveux blancs de sa vieille amie.

— Vous entretenez une correspondance avec votre frère?

— Oui, Madame. Nous nous écrivons chaque semaine. Il suit de loin les progrès que je fais sous vos auspices. Il s'en réjouit; il bénit le ciel de la double épreuve que nous subissons. Je reçois la foi comme une clarté douce qui m'éclaire le cœur, Conrad en est ébloui. Son âme ardente, enthousiaste, se jette dans le sacerdoce comme dans un combat. Ses facultés, déjà si brillantes, semblent doublées. Je verse souvent des larmes de joyeux orgueil en voyant grandir l'éloquence et le génie de mon frère. Certes, il deviendra l'une des gloires du clergé français, à moins, comme il le dit souvent sous l'influence d'un pressentiment étrange, qu'il ne meure jeune, sans avoir été trouvé digne par le maître de cueillir une palme de victoire. La tendresse de Conrad pour moi s'est doublée depuis qu'il me sait votre docile écolière. Quand nous retournerons à Paris, je vous le présenterai. Il doit avoir bien changé depuis trois années que nous ne nous sommes vus. Si les traits sont restés les mêmes, l'expression en doit être tout autre... Mais je ne suis pas seule à Évian à recevoir des lettres de Conrad, le comte d'Ivrée l'aime comme un frère...

— Comme un frère, vous avez raison, Cœlia.

Une vive rougeur couvrit les joues de la jeune fille.

— Mon Dieu! dit-elle d'une voix tremblante, je ne croyais pas que vous auriez le courage de railler

— Railler, Cœlia! non, mon enfant! non, ma fille! Vous savez si je vous aime! Je retire cette malicieuse parole... Je ferai plus, je ne vous parlerai jamais de Rolland... seulement, je m'entretiendrai souvent de vous avec sa mère.

— Combien je vous aime! dit Cœlia.

— La bonté est la coquetterie des vieilles femmes.

La baronne sortit un moment après avec sa jeune amie, et rejoignit la comtesse d'Ivrée dans le salon du casino.

On y parlait avec animation. Les journaux venaient d'apporter des nouvelles graves. L'armée française se formait; dans un mois elle serait prête à partir. L'appel aux armes retentissait dans toutes les lignes, comme un bruit de clairons. La patrie se levait agitant d'une main son épée, de l'autre son oriflamme, et d'un bout de la France à l'autre la jeunesse enthousiaste répondait par un cri de bataille et une prophétie de victoire.

Le nombre des journaux était restreint au casino, la curiosité de tous était vivement surexcitée; Rolland prit une des feuilles et en fit la lecture à haute voix. On ne pouvait nier que l'écrivain qui avait écrit le premier article sentit vibrer en lui la fibre de l'orgueil national. Mais il jugeait la guerre comme une course rapide et victorieuse ; il parcourait à l'avance les étapes de la victoire, il conduisait les soldats dans les grandes cités étrangères, renouvelant pour eux les triomphes du passé. Sa parole devenait lyrique comme un chant. Elle devait puissamment agir sur les masses. Une électricité dont nul ne pouvait se défendre jaillissait des phrases ailées comme des strophes, sonores comme des bruits de cuivre !

Les auditeurs rassemblés dans le salon retenaient leur souffle pour ne pas perdre un mot de la lecture, puis tout à coup d'unanimes applaudissements éclataient et témoignaient de la sympathie et des dispositions de chacun.

Quand le jeune homme jeta sur la table le journal qu'il venait d'achever, un adolescent ouvrit le piano, et préludant d'une façon magistrale, il entonna le chant du *Rhin allemand*. On le reprit en chœur, debout, la tête découverte.

Cela était grand vraiment.

Oui, pendant les jours qui précédèrent la lutte, la France redevint elle-même. Elle répudia les dernières années qu'elle venait de donner à l'agiotage, au plaisir, à la folie. La jeunesse se trouva en un instant debout et armée, prête aux plus nobles, aux plus complets sacrifices ; elle se montra digne des temps les plus glorieux.

Les hommes qui se tenaient à l'écart d'une cour que leurs opinions, leurs noms, la gloire légendaire de leurs familles ne leur permettaient pas de suivre, furent les plus ardents à l'appel de la patrie. Hélas ! ils devaient tomber au premier rang, hécatombe inutile mais sainte, dont l'exemple au moins ne sera pas perdu.

Cependant en écoutant chanter le jeune enthousiaste, Rolland secouait la tête avec mélancolie :

— Je ne crois pas, dit-il à Cœlia qui le regardait avec

12

inquiétude, je ne crois pas que nous franchissions de nouveau ce fleuve où les chevaux de la grande armée se sont abreuvés, mais nous prouverons à l'avance que nous savons nous battre comme on se battait alors !

— Il fut un temps, dit Cœlia, où ceux que l'on appelait les chouans cachaient un scapulaire sur leur poitrine et couraient à la bataille avec ce frêle bouclier... le scapulaire est brodé, demain un prêtre doit le bénir...

La jeune fille n'attendit pas la réponse du comte d'Ivrée, et se rapprocha de la baronne de Royhort.

— Je me sens mal, lui dit-elle, ces grandes émotions me brisent le cœur.

Le lendemain, dès l'aube, Cœlia prit seule le chemin de la petite église d'Évian. Quelques pauvres femmes s'y trouvaient seules agenouillées, un gai rayon de soleil tombant des fenêtres sur les dalles, les illuminait et mettait des nimbes sur le front de quelques enfants blonds.

Mademoiselle Belleforge se prosterna sur le sol. Une minute après la cloche tinta, puis la sonnette d'un enfant de chœur se fit entendre, et le vieux curé monta à l'autel. Plongée dans le recueillement de son âme, Cœlia ne changea pas d'attitude. Au mouvement de sa tête baissée on pouvait deviner parfois qu'elle étouffait ses larmes. Peut-être pleurait-elle ses morts, peut-être recommandait-elle au Seigneur les voyageurs en danger, les soldats qui s'armaient pour la cause de la France.

L'office était fini depuis quelque temps déjà, et Cœlia ne paraissait pas songer au départ, quand le pasteur d'Évian s'approcha d'elle et lui remit un petit objet qu'elle reçut avec toutes les marques de la reconnaissance.

Elle se leva alors et se dirigea vers la porte de sortie de l'église. Au moment où elle allait prendre l'eau bénite une main se tendit vers Cœlia. La jeune fille leva les yeux, reconnut Rolland, effleura les doigts humides du jeune homme et fit un pas en arrière.

— Mademoiselle, lui dit-il, Dieu ne saurait être offensé que je vous parle dans sa maison, j'ai besoin de le prendre à témoin de ma parole...

— Ne l'engagez pas ! dit Cœlia ! Le désir d'un fils respectueux est soumis à la volonté de sa mère.

— Vous m'avez promis un souvenir sacré, reprit Rolland, c'est ici que je veux le recevoir. Vous l'avez dit, ce sera mon armure.

Cœlia remit le scapulaire au comte d'Ivrée. Alors celui-ci tira une bague de son doigt et la tendit à la jeune fille. Cœlia comprit la gravité de ces fiançailles. Elle ne se sentait pas le courage de refuser ce gage sérieux de la tendresse de Rolland ; elle ne voulait pas qu'il contractât envers elle un lien que sa mère refuserait peut-être de nouer. Troublée par son propre désir, résolue cependant à se vaincre, Cœlia prit la bague, mais au lieu de la mettre à son doigt, elle la plaça dans la main d'une madone à demi cachée au fond d'une niche.

— Ni vous ni moi n'y toucherons, dit Cœlia, madame d'Ivrée seule la prendra pour m'en faire don ou pour vous la rendre.

Puis Cœlia quitta rapidement l'église devenue déserte.

Pendant la matinée, Rolland resta enfermé avec sa mère.

Leur entretien fut triste comme l'entretien d'êtres chers qui vont se séparer, solennel comme l'adieu de ceux qui ne sont pas sûrs de se revoir.

La comtesse n'essayait point de retenir ses larmes. Elle trouvait donner une assez grande preuve de force en n'empêchant pas Rolland de partir, sans étaler un stoïcisme impossible. Reverrait-elle jamais ce fils bien-aimé qu'elle armait soldat pour la cause de la patrie ? Ne porteraitelle pas son deuil dans quelques semaines, comme elle gardait le deuil de son époux ?

Rolland étouffait ses regrets. Il regardait sa mère avec une forte et puissante tendresse, il serrait ses mains, il essayait de lui communiquer quelque chose de son viril courage.

— Je reviendrai ! disait-il, je suis sûr de revenir. Tu as besoin de moi, il faut bien que je vive ! N'amollis pas mon cœur, ne m'enlève pas mes espérances ! Montre-moi le but ! Je serais indigne de porter le nom de mon père, si je n'imitais le courage de mes amis...

— Ah ! répondit madame d'Ivrée, je ne te demande pas l'impossible ! Mais ton absence va me laisser dans de mortelles angoisses, et tu ne pourras pas m'empêcher de trembler... Écris souvent, Rolland, bien souvent... A chaque ville, à chaque étape...bonheur, tristesse, échec, victoire, il faut tout m'apprendre, tout, je ne veux pas, je ne veux pas, entends-tu, que tu gardes un secret pour moi, pas même le secret d'une pensée... Il est des heures où dans la solitude et le silence nous éprouverions un remords de n'avoir pas tout dit... Et puis, qui sait, Rolland, si tu ne devrais pas me léguer une bonne action à faire, une peine sincère à consoler... Qui sait, si à l'heure où mon fils s'en va, je ne voudrais pas adopter tout ce qu'il aime !...

Un éclair de joie brilla dans les regards du comte d'Ivrée.

— Vous feriez cela ? dit-il.
— Les mères sont capables de tous les sacrifices.
— Ah ! je vais vous aimer doublement ! s'écria le jeune homme.

Alors d'une voix palpitante il raconta à sa mère les épisodes à la fois si simples et si graves de ses rencontres avec mademoiselle Belleforge. Il peignit sa sympathie pour elle longtemps combattue, puis l'impression produite par le changement survenu dans l'esprit et les habitudes de la jeune fille, il termina par le récit de la scène qui s'était passée le matin même dans la petite église.

— Allons ! dit madame d'Ivrée, c'est une fille de cœur, et dont la dignité rachète les fautes légères. Je me charge de la rapprocher de son père ; peut-être même l'amènerai-je lui-même à résipiscence ; la leçon que lui donnent ses enfants est terrible. Il comprendra la revanche éclatante de Dieu ! Embrasse-moi, Rolland, et pars sans inquiétude, je ne promets rien, mais j'ai déjà perdu la force de te blâmer.

Le soir même Rolland devait s'embarquer pour Genève. Il fut décidé que la comtesse d'Ivrée le conduirait jusqu'à la gare. Au moment de monter en bateau elle dit à la baronne :

— Confiez-moi votre jeune amie, ma chère ; de la sorte je ne reviendrai pas seule.

Un regard reconnaissant de Cœlia fut la seule réponse qu'elle adressa à la comtesse d'Ivrée. La traversée fut presque silencieuse. Rolland tenait entre ses mains la main de sa mère, Cœlia s'abandonnait à ses pensées. Une douce espérance en se glissant dans son cœur adoucissait les regrets d'une séparation cruelle. Si madame d'Ivrée rapprochait d'elle Cœlia à cette heure d'angoisse, c'est qu'elle ne la traitait pas en étrangère. Rolland avait tout avoué, et la comtesse ne repoussait pas celle à qui le matin même le comte avait voulu engager sa vie.

Madame d'Ivrée prit le bras de Rolland pendant le trajet du pont au chemin de fer. Le soin de prendre son billet, de s'occuper de ses bagages, sépara un moment Rolland de sa mère, puis la cloche sonna, les portes s'ouvrirent, on appela les voyageurs pour Paris, et le jeune

12.

homme serrant madame d'Ivrée dans ses bras eut à peine le temps de lui dire un dernier adieu.

Cœlia muette et pâle demeurait immobile, Rolland n'osa pas même lui presser la main, son regard seul apprit à la jeune fille ce qui se passait dans son cœur. Rolland attendait de sa mère une parole, un ordre, celle-ci ne le donna pas, et le jeune homme quitta la salle d'attente en étouffant un poignant regret.

Arrivé sur le seuil il se retourna pour voir une dernière fois sa mère, mais alors la joie remplaça la douleur qui l'étouffait, il vit Cœlia dans les bras de la comtesse d'Ivrée, et il comprit...

XIX

LES CORBEAUX ROUGES.

Il faisait nuit; une nuit de novembre sombre et morne.

Il faisait nuit, une nuit horrible enveloppant dans ses ténèbres des scènes de carnage et d'agonie.

Il faisait nuit, une nuit comme celles qui tombent après les jours de bataille, et pendant lesquelles l'odeur fade du sang versé épaissit l'atmosphère, tandis que les cris des victimes expirant faute de secours parlent à Dieu leur suprême langage et en appellent à l'humanité de l'orgueil et de la cruauté de ceux qui les armèrent.

Par groupes, par tas, par monceaux, morts et mourants remplissaient la plaine, couvraient les berges de la Marne, s'adossaient le long des maisons. Quelques-uns roidis par la mort, la face tournée vers le ciel sans étoiles, crispaient encore leurs doigts sur une arme inutile. Le même obus en foudroyant à la fois plusieurs hommes les avait jetés en bloc sur le sol, défigurés, sanglants; des membres épars gisaient au loin, les blessures étaient béantes, effroyables. Ailleurs la mitraille, fauchant sur son passage avait jeté bas des rangs entiers de combattants. Ceux qu'elle avait légèrement atteints, rassemblant leurs forces défaillantes, avaient réussi à gagner les voitures d'ambulance, les cacolets; les autres trop faibles, épuisant leur suprême énergie en cris douloureux, attendaient qu'on les vînt chercher. Quelquefois trois ou quatre blessés se soutenant à peine, se traînant mutuellement, essayaient de regagner la route. Les miracles d'amitié, de dévouement, s'opéraient sans bruit, sans espoir de récompense, au milieu de ces champs dévastés où le matin tant de jeunes soldats saluaient d'avance la victoire.

Au loin de pâles lumières scintillaient, s'agitaient. Les Frères de la Doctrine chrétienne cherchaient les blessés pour les remettre aux brancardiers, et creusaient la tombe des morts. La charité multipliait son paisible héroïsme, et depuis l'aurore les Frères continuaient leur admirable tâche, sachant bien qu'ils paieraient de leur sang, comme des soldats, leur courage et leur vertu.

Le zèle de tous se montrait infatigable. Jamais le clergé français ne témoigna mieux de sa bravoure que pendant la durée de la guerre, jamais il ne prouva mieux sa grandeur que dans les jours néfastes qui suivirent. Les séminaires avaient envoyé leurs jeunes lévites apprendre à voir mourir des hommes, cette leçon terrible sur laquelle les plus endurcis ne sauraient se blaser. Ceux qui plus tard leur reprochèrent de ne pas savoir prendre et manier un fusil oubliaient qu'au milieu du feu et dans le fort de la bataille ils avaient gardé le sang-froid nécessaire pour relever les blessés, qu'ils avaient affronté la mitraille sans cuirasse sur la poitrine, et sans autre force que celle d'en haut qui montre le but et le prix de la lutte à ceux qui combattent leur combat.

Dans un angle de champ, trois hommes étaient tombés à la fois. L'un, vieux soldat chevronné, épargné en Crimée, en Italie, était revenu mourir sur le sol français; l'autre, enfant du peuple de dix-huit ans à peine, obéissant à cet instinct de bravoure qui fait palpiter le cœur à l'âge de l'enthousiasme, avait laissé le rabot pour le fusil.

Le dernier était aussi un soldat, mais il appartenait à une noble famille, et six siècles auparavant il eût lutté contre les Sarrasins en armure damasquinée, portant une fière devise sur son écu. Le vieux soldat ne donnait plus signe de vie, le volontaire que la douleur avait fait évanouir reprit lentement ses sens, et le froid de la nuit lui donna le frisson. Il étendit un de ses bras au hasard, car l'autre tombait à son côté, fracassé par une balle, et il rencontra sous ses doigts le visage glacé du sergent. Un soupir souleva la poitrine du volontaire, il essaya de se dresser, palpa encore autour de lui et trouva une main, celle d'un blessé, car la vie ne paraissait pas s'être retirée de ce corps.

Le brave enfant rassembla ses forces, se dégagea avec lenteur, car le cadavre du sergent l'écrasait à demi, et rampant sur le sol piétiné, détrempé, il essaya de reconnaître celui qui y était à ses côtés. Il ne s'était pas trompé, le cœur battait encore. Un secours et voilà deux hommes sauvés. Le jeune garçon parcourut des yeux l'étendue du champ de bataille, il vit passer et s'agiter au loin des lumières. — C'est de ce côté qu'est le salut. S'il crie, s'il appelle, l'entendra-t-on à cette distance? S'il tente de rejoindre les brancardiers, retrouvera-t-il plus tard l'angle du champ où il va laisser ce frère inconnu? Il cherche à fixer son souvenir, un squelette d'arbre dépouillé lui servira de point de repère.

Le volontaire soutenant avec peine son bras blessé se dirige vers la lumière la plus proche. Il marche péniblement, heurtant à chaque pas des morts entassés; parfois un agonisant se soulève pour demander du secours, l'enfant de Paris promet de lui ramener un chirurgien, un brancardier, il avance, avance toujours. Cependant le sang qu'il a perdu, la fatigue de cette marche à travers un vaste cimetière, l'horreur des choses qu'il entrevoit dans les demi-ténèbres, l'épouvante plus grande encore de celles qu'il devine, lui compriment le cœur. Le sang s'arrête dans ses veines, il voit courir devant ses yeux des étincelles rouges, des bruits d'orage et de marée emplissent ses oreilles; il chancelle, tombe sur un genou et reste là, regardant avec la fixité de l'agonie la lueur rouge dont il s'est approché, mais dont il se trouve si loin encore. Il est à bout de forces. A quoi bon disputer sa vie? Que lui a-t-elle donné jusqu'à cette heure? un pain chèrement gagné, un logis pauvre, il est sans famille, sans amis; quand il a cru que la France avait besoin de son bras il a pris un fusil, le bras a été broyé par une balle prussienne, et le voilà à dix-huit ans à la fois invalide de l'armée et du travail... La mort le prend, l'enserre, l'étouffe, s'il se laisse tomber sur le sol il sait qu'il ne se relèvera pas... La lueur rouge s'agite toujours en face de lui. Cette clarté au milieu de ces ténèbres semble lui dire : « Si le firmament te cache ses étoiles, je suis là, moi, l'astre de toutes les veilles, l'étoile de la charité! courage! Il y aura pour toi dans l'avenir des heures d'espérance et de joie! C'est le sentiment de la pitié qui t'a amené jusqu'ici.... ton frère souffre là-bas... Il a encore sa mère, peut-être... quelques pas de plus et tu le rends à la vie qu'il a sans doute des raisons d'aimer, à sa famille qui prie pour lui... Relève-toi, soldat obscur d'une noble cause! »

La lumière semble s'approcher, le volontaire est debout.

— Florent! se dit-il en frappant sa poitrine du bras qui lui reste libre, est-ce que tu reculerais comme un lâche, maintenant?

Et le petit Parisien, ranimé par la réprimande qu'il s'est adressée, reprend sa course plus rapidement que la première fois. Il commence à distinguer des hommes vêtus de longues robes errant au milieu du champ de bataille. Ils s'agenouillent souvent, consultant le cœur des blessés, se penchant pour revenir en amenant des secours; ils se multiplient sur cette scène horrible et transportent les morts quand ils n'ont pas de vivants à sauver.

Florent se dirige vers un prêtre.

— Du secours ! dit le Parisien, du secours là-bas, vite! vite!

Le prêtre fait un signe au brancardier, celui-ci appelle un camarade, et tous deux munis d'une lanterne et d'un brancard suivent le volontaire.

— Mais toi aussi, tu es blessé? dit le prêtre d'une voix compatissante.

— Oui, j'ai mon compte, mais vous aurez le temps de penser à moi plus tard, mon compagnon me semble plus dangereusement atteint.

Tandis que Florent, l'abbé et les brancardiers se dirigent vers l'arbre au pied duquel est resté le blessé, on voit ramper dans l'ombre, munis de lanternes sourdes projetant sur le sol un rayon honteux et craintif, des hommes aux allures de fauves ou de voleurs. Ils mettent comme les chirurgiens la main dans la poitrine des malheureux étendus sur le carnage, mais non pour s'assurer si la vie y palpite encore. Ils étreignent la main froide des morts, mais ce n'est pas pour un dernier adieu...

Ces hommes s'appellent les *Corbeaux rouges*.

Ils dépouillent ceux qu'atteignit le fer de l'ennemi; ils arrachent la montre sur la poitrine à peine refroidie, dérobent les décorations glorieuses sur le cœur qui battait jadis de fierté, arrachent du doigt roidi l'anneau de mariage ou de fiançailles, fouillent dans les poches des vêtements pour enlever l'or ou la monnaie; ils vont jusqu'à déchirer l'uniforme pour voler les galons et les épaulettes.

Si un soupir indique le réveil à la vie de celui qu'ils dépouillent sans pudeur, ils l'achèvent pour s'assurer de son silence.

Les Corbeaux rouges vont par bandes, se passant le butin, à mesure qu'il devient trop lourd ; des recéleurs les attendent ; et les jours affreux pour les familles, néfastes pour la patrie, se transforment pour eux en jours de liesse et d'orgie. Quel que soit le résultat de la bataille, ils en attendent l'issue pour s'abattre sur la plaine sanglante afin d'avoir leur curée de cadavres.

Non loin de l'arbre au pied duquel le Parisien avait laissé son camarade blessé, deux hommes rampaient avec lenteur.

Le plus âgé gourmandait la paresse de son compagnon qui lui répondait d'une voix sourdement irritée.

— Je ne ferai jamais rien de toi ! disait le premier. Il y a des besognes qui répugnent à monsieur !... faudrait lui choisir l'ouvrage !

— Eh bien oui ! tout gredin que je suis, ce que nous faisons ici me répugne.

— Malheur ! et de quoi servirait à ces gens-là de garder des bijoux et autres faflots, vont-ils pas faire les jolis cœurs ?

— Tais-toi, la Tronche, ne raille pas ! contente-toi de voler !

— Avec ça que tu refuseras ta part du magot.

— Je la refuserai d'autant moins qu'elle m'aura coûté davantage à prendre... et fais attention, cette fois, à ne pas me tricher sur le chiffre qui me reviendra, comme dans la dernière affaire.

— Allons donc, le Grèveur ! de la rancune ! tu te montres injuste ! je t'ai laissé en tête-à-tête avec ton père, il ne dépendait que de toi de débrouiller tes affaires de famille... piètre recette de notre côté, mon fils ! quand tu vois qu'un soldat a les mains noires, mauvais signe ! A peine quelques gros sous dans le gousset et une médaille d'argent au cou s'il est Breton... regarde aux mains, le Grèveur, et quand elles sont blanches, sois sûr que la montre a des trous en rubis et que le porte-monnaie contient de l'or... Alerte, voilà une lanterne, attention à voir si c'est un des nôtres... Masse-toi contre un tas de morts...

Le Grèveur n'eut pas le temps de suivre le conseil de la Tronche ou il le dédaigna. Il venait de s'arrêter au pied de l'arbre, et suivant le conseil de son compagnon, voyant que les mains du blessé étaient blanches, il entr'ouvrit sa capote.

Le mouvement du voleur ranima subitement le blessé, il se cramponna des deux mains au cou du Corbeau rouge avec la ténacité désespérée de l'homme qui se noie, et le prenant pour un ami, il lui répéta :

— Sauvez-moi ! sauvez-moi !

Le Grèveur paralysé, étouffé par l'étreinte du blessé, essaya vainement de se dégager. La lumière portée par les brancardiers approchait.

La Tronche devinant les suites de l'incident fuyait en rasant le sol comme un serpent, et dans sa hâte il abandonnait à deux pas du Grèveur un sac rempli de dragonnes d'or, d'épaulettes et de décorations.

Le compagnon de la Faraude crut prudent de jouer le rôle que lui attribuait le blessé ; il pensa qu'il s'échapperait dès que celui-ci serait aux mains des brancardiers, et répondant au blessé avec une douceur féline :

— Je suis allé chercher du secours, dit-il, on vient, courage !

— Ma mère ! balbutia le jeune homme, ma mère !...

Il ajouta en se soulevant pour chercher quelque chose sous son habit :

— Cœlia !

Au même moment Florent et le prêtre se penchaient vers le moribond.

— Me voici, mon frère, dit l'abbé d'une voix encourageante; me voici! J'apporte à la fois la consolation de Dieu, et le service des hommes.

— Cette voix... je connais cette voix... murmura le blessé.

Florent arracha la lanterne de la main d'un brancardier et en dirigea la lueur sur le visage du blessé.

— Rolland! fit le prêtre.

— Conrad! mon frère Conrad! répondit celui-ci.

Les deux hommes s'étreignirent avec une mutuelle affection, le courage de Rolland d'Ivrée se trouva doublé par cette rencontre imprévue. Tandis que l'abbé soutenait son ami et lui aidait à gagner le brancard sur lequel il devait s'étendre, Florent en veine de curiosité, ou avide de rendre de nouveaux services, s'adressa au Grèveur qui se tenait à l'écart.

— Allons! un coup de main, lui dit-il, vous voyez bien que monsieur l'aumônier ne suffit pas à la besogne.. Si j'avais mes deux bras je ne demanderais pas votre aide!

Le Grèveur au lieu d'avancer fit un pas en arrière.

Florent devint défiant.

— Au fait, reprit-il, que faites-vous ici?.. Vous ne portez ni l'uniforme ni le brassard... Il ne manque pas de détrousseurs de morts et de Corbeaux rouges, cette nuit!

En achevant ces mots Florent heurta du pied le sac accusateur laissé par la Tronche.

Sans consulter ses forces et du seul bras qui lui restait valide, le volontaire saisit le Grèveur par le collet de sa blouse.

— A moi! fit-il, à moi! Je tiens le pilleur des morts!

— Misérable, répondit le Grèveur en cherchant son couteau.

Il n'eut pas le temps de l'ouvrir, les brancardiers arrivèrent au secours du Parisien.

En une seconde les mains du Grèveur furent solidement liées derrière son dos.

— Le lâche ! répétaient les brancardiers, le bandit ! avoir le courage de dépouiller ceux qui viennent de se faire tuer pour la France !

Le Grèveur répondit au brancardier par une grossière injure, puis regardant l'abbé Belleforge avec une féroce expression de haine.

— Je te retrouverai autre part, lui dit-il, et à quelque heure que ce soit, compte sur ma vengeance.

— Ces hommes ont accompli un devoir, répondit gravement le prêtre. Ils représentent en ce moment la loi que vous avez bravée ; ma pitié pour les coupables, car ils m'inspirent encore plus de pitié que de mépris, ne me permet pas de donner à ces braves gens le conseil de vous rendre une liberté dont vous abuseriez pour commettre de nouveaux crimes.

Comme un des brancardiers maintenait le Grèveur, Conrad prit le brancard sur lequel reposait Rolland ; de sa main valide Florent traîna le paquet renfermant les pièces de conviction.

Il fallut plus d'une heure pour gagner une voiture d'ambulance dans laquelle il ne restait aucune place. A force de prières Conrad obtint que son ami serait couché entre deux banquettes. Florent s'assit près du cocher ; une goutte d'eau-de-vie lui rendit jusqu'à la force de railler son propre mal.

— A quelle ambulance appartenez-vous ? demanda Conrad à un jeune homme qui s'occupait avec un admirable zèle des malheureux qu'il venait de recueillir.

— Au Théâtre italien ! répondit-il.

La voiture s'ébranla, et tandis que les brancardiers

remettaient le Graveur aux mains de deux soldats, Conrad reprenant la lanterne laissée par Florent continua sa visite sur le champ de bataille.

Son douloureux ministère ne demeurait pas sans compensations. Que de bénédictions données à des mourants ! Combien de consolantes paroles adressées à ceux qui s'épouvantaient en présence de l'éternité ! Combien de recommandations dernières, de testaments suprêmes dictés par un homme à l'agonie. Il recueillait les legs du père à l'enfant, des portraits d'êtres chéris ! Il promettait à l'homme de remplir sa volonté dernière, après avoir rendu au chrétien la confiance en Dieu. Il parlait à ces martyrs de la patrie, de la valeur du sang du soldat, il leur répétait que le ciel comptait leurs souffrances, que le pays garderait leur mémoire. Il changeait en héros de la foi, ces héros de courage viril. De rang en rang, de proche en proche, il portait la sainte parole ; pour ceux qui ne pouvaient plus l'entendre il appelait la miséricorde divine, et quand au matin ses regards embrassèrent la plaine encore noyée dans les brouillards de la Marne, il put se dire qu'il avait vaillamment rempli son devoir.

Conrad se sentait écrasé de fatigue, et marchait d'un pas alourdi vers la grande route. De larges plaques brunes tachaient sa soutane. Ses mains étaient rouges, il avait touché tant de blessures ! Ses yeux abattus témoignaient que plus d'une fois des larmes de pitié avaient coulé de ses yeux.

Un enfant inconscient des horreurs de la bataille, mais qui vit passer ce prêtre blanc comme un suaire, lui tendit sans rien dire un morceau de pain. Alors Conrad se rappela qu'il n'avait rien pris depuis douze heures.

Il embrassa l'enfant, s'assit sur le revers d'un fossé, et mangea le pain de l'aumône, une minute de plus il s'évanouissait de lassitude et de besoin.

Comme il passait devant un corps de garde, les soldats qui l'avaient vu à l'œuvre se découvrirent avec respect. Alors une voix éraillée et gouailleuse ricana :

— Il n'en faut plus des corbeaux noirs ! et celui-là aura son compte ! Je ne vous dis que ça !

C'était le Grèvour qui, gardé à vue, attendait qu'on l'emmenât en prison.

— Vous ne connaissez encore que mon visage, lui répondit avec douceur le prêtre qu'il venait d'insulter ; si vous avez quelque jour besoin de mon ministère, j'habite rue du Cloître-Notre-Dame, et je me nomme l'abbé Conrad.

Le Grèvour cracha sur le prêtre, et celui-ci fit le signe de bénir.

XX

CORRESPONDANCE.

Madame la comtesse d'Ivrée, A Evian,

de l'Ambulance.

Ne t'effraie pas, ne pleure pas, ma mère bien-aimée, ne tremble pas pour la vie de ton fils, Dieu te le garde ; le danger est passé ! la balle qui m'a fracassé l'épaule est extraite, je suis aussi bien que le permet le caractère de ma blessure, et j'espère pouvoir me battre encore et manier une épée à défaut de fusil. Que d'événements se sont passés depuis ma dernière lettre ; j'ai reçu le même jour le baptême de feu et le baptême de sang. Le matin je me sentais la force d'un héros, le soir, couché parmi les mourants et les morts, je serais resté sur le champ de bataille de Champigny sans un miracle du ciel. Bénis Dieu que j'en aie été quitte dans cette journée, où tant de vaillance s'est unie à tant de malheur, pour une blessure qui n'offre aucun danger sérieux. Je devais périr dix fois pendant cette horrible lutte, et c'est en prenant des mains du soldat, frappé par un éclat d'obus, le drapeau échappant à ses mains défaillantes, que j'ai roulé à mon tour sur le sol.

C'est égal, j'ai rempli mon devoir.

Pendant trois heures, on m'a vu à mon poste, tranquille et calme comme si j'avais l'habitude d la bravoure,

Jamais je n'ai tremblé pour moi ; mais chaque fois qu'une trouée se faisait dans nos rangs et que tombait un camarade, j'étais obligé de me souvenir de la sévérité de la discipline pour ne pas enlever ce malheureux sur mes épaules et l'empêcher d'être foulé aux pieds.

L'horrible chose que la guerre ! Un jeune homme, un enfant qui tout à l'heure vous parlait de sa mère, est atteint par une balle, il pousse un cri et tombe sur le sol... Les rangs se pressent... on passe, on va, on court... Et lui ? lui souffrira son agonie solitaire à moins qu'une voiture d'ambulance passe, le relève et le sauve ! Mais en dépit de l'activité et du dévouement déployés sur les champs de bataille, combien de malheureux expirent faute de secours...

Moi aussi, je tombai entre un vieux soldat et un volontaire qui avait quitté son atelier de menuiserie pour prendre un fusil.

La perte de mon sang plus que la douleur causée par une blessure me fit évanouir. Ma grande souffrance ne fut pas l'idée que j'étais perdu, mais celle qu'en dépit de tant de vaillance nos troupes reculaient, abandonnant une à une les positions prises le matin au prix de si pénibles sacrifices...

Combien de temps se passa-t-il entre ma chute et l'instant où je revins à la vie, je ne saurais le dire..... Je ne gardais pas une perception bien nette de ce qui se passait... Mais il ne fallut qu'une minute pour reconnaître dans l'aumônier qui me soutenait dans ses bras devine qui ? Non, tu ne trouverais pas, c'est un miracle de la bonté divine. Tu dois la vie de ton fils à l'abbé Conrad, au frère de Cœlia.

Soutenu par lui, j'ai pu gagner une voiture d'ambulance, et depuis trois jours, je suis au foyer du Théâtre italien, transformé en hospice.

Les lits sont alignés tout autour, d'autres files occupent le centre; on a masqué une partie des hautes fenêtres qui répandraient une clarté trop grande pour les yeux fatigués des souffrants. Nos médecins sont des hommes de savoir, et pour nous soigner nous avons près de nous des femmes élégantes, ces Parisiennes que l'on accuse si vite de légèreté et que l'on trouve cependant à toute heure prêtes aux plus héroïques dévouements. Celles qui passent sans bruit dans la salle voisine, portant le brassard de toile marqué d'une croix rouge, dont la robe est garantie par le tablier blanc des servantes, ce sont les mêmes femmes qui, l'an dernier, traversaient ce foyer éblouissantes de parure jasant à l'abri de l'éventail, discutant une mode nouvelle, et penchées sur le rebord de leur loge écoutaient les plus belles voix du monde leur interpréter les œuvres du génie! Tout de suite, sans transition, sans embarras comme sans orgueil, elles sont devenues par l'instinct de leur cœur, des anges de charité. Leur main est légère pour panser nos blessures, elles ajoutent une bonne parole aux soins dont elles nous entourent. Elles servent de secrétaires aux pauvres soldats illettrés; elles s'asseyent au chevet de nos lits pour nous faire la lecture des journaux.

Ces journaux nous trompent, ils mentent, ils promettent la victoire et nous ne pourrons pas vaincre, ils racontent les faits accomplis en les dénaturant. Quand notre armée est vaincue, celui qui fut notre maître, prisonnier de la Prusse, on parle encore de la lutte à outrance à laquelle nous avons cessé de croire. La province ne se soulèvera pas pour délivrer Paris. Les héroïsmes partiels rendront plus visibles la défection des masses, les orgueilleux et impuissants efforts d'agitateurs qui veulent s'ériger en sauveurs de la patrie. Les soldats, les pauvres gens, les naïfs, les chrétiens se dévoueront simplement, sans emphase, parce que le devoir le commande et que la patrie est en danger. Mais les intérêts personnels prendront le pas sur les grands intérêts du pays. Chacun visera à se dresser un piédestal pour s'y placer debout, bien en évidence, à l'issue de cette guerre, qui ne peut être que néfaste.

Il ne reste plus que Paris à prendre, et Paris sera pris. Le cercle de fer qui nous entoure ne sera brisé par personne. Le cri des trappistes est désormais le seul que nous puissions répéter : — « Frère, il faut mourir. » — Et cependant, nous nous battrons encore, jusqu'à la fin, jusqu'au dernier, et cet effort de notre courage sera d'autant plus grand, qu'à l'avance nous le savons inutile.

C'est une grande force que le sentiment du devoir pour le devoir.

Malgré nos appréhensions, nos angoisses, nous attendons avec impatience l'heure où paraissent les journaux. Ils mentent en nous prédisant la victoire, mais nous la paierions si cher que parfois nous nous surprenons à l'attendre. D'ailleurs, la France a-t-elle mérité d'être si sévèrement châtiée? Les peuples latins sont-ils tellement amollis dans les plaisirs et gangrenés d'incrédulité qu'ils doivent nécessairement disparaître? Subissons-nous une épreuve ou devons-nous attendre un plus rude châtiment? Ah! si le blasphème s'est élevé sous toutes les formes contre le ciel, si la démoralisation s'est affirmée dans les mœurs des masses, dans les livres qui les peignent, dans les œuvres d'art qui en sont l'expression; si l'amour de l'or a été poussé jusqu'à la fureur, jusqu'à la folie, si l'agiotage et la spéculation ont échafaudé de scandaleuses fortunes, si nous avons donné à la fois le spectacle de la nation la plus civilisée et la plus grande, descendant à tous les abaissements du vice, n'est-il pas encore des justes pour obtenir la grâce de Sodome?

Il me suffit parfois pour me rendre l'espoir du spectacle qui se joue sous nos yeux. Jamais le clergé français n'a fourni au monde un plus grand exemple de dévouement. Nos jeunes prêtres, dont quelques-uns sont l'espoir de la tribune sacrée et nous donneront un jour d'augustes prélats, ont demandé comme une faveur de partager les fatigues et les périls de notre armée. Ils sont maintenant à la fois cavaliers, médecins, consolateurs. Rien ne les rebute, rien ne les effraye. Le soldat gouailleur qui risque pendant la paix des plaisanteries de caserne contre les prêtres se découvre devant les aumôniers. Avant la bataille, il s'agenouille devant celui qu'il verra traverser la plaine sanglante pour recueillir un dernier soupir et une bénédiction suprême. A Paris, nos prêtres, nos religieux sont admirables. Les Jésuites, les Dominicains ont transformé leurs maisons en ambulances, les Frères de la Doctrine chrétienne, ces obscurs ignorantins qui n'ont d'autre orgueil que celui de cette même ignorance, vont sur le champs de bataille relever les blessés et donner la sépulture aux morts. Ils marchent sans armes, placides, recueillis, sachant qu'une balle égarée peut les atteindre, et demandant peut-être au fond de leur cœur la grâce de subir ce martyre. Je ne sais ce que pense le peuple de Paris de la conduite admirable des Frères qu'il insulte si aisément dans ses ateliers, mais il suffit d'être juste pour leur rendre un tribut d'éloges contre lequel les voltairiens eux-mêmes n'oseraient s'élever.

J'ai parlé de tous, laissez-moi maintenant vous dire ce que je pense de l'abbé Conrad. Il lui a fallu plus de volonté qu'à la plupart de ceux qui l'entourent, car le dévouement de Conrad est sans autre compensation en ce monde que le témoignage de sa conscience.

Depuis le jour où il est entré au séminaire, son père a refusé non-seulement de le voir, mais encore de lire ses lettres. Il les lui a retournées sans en avoir brisé le cachet. Avant de s'enrôler parmi ceux qui se dévouent à secourir les blessés, l'héroïque jeune homme s'est adressé de nouveau à son père, lui disant qu'à l'heure où il disposait de sa vie pour le soulagement d'autrui, il demandait pardon pour une désobéissance qui lui avait été commandée par Dieu même et une bénédiction paternelle, car peut-être allait-il mourir. Conrad m'a lu le brouillon de cette lettre. Elle est de tout point admirable, c'est un chef-d'œuvre de sensibilité vraie, d'éloquence chaleureuse, de résignation chrétienne...

M. Belleforge n'y a pas répondu, mais cette fois il n'a pas renvoyé la lettre.

Ne trouves-tu pas providentiel que parti en laissant près de toi Cœlia, je suis sauvé, consolé par son frère?

Que j'éprouve de joie à lui exprimer ma reconnaissance. Il a sans doute deviné de quelle façon je pense m'acquitter envers lui, car il me donne souvent le nom de frère, et, en effet, jamais homme ne me parut plus digne de ce titre, mieux fait pour m'en révéler les fortes tendresses. Ma lettre est déjà bien longue... Une de mes infirmières me supplie de cesser d'écrire, elle craint pour moi la fatigue... Je dois céder, je ne m'appartiens plus... Lis à la baronne de Roybert tout ce que tu pourras de cette lettre, et lis-le quand Cœlia pourra l'entendre...

. . . .

On s'est battu au Bourget, et je n'y étais pas ; on s'est battu ! la valeur des soldats a été la même, et pareille aussi l'ineptie, la maladresse des généraux. On dirait qu'ils ont fait un pacte avec l'ennemi.

Jadis on immolait des victimes par milliers au pied de farouches idoles, et aujourd'hui on mène à l'égorgement régulier, systématique, inévitable, des hommes qui marchent l'éclair du courage dans les yeux et la vaillance au cœur. Ils se disent en partant : nous allons vaincre ! Arrivés sur le terrain on leur montre une situation à prendre, des redoutes à enlever, ils vont, sans souci des difficultés et du péril. On les lance à l'assaut d'une muraille ; la chair lutte contre le granit ; par les meurtrières les balles pleuvent ; à droite, à gauche, la mitraille vole, les obus tonnent, les soldats ne voient que le but, ils n'écoutent que l'ordre des chefs.

La mort les fauche, des compagnons les remplacent, le clairon les anime, ils regardent flotter les plis de leur drapeau, et les miracles d'intrépidité se succèdent, les traits héroïques se multiplient. La situation est enlevée, les canons ennemis sont pris, hourra ! victoire ! En avant encore ! Il s'agit de profiter d'avantages conquis au prix de tant de sang, de tant de vies...

Honte et misère ! c'est la retraite qui sonne ! défense est faite aux vaillants de rester à la place si rudement gagnée, il faut se replier, revenir, regagner Paris... et avant que les malheureux humiliés et irrités de ces ordres au moins étranges aient abandonné la situation qui semblait être le but de la bataille, ils voient les Prussiens replacer leurs batteries, et l'artillerie de l'ennemi les foudroie pendant leur retraite...

Toujours le même plan, le même système, la même monstruosité unique dans les fastes de la guerre et dans l'histoire des siéges !

Paris est admirable, mon Dieu ! les hommes se battent, les femmes donnent l'exemple d'une patience à toute épreuve.

Les aliments diminuent, ils vont manquer... les portions de chacun sont réduites ; tous les trois jours le quart d'une livre de viande pour un homme ! le lait fait défaut pour les nourrissons. Ici nous ne sommes privés de rien, mais au prix de quels sacrifices ! L'orange qu'une jeune femme vient d'apporter à Florent, le petit volontaire qui a aidé à me sauver, a coûté six francs ! le beurre vaut trente francs la livre, un billet de banque de cent francs paie à peine un poulet. On a mangé successivement les chèvres au Thibet, les antilopes du Jardin d'acclimatation, les éléphants, on ne s'arrêtera qu'aux fauves, et encore...

. . . .

Les journaux parlent toujours d'espérance. On va faire une sortie en masse; mes forces sont revenues, j'en serai.

Je ne souffre presque plus, et si la marche me fatigue je pourrai encore épauler mon fusil.

Le petit Florent ne pourra me suivre, le brave enfant est plein de regrets. Je lui ai promis de me battre pour deux. L'abbé Conrad est venu me voir. J'ai réglé avec lui les affaires de ma conscience; mon testament est écrit et remis au président de l'ambulance italienne, un homme d'un grand cœur et d'une rare intelligence... Je ne t'ai fait qu'un legs : Cœlia, ma chère Cœlia... Tu la regarderas comme ma veuve, n'est-ce pas?

Le scapulaire qu'elle m'a donné, tout taché du sang de ma blessure repose, sur ma poitrine...

J'attends le signal du départ, et de sa main valide Florent astique mes armes...

Dieu bénisse la France !

Dieu la sauve si elle peut être sauvée !

. . . .

La France est perdue !... refoulés à Champigny, battus au Bourget, nous venons de succomber à Buzenval !... C'est la fin ! que de sang a coulé... Je suis fou de honte et de douleur !

Il semble désormais que nous portions au front le signe d'une indélébile meurtrissure. Nous gardons au cœur une plaie saignante. Nous ne sommes plus la première nation du monde. La défaite d'hier vient de jeter une ombre sur nos vieilles gloires.

Deux provinces sont effacées de nos cartes, deux noms chers amènent des larmes dans nos yeux : Lorraine ! Alsace !

Vaincus, nous sommes vaincus !

Toi seule pourras me consoler de ces douleurs poignantes. J'ai besoin d'oublier près de ma mère mes désespoirs de Français, de soldat. Encore quelques jours et j'irai te rejoindre. Ne te hâte pas de revenir. Si la guerre extérieure est terminée, les luttes intestines ne sont pas finies. Si l'on a commis des crimes au nom de la liberté, Dieu sait ce qui se prépare sous le règne de la Commune dont on salue d'avance l'avénement.

. . . .

Des hommes sortent brusquement de l'ombre, de la boue, folliculaires bilieux, avocats gonflés d'ambitions, révolutionnaires par hérédité, repris de justice, évadés de Cayenne, imbéciles vantards qui prendraient l'échafaud pour marchepied plutôt que de rester sur le trottoir comme tout le monde. Une population étrange s'anime, pullule, grouille, parle, se démène. On reprend la thèse des droits du peuple, de l'égalité, de la fraternité. Il est question d'abolir les impôts pour les classes moyennes et de les centupler pour les riches. Les plus purs ne parlent de rien moins que de mettre les biens en commun. On pérore, on crée des clubs dans toutes les rues, on divague dans les cafés, on hurle sur les places publiques.

Le délire s'empare des cerveaux agités déjà par l'ivresse.

Je te le disais bien, la France est perdue !

. . . .

C'est l'émeute déchaînée, la guerre civile, le massacre

entre frères. Les canons des remparts sont traînés sur les hauteurs de Montmartre. On assassine les généraux en plein jour. Le peuple possède des revolvers, des fusils, des mitrailleuses. La Commune est proclamée; demain sans doute commenceront les exécutions sommaires.

L'armée est à Versailles, je pars pour la rejoindre.

J'ai serré Conrad dans mes bras en le suppliant de quitter Paris.

— Tu as rempli ton devoir de prêtre, lui ai-je dit, qu'attends-tu de ces forcenés ?

— Il m'a montré le ciel du geste.

— Le martyre, m'a-t-il répondu.

Mon Dieu, gardez-moi Conrad, le maître que je consulte, l'ami sur lequel je m'appuie... laissez à Cœlia le seul être qui puisse désormais la comprendre !

Tant que durera la crise dans Paris, Paris restera ville fermée.

Je t'écrirai de Versailles.

ROLLAND D'IVRÉE.

XXI

LE CLUB DES FOLIES-BERGÈRES.

La salle des Folies-Bergères, après avoir subi des transformations successives, venait d'être choisie pour salle de conférences. Située au centre de Paris, assez vaste pour contenir une grande foule, et présentant des qualités d'acoustique précieuses pour les orateurs, elle ne pouvait manquer de s'emplir chaque soir d'une foule désœuvrée, avide d'entendre des hommes raconter l'œuvre de la veille en excitant à l'œuvre du lendemain.

Dans la voie terrible qui menait Paris jusqu'au fond de l'abîme, il fallait qu'on poussât les masses abruties, qui gorgées de vin allaient bientôt vouloir se gorger de sang. On se lasse de tout, même du crime. Les plus mauvais, arrivés à un certain degré du mal, ne peuvent s'empêcher de jeter un regard en arrière, et souvent ils reculeraient si un bras implacable ne les poussait en avant, si une voix impatiente ne leur criait : Marche ! marche !

Chaque soir donc la foule s'étouffait dans la salle des Folies-Bergères. On avait organisé sur le théâtre une sorte de bureau ayant son président et son secrétaire. Une serviette et un verre d'eau se trouvaient sur le tapis. A peine la séance était-elle ouverte que la parole appartenait à qui la prenait. Des bravos frénétiques saluaient les motions les plus effrontées. Quand, au contraire, on refusait d'écouter l'orateur, l'assemblée se levait et hurlait *la Marseillaise*, jusqu'à ce qu'un nouveau clubiste eût obtenu un peu de silence.

Ce qui se débitait chaque soir d'inepties, de lieux communs, quand on ne descendait point plus bas, serait impossible à répéter. On venait là du reste, pour entendre un écho de ce que l'on avait lu le matin dans le *Moniteur des Voyous*, le *Journal de la Canaille*, le *Bonnet Rouge* et le *Père Duchêne*.

Le plus sûr moyen d'obtenir un succès de parole était de renchérir sur ces feuilles immondes, et d'exalter davantage encore s'il était possible les cerveaux affolés, en leur montrant des exactions nouvelles à commettre et des crimes sans nom à perpétrer.

Ce soir-là on eût dit la foule sous l'empire d'une surexcitation imprévue. Le nom d'un homme connu de tous avait été cité au nombre de ceux qui devaient prendre la parole, et ce nom devenu populaire dans les souvenirs des communards était celui du Grèveur.

Ce débauché, ce paresseux, que l'on avait vu jusqu'à l'avènement de la Commune traîner de sordides guenilles, avait subitement fait peau neuve. Il est vrai que sa transformation nouvelle le rendait, s'il se peut, plus redoutable encore. Quand la commune fut proclamée, il se trouva soudain dans son élément. Alors lui revinrent à la mémoire les bribes de dangereuses lectures faites au hasard et partout, dans les journaux malsains et les livres obscènes. Ignorant, mais effronté, doué d'une certaine facilité de parole, il pouvait sous l'empire de la haine ou l'excitation de la colère trouver les éclats d'une sauvage éloquence. Son attitude, son geste, l'éclair froid de son regard, aidaient à l'effet produit. Sa voix gardait des sons de cuivre, il coupait ses discours par des interpellations directes et brutales, il parlait par saccades, langant les mots, criant l'injure dans des phrases vides et sonores, et il entraînait souvent une foule facile à griser de sophismes et blasphèmes.

La chenille était devenue papillon. Le Gréveur ne traînait plus de guenilles. Habillé de drap fin, couvert de galons d'or sur toutes les coutures de son uniforme de commandant des « Vengeurs de Flourens », il portait un arsenal de guerre, et faisait traîner en marchant, le sabre fixé à sa ceinture.

Une motion effrontée proposée dans un club de son arrondissement l'avait porté aux fonctions de membre de la municipalité ; son audace, son besoin de mouvement, sa soif de se gorger de jouissances et de plaisirs qu'il n'avait point connus dans son passé misérable, le jetèrent au milieu de la fournaise. N'ayant rien à respecter dans le fond de son âme, garotté par la parole donnée à la Tronche et soumis malgré lui à la volonté dictatoriale de Populus, il allait en avant, criant plus haut que tous, et poussé par la terrible émulation du crime, dépassant ses rivaux dans leur chemin maudit.

Désormais il ne s'arrêterait plus ; si loin qu'il fallût aller, il irait; son ambition unique était de ne se laisser devancer par personne et d'avoir devant les masses, l'initiative des résolutions les plus terribles. Il voulait être le premier dans la boue et dans le sang ; dût-il payer de sa vie sa popularité de ruisseau.

La Faraude, dont les derniers bons instincts s'étaient réveillés lors de la visite du banquier Belleforge, oublia bientôt une émotion passagère. Le vice la reprit avec une violence d'autant plus grande qu'elle cessa d'en rougir.

Grâce à la situation occupée par le Grèveur à la mairie du Panthéon, la Faraude eut à discrétion des vivres, et la caisse municipale s'ouvrit sur les sommations de son mari.

Dès lors elle abandonna le taudis de la rue Saint-Étienne du Mont pour s'installer dans l'appartement d'un riche propriétaire que la terreur avait chassé de Paris. Une réquisition suffit pour permettre à la femme du Graveur d'habiter des salons tendus de soie, et de coucher dans un lit doublé de guipure.

Elle vida les armoires après en avoir fait sauter les serrures, et des toilettes sorties de chez Worth et Laferrière se drapèrent sur les maigres épaules de la Faraude.

Elle pensait exciter l'admiration et l'envie de la pauvre Thérèse, en se présentant chez elle vêtue de la sorte, mais l'humble ouvrière mécanicienne retira sa main de celle de son ancienne voisine, et rougit de honte en la reconnaissant.

Elle se consola de cet échec, près de quelques compagnes des nouveaux chefs d'emploi du drame lugubre qui se jouait alors. Et plus que jamais elle mérita le surnom qu'on lui donnait dans ses jeunes années.

Les enfants, qui ne comprenaient rien à cette fortune subite, mangeaient à leur faim et retrouvaient les couleurs de la santé. Et rien n'était plus navrant que de voir ces petits malheureux inconscients du mal commis autour d'eux, profiter du produit du vol et proférer des cris qui déshonoraient leurs lèvres d'enfant.

La Faraude ne manquait jamais de les amener dans les clubs où leur père devait prendre la parole, et dans une loge des Folies-Bergères, on pouvait la voir au premier rang vêtue d'une robe de soie bleue sur laquelle tranchait une ample ceinture de soie rouge, et coiffée d'une toque ornée d'une large cocarde tricolore.

Nous l'avons dit, la salle était pleine, le public frémissant.

On avait déjà multiplié tant d'infamies, pillé tant de monastères, dépouillé tant d'églises, violé tant de sépultures, soulevé tant de pavés, écrit avec du sang des pages si terribles, qu'il devenait difficile de l'intéresser.

Quel tour de force allait exécuter le dompteur au milieu de sa troupe de bêtes fauves ?

On avait usé bien des horreurs, que restait-il à faire encore ?

Le public attendait impatient, et criait : « la toile ! » par un reste d'habitude.

Enfin la séance fut déclarée ouverte par le président, et un citoyen prit la parole. Il commença par proclamer que la morale naturelle devait désormais tenir lieu de toute autre morale, et se perdit dans une phraséologie de hasard qui fut bientôt outrageusement sifflée : la morale, même la morale indépendante, il était vraiment bien question de cela ! Il fallait autre chose pour galvaniser les masses. L'orateur disparut sous une huée générale.

Celui qui lui succéda voulut proposer des moyens de défense contre les Versaillais.

— Nous avons la commission des barricades ! lui cria la foule.

Et brusquement ceux qui savaient que le compagnon de la Faraude devait prendre la parole se mirent à répéter sur ce rhythme connu que le plus souvent l'on accentue en frappant le sol du pied :

— Le Grèveur ! le Grèveur !

Celui-ci se tenait dans la coulisse comme un acteur prêt à entrer en scène. Il voulait ménager son effet et recueillir, lors de son apparition, les bravos qui le saluaient et le grisaient plus que l'absinthe.

Quand il comprit que la foule s'impatientait, il passa la main dans ses cheveux, déboutonna le haut de son uniforme, et parut sur le bord extrême du théâtre. Il ne salua point la foule, il la regarda. Il ne demanda pas ce qu'il fallait servir à la troupe affamée, et ses yeux clairs parurent l'interroger.

— Je ne sais pas parler, leur dit-il, je ne sais que marcher le premier quand il s'agit de défendre un point menacé ; je ne sais ni préparer des discours ni arranger des phrases. Je vous jette mes idées, et c'est à vous qu'il appartient de les débrouiller ; je ne suis point avocat, je lis mal, et si je comprends bien les aspirations et les volontés du peuple, c'est que je suis de ce peuple, et que j'ai souffert, avec lui...

— Bravo le Grèveur ! bravo ! crièrent cent voix.

Ces applaudissements firent passer un éclair de joie dans le regard du mari de la Faraude, et il reprit :

— Vous êtes des républicains, des purs, des amis du progrès ! Vous ne voulez plus que les bras de l'ouvrier se lassent sur un travail ingrat, vous avez des compassions pour ses enfants et vous les adoptez quand il meurt à la tâche ; vous rêvez de grandes choses, des fondations humanitaires, vous voulez l'abaissement du riche et le bonheur du prolétaire, n'est-ce pas ?

— Oui, oui ! répéta un chœur formidable.

— Seulement les moyens d'opération vous manquent. La guerre absorbe des sommes considérables, vous nourrissez les affamés, et bientôt les fonds vont vous manquer. Ce qu'il faut aujourd'hui, ce n'est pas du courage, tout le monde est citoyen et soldat, ce n'est pas de l'enthousiasme, vous êtes prêts à mourir pour la sainte cause que nous défendons... Ce qu'il vous faut, c'est de l'argent.

Le Grèveur s'arrêta un moment pour jouir de l'effet produit par ses paroles. Il avait atteint son but, l'attention de tous se trouvait captivée. Aussi ajouta-t-il avec un accent de triomphe :

— Je viens vous fournir le moyen de vous en procurer. Vous avez dans Paris d'immenses richesses inutiles, des millions, un milliard peut-être dont vous n'avez jamais songé à faire usage. Vous décrétez l'abolition du culte, vous ouvrez les portes des couvents, vous prenez les églises pour les convertir en monuments nationaux, et vous oubliez qu'à quelques pas de vous les tyrans superstitieux, avides de racheter leurs crimes, ont successivement porté les joyaux de leur couronne, et les reines les perles de leurs colliers. Vous oubliez que pendant douze siècles la superstition a multiplié des offrandes qui demain si vous le voulez, passeront dans les mains de vos chefs pour être réparties en secours distribués aux femmes, aux enfants, aux vieillards. Nous aurons, si vous le voulez, de l'argent pour acheter de la poudre, de l'argent pour payer des canons, et cet argent ne coûtera rien à personne, car celui à qui nous prendrons ces inutiles richesses n'a pas même de voix pour réclamer. De l'or, des pierreries, vous trouverez de tout à foison. Fondez les ostensoirs, les calices, les reliquairs, arrachez les diamants des couronnes, vendez à des Juifs ou à des cours étrangères les merveilles que vous allez saisir, et vous aurez détruit un abus et mérité les remercîments de la patrie. Le trésor de Notre-Dame! Vous n'y avez donc jamais pensé! Vous ne savez donc pas quelles richesses s'y entassent! l'éblouissement vous prendra quand vous contemplerez les vases d'or et d'argent, les bassins, les calices que vous y trouverez. Au creuset le métal et changez-le en pain pour les pauvres, en couvertures pour les soldats!

Le Grèveur s'arrêta afin de juger de l'effet qu'il venait de produire.

Cet effet fut immense.

Ce mot, « le trésor de Notre-Dame », parut ouvrir devant les auditeurs assemblés dans la salle des Folies-

Bergères, les mystérieuses cavernes des contes de fées. On vit flamboyer les escarboucles. On compta par la pensée les pièces d'orfévrerie offertes à la basilique par la piété des rois, et l'imagination grandissant encore la réalité, la foule, sur la parole du Grèveur crut à l'existence de millions enfouis dans les armoires renfermant le trésor de Notre-Dame.

Ce fut alors un mouvement, une agitation impossible à décrire. On parlait, on criait, quelques braillards voulaient porter le Grèveur en triomphe.

— C'est cela ! hurlait une masse compacte, le Grèveur a raison, au creuset les vases d'or !

— Rendons à César ce qui est à César, et au Christ sa botte de paille ! ajouta un lecteur du *Mot d'Ordre*.

Quand le silence se fut un peu rétabli, le Grèveur reprit la parole, et développa son projet. Il fut convenu que le lendemain un groupe de purs républicains, à la tête desquels venait naturellement le Grèveur, se rendrait près des membres du gouvernement pour leur demander que l'on saisît le trésor de Notre-Dame.

On se sépara en tumulte sans vouloir entendre les orateurs inscrits. La bête populaire était satisfaite, on venait de lui jeter en pâture plus qu'elle n'espérait recevoir.

Quand le Grèveur rejoignit la Faraude, celle-ci lui dit à l'oreille :

— Hein ! mon homme ! tu ne manqueras pas de me rapporter quelque bricole.

— Suffit ! dit le Grèveur en lui prenant le bras.

Il ajouta d'une voix amère :

— Pas moins tu as songé à me quitter.

— Tu as bien songé à me tuer, toi !

— Ne parlons plus de ça, Faraude, c'était dans les mauvais jours... quand il fallait trimer pour avoir du pain! tandis que maintenant on boit et on mange au nom de la République. On éventre les barils des aristocrates et tu te pavanes dans la robe de soie d'une duchesse; voilà ce que j'appelle un gouvernement.

— Ça durera-t-il ? demanda la Faraude devenue subitement sérieuse.

— Qu'est-ce qui dure, ma vieille? ni tes vingt ans, ni les miens! Nous avons notre jour, grisons-nous et dormons ce soir, pour nous enivrer demain encore. Si par malheur nous sommes vaincus, il sera toujours temps de nous faire sauter le caisson.

Et le Grèveur et la Faraude regagnèrent l'hôtel dont ils se trouvaient locataires provisoires au nom de la sainte et indivisible liberté !

XXII

VICTIMES DU DEVOIR.

L'ombre envahissait l'église métropolitaine qui avait vu s'agenouiller tant de rois et avait entendu la réhabilitation de Jeanne d'Arc. Les vitraux flamboyants semaient sur le pavé des fleurs épanouies ; dans les chapelles la lumière doucement tamisée s'unissait à cette sorte de fraîcheur recueillie qui tombe des grandes nefs. Les autels déserts enveloppés de voiles semblaient environnés de deuil. De rares fidèles prosternés priaient sur les dalles. La voix des dix justes capables de sauver Sodome s'élevait vers le ciel irrité. On n'entendait ni bruit de hallebarde heurtant le pavé sonore, ni sonnette d'enfant de chœur tintant l'heure du divin sacrifice. La psalmodie n'éveillait point à cette heure d'écho sous les voûtes ; l'église du Christ se recueillait, et par la prière et le silence se disposait au martyre.

Rien de plus magnifique qu'une grande cathédrale emplie du chant des hymnes, pénétrée des parfums de l'encens, à l'heure où les chapes d'or des prêtres frissonnent sur le marbre, où les croix processionnelles, les bannières, reluisent sous la lumière étincelante; rien de plus majestueux que ce même temple empli de la présence divine, et dans lequel on voit, seulement avec les yeux de l'esprit, flotter la robe de l'Agneau dont le bord seul remplit l'espace.

Il pouvait être deux heures de l'après-midi quand les fidèles dispersés dans la vaste cathédrale levèrent brusquement la tête et devinrent attentifs à un bruit étrange, insolite, qui, dans les conditions où se trouvait Paris, ne pouvait manquer de paraître effrayant.

En effet, des crosses de fusils résonnaient sur le pavé, et la voix de plusieurs hommes interpellait un sacristain tremblant.

— Voyons, répondras-tu, demanda le Grèveur en secouant le vieillard par l'épaule, tu es chargé de la surveillance de la sacristie ?

— Oui, répondit le vieillard, mais jusqu'à un certain point, et...

— Pas de réticence ! donne-nous les clefs.

— Qu'en voulez-vous faire ? demanda le vieillard.

— Inspecter les armoires qu'elle contient.

Le sacristain fit moins de difficultés que le Grèveur n'en attendait ; il remit les clefs et suivit le groupe de fédérés qui se dirigeait vers la sacristie.

En une minute les armoires ouvertes livrèrent aux pillards des aubes, quelques robes d'enfant de chœur et de menus objets.

— Vieux gueux ! fit le Grèveur, penses-tu railler la République et les membres du gouvernement ?

— Je ne raille personne, vous m'avez demandé les clefs, vous les avez.

— Mais les autres ?

— De quelles clefs parlez-vous ?

— Des clefs du trésor de Notre Dame.

— Les clefs du trésor de Notre-Dame ! fit le sacristain, mais vous me tueriez sur place avant de me faire avouer où elles se trouvent.

— Voyez-vous, ce misérable fanatique ! dit un fédéré. Est-ce qu'un tas de vieux os et de crânes blanchis ont besoin d'enveloppes d'or et d'argent ? Il faut du pain pour les enfants, de la poudre pour les braves, et le trésor doit être livré à la République.

— Cherchez-le donc, répliqua le sacristain.

Un soldat empoigna le vieillard par le cou et le serra avec une telle force que sa face s'injecta de sang. Il le lâcha quand il le vit prêt à rendre le dernier souffle.

— Une poussée comme celle-ci et tu perds le goût du pain, lui dit-il, parle donc, où est le trésor ?

— Je ne sais sur quoi jurer que je l'ignore, dit le sacristain, vous ne me croiriez pas.

— Mais l'archevêque le sait, et l'archevêque est en notre puissance.

— L'archevêque ne le sait pas davantage.

— Qui donc, alors ?

— Les chanoines, les chanoines seuls.

— Nous les trouverons, dit le Grèveur, donne leur adresse.

Le sacristain secoua la tête.

— La plupart ont quitté Paris, dit-il.

— Vous voyez bien qu'il ne veut pas parler ! fit le Grèveur. En avant les grands moyens ! La conviction entrera dans son esprit par la torture, nous trouverons bien une mèche soufrée quelque part.

Le vieillard se mit à trembler de tous ses membres. L'effroi que lui causait la souffrance physique le jeta à genoux devant la bande des fédérés.

— Grâce ! dit-il, ne me faites pas de mal... Je vous jure que j'ignore où sont cachés les chanoines, presque tous, du moins... Je suis un pauvre homme, que vous servirait de me torturer...? Ils sont partis... Un seul est resté.

— Où se cache-t-il? cria le Grèveur.

— Il ne se cache pas, il habite toujours sa maison.

— Où cela?

— Rue du Cloître-Notre-Dame, numéro 10...

— Infâme canaille! fit un soldat, en renversant à terre le sacristain d'un coup de crosse de fusil, il voulait sauver un abuseur du peuple du juste châtiment qui le menace.

— Son nom? maintenant, fit le Grèveur.

Une dernière fois le sacristain hésita; il comprenait que sa délation pouvait devenir un arrêt de mort, mais une pointe de baïonnette heurta son bras et il murmura en étouffant un cri de douleur :

— L'abbé de Hautmoustier.

Alors avec des hurlements de joie farouche, la troupe quitta l'enceinte de l'église, et tournant à droite se trouva dans la rue du Cloître, en face d'une immense porte cochère s'ouvrant sur une cour noire, dominée de trois côtés par des murailles d'aspect sombre coupées de fenêtres irrégulières.

Pendant ce temps le vieux sacristain tombait sur les dalles en répétant :

— Judas ! Judas ! tu viens de livrer le sang innocent !

L'abbé de Hautmoustier travaillait paisiblement à son *Histoire de Notre-Dame*, quand un coup de crosse de fusil ébranla violemment sa porte.

Il s'attendait depuis longtemps à subir le sort de quelques-uns de ses collègues.

Lorsqu'il comprit que l'heure de la lutte était venue, il trouva soudainement dans un regard jeté sur le crucifix, la force de subir l'outrage et peut-être le martyre.

Il se leva, et d'un pas tranquille, avec un sourire plein de sérénité et d'espérance, il alla ouvrir aux délégués de la Commune.

Le Grèveur s'avança le premier.

— Tu es le citoyen de Hautmoustier ?

— Je me nomme, répondit le prêtre avec lenteur, le baron Enguerrand de Hautmoustier.

— Tu fais métier de débiter au peuple des mensonges, et de lui vendre des indulgences ?

— J'enseigne à honorer la religion que vous outragez et j'accorde sans en trafiquer le pardon au repentir.

— Des mots ! des phrases ! cria le Grèveur, on connaît ça ! Tu sais où l'on a renfermé le trésor de Notre-Dame, ton devoir est de le livrer au gouvernement.

— J'atteste, dit l'abbé de Hautmoustier que nul ne m'a confié le secret dont vous réclamez la révélation, mais si je le connaissais, je garderais le silence.

— Alors suis-nous ! dit le Grèveur.

— Je suis résigné d'avance à affronter tous les dangers, à subir tous les outrages.

Le chanoine descendit tranquillement l'escalier et entouré par les gardes il entra dans la basilique. Les fédérés saluèrent son arrivée d'un formidable hourra. Ils se crurent déjà en possession des richesses de l'église, et répétèrent d'une voix impérieuse :

— La clef du trésor, la clef !

— Je vous l'ai dit, je ne l'ai pas ! répondit l'abbé de Hautmoustier.

— Le feu ! la question ! la corde ! hurlèrent les bandits.

En moins d'une seconde le vieillard fut renversé, on lui lia les bras, et l'un des plus exaspérés levait sur lui son revolver, quand un bras robuste l'écarta, et une voix sonore cria par trois fois :

— Lâche ! lâche ! lâche !

Un nouvel acteur venait d'entrer en scène. C'était Conrad Belleforge. Il rentrait dans l'appartement qu'il occupait au quatrième étage de la maison du chanoine,

14.

quand la concierge au désespoir lui raconta ce qui venait de se passer.

— Pour Dieu, monsieur l'abbé, dit-elle avec instance, quittez cette maison, les mécréants y peuvent revenir... C'est déjà bien assez malheureux que notre digne chanoine soit entre leurs mains, changez d'habit et sauvez-vous... Il ne manquera pas de bonnes âmes qui vous donneront l'hospitalité pour l'amour de Dieu.

— Me cacher ! fuir ! quand mon vieil ami, mon maître court un danger, vous n'y songez pas ! Qu'importe ma vie ! si elle sert à son salut, elle n'aura pas été inutile.

En dépit des prières des gens de la maison, l'abbé Conrad courut à Notre-Dame, en franchit la porte et arriva assez à temps pour sauver la vie au chanoine.

— Ah ! mon fils ! lui dit celui-ci, pourquoi n'avez-vous pas fui ?

— Avant d'arriver à ce vieillard, vous me tuerez, dit l'abbé Conrad en s'adressant aux fédérés.

— Double prise alors, reprit un garde.

Le Grèveur poussa un sauvage éclat de rire, et saisissant par l'épaule le jeune prêtre qui le regardait avec calme :

— Tu ne te rappelles pas mon visage ? lui demanda-t-il.

— Non, répondit l'abbé Conrad.

— Eh bien ! moi, je te reconnais ! et dans cinquante ans, ma haine te découvrirait encore... C'est toi qui, sur le champ de bataille de Champigny, m'as désigné comme faisant partie de la bande des *Corbeaux rouges*, c'est toi qui m'as fait incarcérer comme malfaiteur et pilleur de cadavres... La Commune, qui me sait bon patriote, m'a rendu la liberté... Je suis membre du conseil municipal et chef de bataillon ; je commande à mon tour... Sur un signe de moi, on va te loger une balle dans la tête.

— Vous vous garderez bien de nous assassiner, répliqua l'abbé Conrad, Raoul Rigault ne vous le pardonnerait jamais... Moi et mon compagnon nous restons sous la sauvegarde de la Commune, à ses chefs seuls nous ferons s'il nous convient, des révélations.

— Le trésor ! le trésor ! crièrent trente voix.

— Auriez-vous l'espoir de le confisquer à votre profit ? Est-il fait pour enrichir une poignée d'hommes ? Vous mettez notre honneur en suspicion, sommes-nous obligés de vous croire sur parole ? Le chanoine de Hautmoustier que vous menaciez tout à l'heure ne relève que de la justice, si l'on rend encore la justice à Paris ! Faites-nous conduire devant les chefs de la Commune.

— Jamais ! dit le Grèveur ! Il s'agit entre nous deux d'une affaire personnelle, ton compte ne sera pas long à régler !

L'abbé Conrad s'adressa au membre de la Commune, reconnaissable à son écharpe rouge :

— Nous ne demandons rien que de juste, dit-il. Si nous sommes condamnés à mort nous tomberons sans faiblir ; mais avant, nous avons le droit de nous expliquer.

— Pas d'explication ! hurla le Grèveur, le vieux remettra les clefs, et quant à toi...

— Conrad, dit l'abbé de Hautmoustier, Thomas Beccket et Prétextat étaient de nobles évêques, qu'une rage sacrilège frappa au pied de l'autel..., prouvons que nous savons mourir comme eux.

— Notre exemple peut relever d'autres courages, répartit le jeune homme, et nous n'avons pas le droit de mourir si nous gardons la faculté de défendre notre vie... Nous subirons le martyre s'il le faut, Dieu nous interdit d'aller au-devant.

Puis, se tournant vers les fédérés :

— Conduisez-nous près de Raoul Rigault, répéta-t-il.

Si résolus qu'ils fussent, les misérables se regardèrent

et se consultèrent. Il était possible que malgré leurs dénégations le chanoine et son compagnon connussent le lieu de dépôt des richesses de Notre-Dame. Personne ne devait donc porter la main sur ces hommes dont on attendait des révélations évaluées à un chiffre de plusieurs millions. Les chefs qui avaient préparé, commandé l'expédition, prononceraient sur le sort des deux prêtres.

Le Grèveur lutta, parla, insista, menaça, il ne put obtenir de ses collègues qu'ils fissent justice sur l'heure des refus de l'abbé de Hautmoustier et de Conrad ; ceux-ci, garrottés et placés au milieu d'un piquet de gardes, prirent le chemin de la préfecture de police.

Sur leur passage, les huées de la populace les accueillirent, et une foule immense se massa aux abords de la préfecture pour attendre l'issue de cette affaire.

Chaque jour de nouveaux otages, ministres du culte, magistrats, gendarmes, sergents de ville, subissaient de sommaires interrogatoires et grossissaient ensuite le chiffre des prisonniers. La foule, qui n'avait plus de théâtres ouverts, se ruait à la représentation de ces drames où des pleurs vrais coulaient sur des visages bouleversés par l'angoisse, où du sang chaud et jeune ruisselait sous la lame d'un sabre ou la balle d'un chassepot.

L'abbé de Hautmoustier, qui tout enfant avait traversé les mauvais jours de 91 et de 93, se souvenant des traditions de la famille sacerdotale, se sentait prêt à mourir dignement ; Conrad, dans toute la ferveur de son ordination récente, se réjouissait de cueillir si vite la palme de la persécution.

Quand les deux prêtres parurent devant Raoul Rigault, celui-ci venait d'expédier rapidement quelques ordres de réquisitions et d'arrestations, et la folie, l'ivresse du mal lui montant à la tête, il sourit avec l'expression d'une joie cruelle en voyant les deux ecclésiastiques.

— Je n'ai pas besoin de vous demander votre profession, dit-il, votre costume l'indique assez. Tous deux, vous abusez de la simplicité des enfants, de la crédulité des femmes, vous entraînez le peuple dans une voie fatale et voudriez faire peser sur lui l'ignorance et l'esclavage.

— Monsieur, reprit avec vivacité l'abbé Conrad, je ne me défendrai point personnellement, attendu que l'on ne formule d'ailleurs contre moi aucune accusation précise ; mais je défendrai le clergé tout entier, parce qu'il a daigné m'admettre dans ses rangs. Vous dites que nous abusons de la simplicité des enfants ? Les écoles dirigées par les frères et les prêtres sont celles où l'instruction progresse davantage. Nous employons pour diriger les femmes une influence trop grande? Nous leur enseignons la soumission à l'époux malgré ses brutalités, la fidélité en dépit de ses erreurs. Notre vie tout entière est employée à fonder des œuvres pour les orphelins pauvres, les apprentis, les adolescents, nous donnons notre intelligence et notre âme à tout ce que la société compte d'oubliés, de souffrants. Notre ministère nous rapproche plus du pauvre que du riche. Un jour viendra où de cette foule qui vous acclame vous aurez fait un troupeau de déportés, à moins qu'elle ne soit devenue un monceau de cadavres... Eh bien ! à ceux que poursuivra le remords et qui nous appelleront à leur chevet d'agonie, car le prêtre est le plus discret et le dernier des amis, nous irons porter des paroles d'apaisement et d'espérance. Ceux d'entre nous qui tomberont sous vos coups, lèguent d'avance à leurs survivants l'obligation du pardon en leur nom comme au nom de Dieu. Vous pouvez emprisonner, massacrer cent mille prêtres, le prêtre s'appelle Légion, il refait ses rangs comme les soldats, pour un qui tombe vingt se lèvent!

— Soit, dit Rigault, mais ceux qui meurent sont bien morts.

— On ne tue pas plus l'idée qu'on ne tue l'âme.

— Vous êtes fanatique ! mais vous gardez au moins une certaine bravoure, et cette bravoure m'intéresse !... Voulez-vous troquer votre robe noire contre un habit de soldat et vous battre au milieu des fédérés pour la sainte cause du peuple ?

— Jamais ! répondit Conrad, mais comme je suis brave, je vous offre d'aller sous le feu relever et soigner vos blessés.

— Cela ne suffit pas ; et vous, citoyen Hautmoustier ?

— J'ai fait ma profession de foi à vos délégués.

Le Grèveur dit quelques mots à voix basse.

— Vous possédez, me dit-on, les clefs du trésor de Notre-Dame ?

— Je ne les ai jamais eues, mais si cela eût été vrai, je les aurais jetées à la Seine plutôt que de vous les rendre.

— Vieux fou ! ne savez-vous pas que Notre-Dame et son trésor feront sur un ordre signé de ma main un immense brasier dont les lueurs illumineront tout Paris.

— Je sais, répliqua l'abbé de Hautmoustier, que vous pouvez vous souiller de tous les crimes, mais je sais aussi que l'épée dont vous êtes armé se tournera contre vous ! L'hydre populaire, dont les sept têtes furieuses aboient et mordent aujourd'hui, vous brisera entre ses mâchoires impitoyables... Si vous nous envoyez au martyre, le suicide vous attend ou l'échafaud vous réclame...

Rigault frappa sur la table avec violence et répondit ces mots équivalant à une sentence :

— Bons pour otages !

L'abbé de Hautmoustier serra la main de Conrad.

Sur un signe de son chef, auquel il n'osait résister en face, le Grèveur poussa les deux victimes au milieu d'un groupe de fédérés et le piquet de gardes les enveloppa moins pour les défendre que pour les insulter de plus près.

Une heure après les nouveaux prisonniers se trouvaient enfermés dans une des salles de la préfecture de police, en attendant qu'on les expédiât à la Conciergerie ou à la Roquette.

Les deux amis ne se faisaient aucune illusion.

On était au samedi, ils savaient que l'armée libératrice se trouvait aux portes de la capitale, mais sans doute elle arriverait trop tard pour arrêter l'effusion du sang innocent.

A ces heures suprêmes, le courage grandit à la hauteur des événements. Tel qui, la veille, semblait un homme doux, simple et naïf, se révèle un héros.

Le calme des grandes consciences fait les trépas sublimes.

Le vieux chanoine avait vécu en dehors du siècle, d'une existence de bénédictin. Renfermé dans la basilique, dont il avait fait sa patrie, sa cité, sa merveille vivante, il avait dépensé ses heures de loisir à en rechercher l'histoire, à en suivre la touchante ou grandiose légende.

L'argent qu'il ne donnait pas aux pauvres servait à payer les dessinateurs, les graveurs reproduisant pour son grand ouvrage les merveilles de la sculpture du moyen âge. Si quelque regret terrestre se cachait au fond du cœur du saint homme, c'était celui de ne point avoir terminé cette œuvre de toute sa vie.

Conrad, malgré sa résignation, souffrait d'une pensée pénible.

Monsieur Belleforge ne s'était point laissé attendrir par les lettres de son fils.

Jamais le jeune prêtre n'avait revu celui à qui il gardait tant de respect et de tendresse.

L'idée de mourir sans recevoir la bénédiction paternelle le troublait cruellement. Cette dernière goutte du calice lui paraissait si amère, qu'il suppliait le ciel de l'éloigner de lui. Il consentait à faire le sacrifice de sa vie, mais il demandait avec instance, avec angoisse, avec larmes, de mourir après avoir entendu tomber de la bouche de son père une parole de réconciliation.

Dans le doute de ce qui adviendrait d'eux, Conrad et le chanoine entendirent mutuellement leur confession.

— On ne nous sépare pas, dit l'abbé de Hautmoustier, c'est une grande grâce dont nous devons bénir le Seigneur. Puissions-nous jusqu'à la fin nous exhorter au martyre et nous entretenir de la récompense qui paiera de passagères douleurs.

A l'heure où l'on apporta leur repas aux prisonniers, Conrad demanda si on lui permettait d'écrire une lettre.

Un fédéré lui répondit brutalement :

— Vous avez un testament à faire ?

— Oui, dit Conrad, un testament de mort.

Le fédéré haussa les épaules et se mit à siffler, mais un gardien fit au jeune prêtre un signe mystérieux équivalant à une promesse.

En effet, une heure plus tard il revint seul, en apportant de l'encre et du papier.

— Mon ami, lui demanda Conrad, vous n'êtes donc pas de ceux qui demandent que l'on nous crucifie ?

— Monsieur l'abbé, dit le gardien, je ne me fais point meilleur que je ne suis..., je suis un trembleur, un lâche... Je mens à mes convictions, à mes habitudes, par faiblesse... J'outrage le devoir, le pays et la religion, dans la crainte d'une balle... Ce qui se passe me fait horreur, et j'en reste le témoin, presque le complice..., que je cesse de les servir, et ces gens m'envoient à la Roquette...

Je rends le plus de services que je le puis aux malheureux que je suis chargé de surveiller..., mais j'ai une femme, des enfants..., si je refuse d'exécuter un ordre, on me fusille sommairement, sans procès... Seulement, j'essaie de racheter ma faiblesse et je suis tout prêt à vous obliger.

— Ainsi, vous vous chargez de remettre cette lettre à destination ?

— Je la ferai porter par ma femme.

— La voyez-vous tous les jours ?

— Oui, Monsieur, mais elle est venue ce matin, et ne reviendra que demain à midi.

— Merci, mon ami, dit Conrad, j'aurai le temps de faire ma lettre plus longue.

Le jeune homme écrivit pendant le reste de la journée. Ce ne fut point son testament qu'il traça avec une rapidité puisant sa source dans une émotion poignante. Il ne parla pas à son père de raison, de logique, il n'essaya pas même de réfuter ses erreurs. Il ne s'adressa point à son esprit, il attaqua son cœur. Il lui raconta ses longues souffrances depuis qu'il ne pouvait le voir, il parla de sa mort prochaine en homme qui compte les heures dont il peut disposer encore. Il supplia le banquier de tout tenter pour le venir voir, d'acheter l'entrée de cette prison dont lui ne sortirait sans doute jamais. Il recommandait Cœlia à Belleforge, non pas seulement parce qu'elle était son sang, sa chair, mais parce qu'elle était la dernière de cette famille, et la meilleure peut-être ; puis, il le pria d'unir Cœlia à Rolland d'Ivrée, il ajouta que ce souhait était le dernier qu'il formât en ce monde. Il écrivit ensuite à Rolland pour lui léguer son souvenir, il avait noté jour par jour, depuis l'origine de la guerre et de la Commune, ce qui s'était passé à Paris, et il ajoutait ce journal à sa lettre. Enfin, il traça pour Cœlia des pages empreintes d'une résignation admirable. Il lui indiqua dans l'avenir la ligne de conduite qu'elle devait tenir, il lui donna rendez-vous dans la Patrie de la liberté divine que les hommes n'ont point comprise, et de la fraternité qu'ils n'ont jamais pratiquée.

Une larme brûlante effaça à demi la signature de Conrad; Dieu ne la lui reprocha pas, car il a fait héroïques les cœurs les plus tendres, et le Christ, qui pleura la mort d'un ami, permet aux hommes de verser des pleurs sur leurs légitimes et saintes affections.

Quand la grande enveloppe qui contenait ces lettres fut scellée, Conrad se jeta dans les bras du chanoine.

— Ne nous occupons plus que du Ciel ! lui dit-il.

Pendant trois jours, on visita régulièrement, minutieusement, les prisonniers, comme s'ils pouvaient songer à s'évader, mais ils ne revirent point ce gardien compatissant qui avait promis de remettre la lettre de Conrad. Souvent une menace, une injure arrivaient à leurs oreilles, sans parvenir à troubler leurs cœurs. Au milieu de la nuit leur nom prononcé à voix haute les éveillait en sursaut, ils croyaient que l'on faisait l'appel des condamnés et que l'heure de la mort était venue pour eux. Ils répondaient avec calme : « présent ! » Et un cynique éclat de rire leur prouvait que cette mystification cruelle était un jeu pour les soldats.

Parfois les fédérés et les gardiens échangeaient des paroles qui, pour les prisonniers, renfermaient une révélation :

— Ces gredins de Versaillais, dit l'un d'eux, ils ont déjà pris la moitié de Paris.

— Attends que ça flambe ! répliqua l'autre; le citoyen Ferré ne se laissera pas pincer sans en griller quelques-uns.

Le mardi matin, un des soldats hurla dans le couloir :

— Le sang de nos frères coule dans Paris, faut que les otages paient ce soir pour eux!

Vers la nuit, le gardien qui avait promis son aide à Conrad et à l'abbé de Hautmoustier accourut tout tremblant :

— Vos lettres! dit-il, ma femme est en bas!... la pauvre! elle a failli être tuée en chemin.

— Dieu vous bénisse! dit Conrad, je ne puis personnellement rien vous offrir, mais la personne à qui on remettra cette lettre est riche, très-riche, j'espère qu'elle se montrera reconnaissante.

— Hé! le flâneur! cria un fédéré, descendras-tu? le citoyen délégué te demande, c'est pressé.

— On y va! répondit le gardien tremblant, en donnant à sa voix un accent gouailleur qui dissimula son émotion. On y va, et je serai le premier à leur voir danser la carmagnole.

Le malheureux descendit en courant, reçut un ordre du délégué de Raoul Rigault, et salua sans avoir la force de parler. Puis se tournant vers sa femme, il enleva l'enfant qu'elle tenait dans ses bras, et tandis qu'il lui montrait la lettre en lui faisant signe de la prendre, il ajouta en s'adressant au délégué :

— Voilà un citoyen d'un an! et ça dit déjà : — Vive la République!

— Une bonne note pour ce détail-là! fit le délégué.

— En route, Rose! les hommes ont de graves affaires à régler... Si le citoyen le permet, tu viendras à huit heures m'apporter du tabac, de l'eau-de-vie et une ceinture rouge.

— Certainement, je le permets, dit le délégué.

La jeune femme quitta rapidement la préfecture de police, et lut la suscription de la lettre que son mari venait de lui remettre.

— Monsieur Belleforge, banquier..., je connais cela..., je me souviens ! quand je travaillais chez une couturière, j'ai souvent porté des robes chez mademoiselle Cœlia..., sans doute le jeune prêtre arrêté est son frère.

Rose se mit à courir. Mais il n'était pas facile de traverser les rues encombrées de fédérés, hérissées de barricades. Les coups de fusil, les bombes, les mitrailleuses éclataient à la fois. On vous arrêtait à chaque pas pour vous interroger sur ce qui se passait à l'endroit que vous quittiez, ou sur le but de votre course. Afin d'éprouver votre civisme, on vous forçait à arracher un pavé pour l'ajouter à une barricade. D'autres fois, l'imminence du danger obligeait à faire de longs circuits. La femme du gardien surmonta pourtant les obstacles accumulés sur sa route, et le cerveau troublé, les pieds meurtris, elle sonna à la porte de monsieur Belleforge.

XXIII

LE CŒUR DU PÈRE.

Quoique le banquier persistât dans sa rancune contre son fils, il restait depuis près d'une année en proie à une poignante angoisse.

Les journaux lui avaient appris l'héroïsme de Conrad sur les champs de bataille, et il n'avait pu s'empêcher de se sentir fier du courage d'un si noble enfant.

A partir du règne terrifiant de la Commune et de la persécution exercée par elle sur les prêtres, Belleforge ne cessa de trembler pour les jours de Conrad. Sans doute, il ne lui pardonnait pas, il ne pouvait se résoudre à lui écrire ; mais quand ce nom revenait à sa pensée, il sentait bien qu'on ne répudie pas aisément les tendresses paternelles.

Souvent aussi, le nom du Grèveur, mis en avant dans les feuilles publiques comme celui d'un des membres actifs du comité révolutionnaire, lui apprit sur quelle pente fatale glissait le malheureux qu'il n'avait pu réussir à sauver. La paresse l'avait conduit à la débauche, celle-ci à la haine du riche, à une soif ardente de jouissances, et pour satisfaire ses vices il se vautrait au milieu des misérables qui proclamaient l'incendie une justice, et réclamaient le droit à l'assassinat. Le Grèveur ne pouvait plus remonter. Il fallait presque souhaiter qu'une balle l'atteignît au pied d'une barricade, afin de lui épargner une condamnation infamante.

Pour essayer de trouver un peu de calme, Belleforge quitta ce jour-là son cabinet de travail et gagna une petite chambre claire et gaie, dans laquelle on avait installé Cancrelat. L'enfant soigné avec sollicitude par la vieille Annette reprenait les couleurs de la santé. Ses cheveux, débarrassés de leur teinture noire, bouclaient blonds et soyeux sur son cou. Un costume simple mais décent faisait valoir sa grâce enfantine.

Quand le banquier entra, la servante donnait à Cancrelat une leçon de lecture, et l'enfant mettait une application exemplaire à profiter de la science d'Annette. Cependant, son zèle pour l'étude ne tint pas contre la joie qu'il ressentit en voyant entrer Belleforge. Il bondit de sa place, sauta au cou de son bienfaiteur et lui donna de ces francs baisers d'enfant qui réchauffent le cœur et le rafraîchissent tout ensemble.

— Au moins, pensa Belleforge, voilà un être innocent que j'aurai sauvé du bourbier.

— Tu es bon de venir me voir, mon grand ami ! dit Cancrelat.

— Tu m'aimes donc? demanda le banquier.

— Je te dois tout, répondit l'enfant, même la vie! Annette assure que je ne pourrai jamais acquitter ma dette de reconnaissance. Mais il me semble qu'en te donnant une grande place dans mon cœur, j'en paierai du moins une partie, et tu deviendras moins triste...; depuis que je suis dans ta maison j'apprends à lire ! Tiens, hier, j'ai répété sur mon violon une valse que jouait mon meilleur camarade !

— Cher! cher petit ! répéta le banquier en couvrant de baisers le front de Cancrelat.

Il ajouta un moment après :

— Quel livre lisais-tu ?

Annette répondit d'une voix grave :

— Le volume de prières que madame Belleforge tenait dans ses mains une heure avant de mourir.

— C'est bien, Annette, répliqua le banquier.

La servante s'attendait à une explosion de colère, elle demeura stupéfaite de la douceur de son maître.

En ce moment le valet de chambre annonça à monsieur Belleforge qu'une femme, modestement vêtue, demandait instamment à lui parler.

Belleforge crut qu'il s'agissait de la Faraude. Il ne s'étonna pas qu'elle éprouvât le désir d'embrasser son enfant, et ordonna de l'introduire. Mais au lieu de la compagne du Grèveur, il vit une jeune femme pâle d'émotion, brisée de fatigue et qui tomba plutôt qu'elle ne s'assit sur un siége.

Alors, tirant de son sein une lettre dont le sceau était à demi brisé, elle la tendit à Belleforge.

Du premier regard celui-ci reconnut l'écriture de Conrad.

A peine eut-il déchiré l'enveloppe que ses yeux tombèrent sur les lignes par lesquelles le jeune prêtre lui apprenait son incarcération.

Le banquier ne se souvint plus de ses griefs, de sa colère. Son cœur se brisa dans sa poitrine, et il s'écria avec un sanglot :

— Mon fils ! mon fils !

Puis, s'adressant à la jeune femme :

— Parlez, lui dit-il, que dois-je faire ? Vous êtes bonne, vous qui m'apportez des nouvelles de mon enfant... Je suis prêt à tous les sacrifices.

— Monsieur, répondit Rose, mon mari est gardien à la préfecture de police, il essaie de concilier la peur qui le force à conserver cette situation et l'humanité qui le porte à venir en aide à des malheureux.

— Ah ! s'écria le banquier, sa fortune est faite s'il facilite à Conrad une évasion.

— Hélas ! répliqua Rose, on le surveille, on le suspecte presque... Qu'on l'accuse, et sans jugement, sans hésitation on le fusille... J'aime mon mari, et j'ai un enfant. Au péril de ma vie je suis venue vous apporter cette lettre, mais je ne puis faire davantage. Raoul Rigault peut seul sauver votre fils, courez à la préfecture de police, arrachez-lui, achetez-lui cette grâce... Mais hâtez-vous, Monsieur, ajouta Rose en frissonnant... Les progrès de l'armée sont rapides, et les misérables qui nous dominent aujourd'hui vont se venger de leur échec d'une façon terrible... Il y aura bien du sang versé demain....., et celui des otages sera le premier...

— Vous avez raison, je cours à la préfecture de police.

— Et moi je rejoins mon mari.

— Mais vous vous soutenez à peine, pauvre femme...

En effet, Rose s'évanouissait presque de lassitude et de besoin. Annette lui tendit un verre de vin d'Espagne, et un peu ranimée, la jeune mère se leva.

Écrivez un mot sans signature à votre fils, mon mari se chargera de le remettre.

Le banquier traça quelques lignes, les donna à Rose et y joignit quelques billets de banque que la jeune femme refusa :

— Merci, Monsieur, lui dit-elle, si mon mari se trouve compromis dans ces malheureuses affaires, j'invoquerai votre témoignage.

Rose descendit en courant afin de faire les achats motivant son retour à la préfecture de police, et Belleforge prit le chemin des quais.

Il était plus de dix heures, la température était calme

et douce. La bataille, de plus en plus meurtrière et rapprochée, tonnait de tous les côtés à la fois. Des barricades coupaient toutes les rues, derrière chaque barricade des hommes veillaient l'arme au bras, prêts à défendre la loque rouge arborée sur les tas de pavés.

Le pas lourd des fédérés courant par troupes résonnait par intervalle ; des bandes d'hommes, ivres de colère et de vin, jetaient au milieu de clameurs de haine des nouvelle de plus en plus terrifiantes.

La rébellion ne pouvait tarder à être étouffée par le droit et par la justice.

Quelques-uns des misérables qui présidaient aux saturnales de sang juraient de s'ensevelir dans d'immenses funérailles. Le plus grand nombre des chefs de la Commune songeait à la fuite. Pour livrer l'horrible partie qu'ils étaient sur le point de perdre sans retour, ils avaient soulevé la ville, ameuté des bandits, corrompu des hommes restés jusque-là honnêtes, ils ne prétendaient pas périr avec les niais, et tout en affectant de poursuivre le combat à outrance, dans la crainte d'être accusés de trahison par les leurs, ils se préoccupaient de se ménager des moyens de fuite au moment où les troupes régulières prendraient définitivement possession de Paris.

Belleforge descendait en courant vers le Pont-Neuf, quand une grande lueur frappa sa vue vers la gauche. Le ciel s'éclairait de teintes rouges, des milliers d'étincelles montaient en gerbes : l'Hôtel de ville brûlait.

Au cri d'horreur poussé par le banquier répondit une clameur de joie sauvage, et une vingtaine d'hommes allant au pas de course hurlèrent en chœur :

— Flambons finances ! Ferré l'a dit.

Belleforge s'arrêta un moment ; il se croyait le jouet d'un horrible rêve. Mais successivement l'hôtel de la

Légion d'honneur laissa passer un torrent de fumée, la Cour des comptes disparut sous un voile rouge, les Tuileries crépitèrent sous les morsures du feu : le Palais de justice, la Sainte-Chapelle, le Grenier d'abondance, les théâtres, les maisons particulières flamboyaient, croulaient, s'abîmaient.

Des groupes effarés de gens surpris par l'incendie au milieu de leur sommeil descendaient de la rue de Lille et de la rue du Bac en poussant des cris de terreur ; les hommes proféraient des serments de vengeance, les enfants pleuraient d'effroi.

Dans ce désordre, cette épouvante, Belleforge avançait avec peine. Tantôt une barricade lui barrait le passage, tantôt un groupe de fédérés l'arrêtait, le questionnait. Plus d'une fois il faillit être fait prisonnier. Enfin, au bout de deux heures d'une course périlleuse, il arriva à la préfecture de police.

Raoul Rigault n'y était pas.

Un de ses secrétaires consentit à entendre Belleforge. Quand il sut qu'il s'agissait d'obtenir l'élargissement d'un prisonnier, il fronça le sourcil.

— C'est difficile, à pareille heure surtout. Qui sait si Rigault rentrera... Vous voyez ce qui se passe..., demain les ennemis de la Commune seront anéantis, et Paris ne présentera qu'un monceau de ruines. L'homme dont vous demandez la liberté est-il gravement compromis ?

— Je puis attester qu'il n'a jamais pris part à la politique.

— Il se nomme ?

— L'abbé Conrad...

— Rien ne le sauvera, répondit le secrétaire d'une voix brève. Avant que l'armée s'empare de Paris, on aura fait justice de ces abuseurs de la crédulité publique... Mais vous, ajouta le jeune homme en regardant fixement le banquier, vous qui cherchez à sauver un de ces misérables en robe noire, qui êtes-vous ? Un ennemi de la Commune, un royaliste...

— Je m'appelle Belleforge.

— Belleforge le banquier ?

— Oui, répondit le malheureux père, et je venais chercher ici la grâce de mon fils.

— Vous espériez que Rigault vous l'eût accordée ?

— Je pensais qu'il me l'eût vendue.

Le secrétaire s'assit en face de Belleforge, appuya ses coudes sur la table, regarda le banquier dans les yeux, et lui demanda :

— Quel prix y mettiez-vous ?

— Cinquante mille francs.

— Vous les avez sur vous ?

— Ils sont là, répliqua Belleforge en frappant sa poitrine.

Le jeune homme hésita un moment, puis il ajouta avec cynisme.

— Rigault prolonge la lutte..., moi je la crois impossible..., dans deux jours la Commune sera morte sous les coups de l'armée victorieuse... Nous avons une grande idée, elle avorte, les autres la reprendront plus tard... Je ne souhaite point laisser ma peau dans la bataille... Si mon parti succombe, je passe en Angleterre..., se tirer d'affaire n'est pas trahir... Mais pour s'en aller il faut de l'argent... Je vis de ma place, maigrement.. ; à la fin de la semaine je puis être sur le pavé... Salut pour salut... Je suis tout-puissant ce soir encore..., donnez-moi les cinquante mille francs qui me permettront de fuir, et je signe l'élargissement de votre fils.

— J'accepte, dit Belleforge.

Le jeune homme étendit la main :

— L'argent d'abord, fit-il.

Le banquier tendit les billets de banque.

Le secrétaire les saisit entre ses doigts tremblants, les cacha dans sa poitrine, puis traça rapidement quelques lignes sur une feuille de papier. Il apposa ensuite au bas plusieurs cachets rouges, et présentant la feuille à Belleforge :

— Allez, dit-il, votre fils est sauvé !

Belleforge allait pour sortir du bureau quand il se tourna vers le jeune homme :

— Pour plus de sûreté accompagnez-moi...

— Soit, fit le jeune homme.

Tous deux descendirent l'escalier, mais au moment où ils allaient franchir le vestibule, une bande de fédérés ivres d'eau-de-vie et noirs de poudre les sépara. Belleforge essaya de percer ce groupe qui lui barrait le passage, mais son impatience parut suspecte, et vingt bras s'étendirent vers lui :

— Qui es-tu ? où vas-tu ?

— Je m'appelle Belleforge, dit le banquier, en luttant pour s'arracher aux mains des gardes.

— As-tu ta carte ? es-tu un brave, un ami de la Commune ?

En ce moment Belleforge n'était qu'un malheureux père allant arracher son fils à la mort.

— Je n'ai pas de carte, fit-il, laissez-moi passer, il s'agit d'une chose grave, terrible.. J'accompagne le citoyen secrétaire que vous avez vu tout à l'heure, il me connaît, il répondra de moi..

— C'est possible après tout ! dit un fédéré, courez après le citoyen secrétaire et ramenez-le ici...

— Non, fit Belleforge, je l'aperçois de ce côté, allons à lui plutôt.

D'un bond, que les soldats ne purent ni empêcher ni prévoir, le banquier rejoignit le jeune homme.

— On me traite en suspect, dit-il d'une voix tremblante, défendez-moi ! sauvez-moi !

— Est-il vrai, citoyen, que vous connaissiez ce particulier ?

— Nullement, répondit froidement le secrétaire, s'il vous inspire de la défiance, gardez-le prisonnier pendant la nuit.

— Misérable ! cria le banquier, en essayant de saisir le jeune homme à la gorge, misérable ! tu as reçu le prix de la liberté de mon enfant, tu me dois mon enfant !

— Vous avez affaire à un fou, dit le secrétaire en s'éloignant rapidement, vous en répondez.

Mais déjà les dernières paroles du banquier soulevaient une curiosité qui pouvait devenir inquiétante pour le jeune secrétaire, et il s'empressa de se glisser entre les groupes de badauds, afin de prendre au plus vite ses mesures pour quitter une terre qui commençait à trembler sous ses pieds.

Belleforge, effrayant de douleur et d'indignation, fouilla dans les poches de son vêtement.

— Il m'a remis un papier..., dit-il, un papier qui devait sauver mon fils..., le voilà..., c'est bien sa signature, n'est-ce pas, et j'ai payé, j'ai acquitté le prix du sang !

— Et combien a-t-il reçu ce mignon pour trahir son devoir ?

— Cinquante mille francs, répondit Belleforge.

— Canaille ! tu donnais cinquante mille francs pour une soutane !

— C'est mon fils ! mon fils ! répéta Belleforge, en se tordant les mains.

Puis l'infortuné se tournant vers les gardes :

— Si vous voulez de l'or, je vous en donnerai dix fois plus qu'à ce voleur..., laissez-moi libre..., peut-être trouverai-je encore le moyen de sauver mon fils...

— A cette heure, dit un fédéré, l'archevêque et ses compagnons sont morts.

— Laissez-moi passer! cria-t-il, je ne suis pas arrêté, on n'a pas d'ordre contre moi! Mon fils est à deux pas! il m'attend, il m'appelle...., que demandez-vous ? ah! vous êtes des brutes, sans entrailles et sans âme! Pillards et meurtriers, vous ne vous souvenez même pas qu'une mère vous allaita... Soyez maudits! maudits! maudits!

Et puisant des forces dans un désespoir arrivé à son dernier degré, Belleforge tenta de se frayer un passage au milieu des gardes.

Ceux-ci, exaspérés et par le danger qui les menaçait à chaque heure et par les injures de Belleforge, se ruèrent sur lui. La crosse d'un revolver le blessa au front, et il tomba saignant et évanoui sur le sol.

Le matin se levait quand Belleforge ouvrit les yeux. On l'avait cru mort, et les fédérés, le repoussant du pied dans un angle de la cour, ne s'en inquiétèrent pas davantage. La blessure du malheureux le faisait grandement souffrir, mais il conservait toute la lucidité de ses idées. Il n'osait remuer, dans la crainte d'attirer sur lui l'attention des gardes qui se promenaient dans la grande cour, et il attendait une occasion favorable pour s'évader, quand vers dix heures un grand mouvement de troupes s'opéra, des fédérés accoururent en désordre; on parla avec animation, les couloirs, les corps de garde envahis ne permettaient plus d'épier ni de surveiller personne, Belleforge rampa le long d'un mur, ramassa un fusil oublié et parvint à sortir de la préfecture de police.

Comme il se trouvait sur le pont conduisant au Louvre, une toute jeune fille, dont la taille grêle était entourée d'une ceinture rouge, lui cria :

— Viens donc, citoyen! on va fusiller deux prêtres et nous n'y serons pas!

— Conrad ! murmura Belleforge.

Il s'appuya sur le parapet. Ses yeux injectés de sang ne voyaient plus, ses jambes tremblaient, son cœur l'étouffait, il crut qu'il allait tomber sur le pavé pour ne se relever jamais...

Mais un vague espoir de sauver Conrad ranima ses forces expirantes, et voyant devant lui flotter l'écharpe rouge de la jeune fille, il suivit comme elle la direction de la rue Saint-Florentin.

XXIV

LE GREVEUR.

L'instinct paternel ne trompait pas Belleforge : c'étaient bien Conrad et l'abbé de Hautmoustier que l'on menait à la mort.

Depuis la veille, les deux prêtres ne conservaient plus d'illusions. Des bruits lugubres, des paroles menaçantes, les avertissaient du sort qui les menaçait.

Le chanoine de Notre-Dame était calme et paisible.

Avec l'humilité d'un saint, il s'était agenouillé devant Conrad, demandant, lui prêtre en cheveux blancs, la bénédiction suprême à ce nouveau venu dans le sacerdoce.

Après avoir relevé le noble vieillard, Conrad, à son tour, se prosterna devant lui ; certes il acceptait le trépas avec les ignominies, les tortures qui le devaient précéder ; le chrétien se résignait d'une façon admirable, absolue ; mais l'homme, l'homme pétri de chair et de sang, éprouvait encore des regrets.

Conrad s'accusait de tourner ses regards vers les affections de la terre, et cependant, au moment de l'abandonner pour jamais, le souvenir de Cœlia et celui de son père lui arrachaient des sanglots.

Il se demandait ce que deviendrait la jeune fille volontairement exilée du toit paternel. Il ne pouvait comprendre que Belleforge fût resté sourd à son appel suprême.

Cette défaillance du cœur, qu'il se reprochait comme une faute, remplissait l'âme de l'abbé de Hautmoustier d'une compassion tendre et profonde.

Il prenait dans ses bras le disciple si cruellement éprouvé, il ne l'obligeait point à repousser les affections les plus légitimes et les plus saintes.

— Pleurez, lui disait-il, pleurez! ces larmes ne pourraient offenser le Dieu pour qui vous allez mourir, c'est en haine du Christ que l'on massacre aujourd'hui ses prêtres. On sait bien que nous ne représentons pas un parti, mais une croyance. Jésus, qui nous a prédit la persécution et qui l'a subie, connut aussi le délaissement dont vous souffrez. Il n'a point permis qu'une seule douleur lui restât étrangère. Le cri que vous poussez est le dernier qui ait passé ses lèvres expirantes :

— « *Mon Dieu! mon Dieu! pourquoi m'avez-vous abandonné?* » Cette fois encore, le Père, implacable dans l'exécution de ses justices, resta sourd, comme il l'avait été au jardin des Oliviers... Pleurez donc les derniers pleurs que vous deviez verser en ce monde... Les affections humaines sont sacrées quand elles s'adressent à la famille, et le Seigneur va compter vos larmes comme il comptera bientôt les gouttes de votre sang...

Conrad prêtait l'oreille à ces affectueuses et nobles paroles, quand la porte de la salle qui leur servait de prison s'ouvrit lentement, la figure du gardien qui les protégeait s'encadra dans l'angle qu'elle formait et un papier blanc tomba aux pieds du jeune homme.

Le gardien disparut sans bruit en faisant un signe silencieux, et Conrad releva le billet avec un violent battement de cœur.

— C'est de mon père! fit-il.

— Je vous disais bien que la consolation viendrait.

— Peut être davantage, mon digne ami, peut-être le

salut... car voici ce qu'il m'écrit: « Je cours à la préfecture offrir une fortune en échange de ta vie... Reçois en attendant la bénédiction d'un père qui n'a cessé de te chérir. »

— Que la volonté de Dieu s'accomplisse, mon enfant! pour moi, depuis trois semaines j'ai vu la mort de si près que je regretterais de n'en point vider la coupe amère..., je suis vieux..., ce m'est un si grand honneur de finir par le martyre que je renoncerais avec regret au trépas entrevu... Mais vous qui pouvez efficacement travailler à l'œuvre sainte, vous qui devez enseigner, consoler, guider vers le bien les masses égarées et les pécheurs, acceptez la liberté, la vie, s'il plaît au Seigneur de vous la rendre.

— Je ne l'accepterai pas seul, mon noble ami ; compagnons de captivité nous serons sauvés ensemble ou je resterai près de vous pour mourir... Je ne demandais qu'une faveur, elle m'est accordée ; béni par mon père, je tomberai sans faiblir comme hélas ! sont sans doute tombés nos frères...

Pendant toute la nuit les deux prisonniers s'encouragèrent à subir leur sort. Le résultat des démarches tentées par Belleforge semblait trop aléatoire pour qu'ils fondassent une sérieuse espérance sur leur résultat.

Le matin on négligea de leur apporter à déjeûner.

Ils passèrent environ quatre heures à s'entretenir des choses de Dieu. Vers dix heures la porte s'ouvrit avec fracas, et un fédéré leur intima l'ordre de sortir.

Comme ils quittaient la salle qui leur servait de prison, ils aperçurent la figure bouleversée de Rose, dont le mari se courba humblement sur le passage des deux prêtres. Il semblait leur demander pardon de ce qui allait advenir ; mais Conrad n'oubliait point qu'il lui devait la joie d'avoir reçu une lettre de son père, et en le regardant il fit le geste de le bénir.

Deux autres prisonniers et trois gendarmes furent adjoints à Conrad et à l'abbé de Hautmoustier.

Le signal du départ fut donné par un jeune homme imberbe, à figure pâle, qui paraissait exercer une autorité souveraine.

Les sept futurs martyrs, entourés d'un groupe de fédérés et suivis par une foule grouillante, hurlante, vomissant l'injure en attendant l'heure de voir répandre le sang, suivirent les soldats de la Commune sans savoir si on les transférait dans une prison nouvelle ou si on les conduisait à la mort.

Sur leur passage, des enfants ramassaient des pierres pour les lapider, et plus d'un leur cracha au visage.

Les femmes se montraient plus ardentes encore que les hommes dans ces lâches agressions.

L'une d'elles, qui traînait dans la fange une robe de soie claire, animait et guidait une troupe de mégères rivalisant de cynisme et d'impudeur.

Cette femme était la Faraude.

Depuis un mois elle suivait le Grèveur de l'hôtel de ville où il avait pris une place en vue, aux barrières de Paris où se continuait la lutte. Mais à mesure que le théâtre de la bataille se resserrait, la Faraude prenait sa part des drames de la rue et des sanglants épisodes des prisons. On citait d'elle des faits odieux. Travestie en ambulancière, elle avait, sous prétexte de les soigner, empoisonné des soldats et achevé de malheureux blessés. Elle portait à la ceinture un poignard avec lequel elle se vantait d'avoir assassiné un séminariste. Dans la rue de Lille elle avait mis le feu à une maison dans laquelle se trouvaient vingt jeunes mères et autant de petits enfants. Elle voulait, cette fois encore, être témoin de l'agonie des prêtres et des gendarmes que l'on entraînait vers un but encore inconnu, car les fédérés gardaient le silence sur la consigne qui leur avait été donnée.

Vraiment, elle semblait effrayante comme l'incarnation vivante et complète de tous les vices, cette Faraude, dont les cheveux dénoués tombaient dans un filet lâche. Sa voix éraillée, son teint enflammé par la colère et l'eau de vie, sa toilette volée de grande dame, et qui, portée par elle, changeait d'aspect et attirait l'insulte, les lourds bijoux couvrant sa poitrine et ses poignets, en faisaient un type saisissant. Elle semblait l'incarnation puissante et farouche de cette Commune qui s'affirmait par l'énormité de ses crimes.

Parfois elle s'approchait d'un homme marchant à quelque distance, et lui disait avec une sorte d'admiration :

— Tu es un homme, le Grèveur, et je me ferai tuer près de toi ! Si la chance tourne, je veux une balle de ta main, elle me fera moins de mal.

Mais le Grèveur ne paraissait guère l'entendre. S'il avait supporté cette femme dans les heures de misère, depuis qu'il exerçait un pouvoir et portait un brillant uniforme, il regardait la Faraude avec dédain. Et s'il parlait dans les clubs en faveur du divorce, ce n'était certes pas dans l'intention de garder son misérable ménage. D'ailleurs, en ce moment, il songeait à des choses autrement graves. Il ne se trompait pas sur le résultat de la lutte prochaine. Mais il n'est pas facile dans des moments pareils d'échapper à l'amitié de ceux qui ont été les complices de nos crimes. C'est une chaîne terrible que celle du vice, et nulle ne se rive d'une façon plus étroite.

A mesure que montait le cortége, il devenait plus difficile d'avancer. La foule grossissait sans cesse. Elle accourait de tous les points à la fois. Les chiens sauvages voulaient voir la curée. Le sang tachait les robes noires et les uniformes. Des clairons sonnaient, les tambours battaient par intervalle, dominant les cris, les huées, les couplets de la Marseillaise.

Lorsque Belleforge se précipita sur les pas de la foule servant d'escorte aux prisonniers, il espérait parvenir aisément jusqu'à Conrad. Qu'attendait-il de ce rapprochement? il n'aurait pu le préciser lui-même. Il lui semblait, au milieu de ses angoisses, que voir Conrad et le sauver étaient une même chose. Il crierait son nom, il promettrait de l'or, il se jetterait aux genoux des soldats, il implorerait les bourreaux, et s'il n'obtenait rien, il se ferait enfermer dans la même prison ou massacrer sur la même barricade.

Mais un mur vivant se dressait entre lui et la victime; chacun tenait à son rang et gardait sa place pour le spectacle. La blessure de Belleforge lui causait de douloureux élancements, il n'avait rien pris depuis plus de trente heures, et cependant il marchait toujours.

Tout à coup le cortége fit une halte, un mouvement de recul se produisit dans la foule. Des cris de fureur s'échappèrent de toutes les bouches. Fédérés, curieux et prisonniers, se trouvaient en face d'une barricade énorme, servie par ses derniers défenseurs. Des groupes d'hommes blessés, des cadavres entassés attestaient l'horreur de la lutte. Ceux qui étaient tombés, noirs de poudre et rouges de sang, paraissaient maudire jusque dans la mort.

Il ne restait plus que six fédérés derrière la barricade.

— A nous! crièrent-ils.

En une minute, les soldats de l'escorte arment leurs fusils et prennent la place de ceux qui sont tombés. Les prisonniers, acculés contre un mur, ne sont plus gardés que par la populace. Mais rendue plus féroce encore par le combat qui se passe sous ses yeux, aveuglée par la fumée, assourdie par la fusillade, grisée par l'odeur de la poudre et du sang tiède dans lequel glissent ses pieds, cette foule est plus redoutable encore pour les martyrs que ne l'étaient les soldats.

Ce fut dans cette minute suprême qu'un cri déchirant parvint à l'oreille du compagnon de l'abbé de Hautmoustier :

— Conrad ! Conrad !

Le jeune prêtre, qui restait les yeux clos pour ne rien voir de ces scènes de carnage, tourna la tête du côté d'où ce cri avait vibré, il venait de reconnaître la voix de son père.

Belleforge fit un effort surhumain, il heurta du front comme un bélier ceux qui l'empêchaient d'avancer. Sourd aux injures, aux menaces, insensible aux coups de poing comme aux blessures, il opéra sa trouée. Il voit Conrad, il rencontre son regard, une exclamation de joie expire sur ses lèvres. Son premier mouvement est de se jeter au cou de son fils. Le second, plus prudent, le porte à se rendre compte de la situation.

Les fédérés, derniers défenseurs de la barricade, luttent avec l'énergie du désespoir, mais les soldats du droit gagnent du terrain, ils envahissent deux maisons dont les fenêtres dominent la barricade, et leur feu plongeant décime les farouches défenseurs d'une position que bientôt ils ne pourront plus garder.

La barricade prise, les prisonniers seront sauvés.

Mais il faut au moins laisser pour adieu aux soldats de Versailles un horrible spectacle. Sous leurs yeux, et tandis qu'ils restent encore impuissants à les défendre, on massacrera les prisonniers.

La Faraude a cette idée la première. Elle en fait part au Grèveur, et un conciliabule rapide réunit toutes les volontés dans la résolution du dernier, du plus lâche des assassinats.

Jusqu'à ce moment, le Grèveur n'a vu qu'en masse le groupe des prisonniers. Penchés l'un vers l'autre pour s'exhorter à la mort, le visage d'aucun d'eux n'a frappé le regard du compagnon de la Faraude. Il les suivait, au lieu de marcher côte à côte, et d'ailleurs, des préoccupations assez graves emplissaient sa pensée, pour qu'il prît le soin d'examiner les victimes. Ce ne fut qu'au moment où la Faraude conseilla de les fusiller sur place, tels qu'ils étaient, et déjà adossés au mur, que le Grèveur tourna vers eux un regard rempli d'une joie féroce.

A peine les eut-il regardés, qu'il poussa une sourde exclamation de rage, et bondit vers Conrad :

— Je te retrouve donc enfin! dit-il, lâche dénonciateur! Citoyens, ajouta-t-il, cet homme est mon ennemi personnel et j'en fais mon affaire. Traitez les autres comme il vous plaira, j'ai le droit de me venger et je me venge.

En ce moment, un homme s'élança vers le prêtre en répétant :

— Grâce! grâce! ne le tuez pas! vous seriez à jamais maudit!

Mais sans prendre garde au défenseur inattendu qui se faisait le bouclier du jeune prêtre, le Grèveur appuya un pistolet sur la tempe de Conrad et tira.

Le martyr chancela dans les bras du vieillard.

Un cri d'horreur jaillit de la poitrine de Belleforge.

— Ah! misérable! fit-il, en se tournant vers le Grèveur, tu viens d'assassiner ton frère!

Puis tous deux, le père et le fils, roulèrent sur le pavé.

Le Grèveur restait immobile, hébété, son pistolet fumant à la main, regardant tour à tour son père et le corps palpitant du frère qu'il venait de tuer.

La foule se recula avec une sorte de terreur. Presque au même moment, les derniers fédérés tombèrent au pied de la barricade, et les soldats parurent, plantant au sommet le drapeau tricolore.

Ce fut une panique, un sauve-qui-peut général. La peur balaya la rue comme une rafale ; hommes et femmes gardes et fédérés, s'enfuirent dans toutes les directions et il ne resta bientôt plus à côté du monceau de pierres, qui avait coûté tant de vies, que l'abbé de Hautmoustier, Belleforge, penché sur le corps de son fils, et la Faraude, qui semblait clouée au sol.

Le Grèveur avait voulu l'entraîner, elle était restée.

Tout à coup le banquier se releva, jeta autour de lui un regard vague, puis partit d'un long éclat de rire ; ce rire était celui d'un fou.

— Monsieur, dit la Faraude à l'abbé de Hautmoustier, je me souviens que monsieur Belleforge a sauvé mon enfant, que puis-je faire pour lui ?

— Vous ne pouvez rien pour les hommes, répondit le vieux prêtre, cet enfant est un martyr et nous suffirons à notre tâche.

La Faraude courba la tête et s'éloigna.

Belleforge souleva le corps de son fils, et lui parlant tout bas avec une douceur infinie :

— Les anges chantent, les anges te bercent! dors, Conrad.

Une heure plus tard, quelques soldats reconduisaient à l'hôtel Belleforge, l'abbé de Hautmoustier, accablé de douleur, le banquier divaguant en parlant de son fils et le cadavre du jeune martyr.

XXV

DANS LES CAVES.

C'était un trou noir, humide, aux murs suintant le salpêtre. Le soupirail donnant sur la rue ayant été fermé au temps de la guerre, dans la crainte des bombes, et sous la Commune, dans la terreur du pétrole, aucun air extérieur n'y arrivait. La porte formée de planches mal jointes criait sur des gonds rouillés. A terre des détritus de charbon formaient une couche épaisse absorbant un peu l'humidité du sol. Un couloir étroit, percé de portes semblables, s'enfonçait sous les profondeurs de la vieille maison croulante. On entendait rarement descendre l'escalier en vis, si étroit qu'il fallait s'y appuyer des deux bras. Les locataires de l'immeuble prenaient leur vin au litre, chez le marchand du coin, et leur braise au détail.

Cependant, depuis huit jours un mouvement inusité régnait dans l'un des trous noirs. On y entendait des paroles échangées à voix basse, et parfois des pleurs d'enfants. La nuit, un homme sortait craintivement de ce bouge, montait l'escalier, se glissait dans la rue, rasant les murs et tournant autour de lui des regards peureux. Il jetait quelques sous sur le comptoir d'un boulanger, et emportait un pain. Avec l'allure d'un voleur qui vient de le dérober, il le cachait sous sa blouse, puis rentrait dans la maison noire, et redescendait dans la cave. Une lanterne sourde accrochée à une paroi luttait vainement contre l'obscurité. Elle parvenait seulement à rendre autour d'elle les ténèbres plus opaques et à éclairer d'une façon sinistre le visage des misérables habitants de cette cave.

Nul n'aurait reconnu le fédéré au costume galonné d'or, l'adjoint de la mairie du Panthéon, dans l'homme sordide, aux cheveux ras comme ceux d'un galérien, au linge flétri, aux vêtements en loques. La pâleur terreuse de son visage faisait ressortir deux yeux enfiévrés, ses mains gardaient un tremblement convulsif. La Faraude n'était pas moins changée. A la rage furieuse des derniers jours de la Commune avait succédé chez elle une prostration absolue. Elle restait comme hébétée, assise sur une grosse pièce de bois qui avait jadis servi à maintenir des tonneaux en équilibre. On eût dit qu'elle distinguait au dedans d'elle-même des voix intérieures qui la maudissaient. Elle frissonnait par instants et portait les deux mains à ses oreilles pour ne plus entendre, ou se cachait les yeux pour ne plus voir. Mais elle avait beau faire, les lamentations des femmes et des mères la suivaient, et les flammes allumées par le pétrole brûlaient encore ses paupières.

Quelquefois le Grèveur et la Faraude épouvantés de leur propre mutisme, et sentant le besoin d'écouter un bruit de voix humaine, s'adressaient la parole. Mais ces paroles les effrayaient plus encore que leur silence.

Que pouvaient se dire ces êtres progressivement dégradés l'un par l'autre ? Chacun reprochait à son complice de l'avoir poussé dans l'abîme, et ils se renvoyaient l'insulte et la malédiction.

Ces outrages, ces blasphèmes ne retentissaient pas comme jadis avec un éclat sauvage dans le taudis de la rue Saint-Étienne du Mont. Il fallait mettre une sourdine à la colère, étouffer l'imprécation par prudence, et se souffler le sarcasme et la honte plus qu'on osait les crier.

— Que peux-tu me reprocher? demanda un jour le Grèveur, le compte de nos crimes peut se faire par moitié...

— Je n'ai pas assassiné mon frère, moi!

— Tu as mis de tes mains le feu à la maison de la rue Saint-Honoré, dans laquelle se trouvaient vingt jeunes femmes malades, vingt jeunes mères et autant d'innocents nourrissons!

— Tu as pillé la maison de ton père!

— Je t'ai vue voler une madone dans une église.

— Tu m'as pris mon enfant, à moi, pour le vendre à des saltimbanques, et mon enfant s'est jeté à l'eau de désespoir.

— Rappelle-toi ce jeune mobile de dix-huit ans à peine, qui voulait à la barricade arracher le drapeau rouge..., blessé il tomba, mais sa blessure était légère..., tu portais au bras une fausse croix de Genève, et au lieu de relever cet enfant, tu l'as achevé... Il appelait sa mère, et tu l'as tué à coups de couteau!

— Le misérable! le misérable! hurla la Faraude, il ose me reprocher les crimes qu'il me conseilla... Est-ce que je savais rien, moi, de la politique, de la Commune! cela m'était bien égal! Je demandais du pain pour mes enfants. Tu m'as emmenée dans les cabarets borgnes, tu m'as versé de l'eau-de-vie, j'ai trinqué avec Populus et la Tronche, on m'a dit que ce serait bientôt mon tour d'avoir des robes de soie et des colliers d'or, que la Commune me donnerait tout cela, et j'ai trouvé que la Commune était une bonne chose. Tu as parlé dans les clubs, on t'applaudissait... Tu vantais les misérables, et cela me relevait à mes yeux... Enfin on t'a donné des grades, des honneurs, vous avez salué le règne du peuple, et j'ai trouvé juste d'avoir ma part des jouissances de la vie. Sur ton ordre, sur l'ordre de tes camarades, on ouvrait pour nous les appartements des riches, on disait : — « Prenez! voilà l'heure du partage! » — J'ai partagé. Est-ce que je réfléchissais, j'étais toujours ivre... On a plus tard compris qu'il serait moins facile de garder qu'il n'avait été aisé de prendre...; l'armée de Versailles arrivait..., que faire? compromis par des paroles et par des actes, il s'agissait de se défendre à outrance. Tu m'as mis un fusil dans les mains, et j'ai fait le coup de feu! On m'a crié : — « Haine aux soldats! » — J'ai tué des soldats... Enfin, comme un mot d'ordre on s'est répété un soir : — « Brûlons Paris! » — Et j'ai aidé à brûler Paris...; la femme vicieuse est devenue assassin et incendiaire! Je suis à bout, les crimes humains ne dépassent pas ces limites! J'étouffe dans la boue et le sang, et tu m'y as jetée... Si le conseil de guerre m'attend, tu m'auras poussée devant le tribunal... Si l'on me fusille, tu auras toi-même fondu les balles qui me tueront.

Le Grèveur ne répondait pas.

Ce silence accentua davantage la colère croissante de la mégère, elle reprit :

— Mais n'importe, je ne suis pas descendue si bas que toi..., car ton père est devenu fou en te voyant commettre un fratricide.

— Fou! fou! répéta le Grèveur.

— Je ne t'ai pas raconté encore ce qui se passa après le drame de la barricade... J'offris mes secours, on les refusa... Je m'enfuis à travers les rues ne sachant encore où te retrouver..., mais une idée ne quittait pas mon cerveau... Je pensais qu'on nous prendrait, qu'on nous fusillerait comme nous avions fait des autres, et avant de mourir je voulais revoir mon enfant... celui que ton père avait une nuit retiré de la Seine... Le soir, je me glissai dans la maison du banquier... Annette me reconnut, mais elle ne savait rien de ce qui s'était passé... L'abbé de Hautmoustier veillait près du cadavre de ton frère, et le pauvre fou, assis dans la salle basse, écoutait sans l'entendre Cancrelat qui lui répétait :

— Reconnais-moi, mon grand ami ! Je suis ton enfant ! Je te dois la vie ! Embrasse-moi comme autrefois.

Alors le vieillard sentant autour de son cou ces deux mains potelées d'enfant murmura :

— Conrad ! mon petit Conrad !

Il paraît qu'il ne lui donne plus d'autre nom.

— Quant à moi, Cancrelat me regarda avec plus d'étonnement que de tendresse, sans doute il se souvenait trop de ses souffrances, et ce fut la servante qui le poussa dans mes bras... Je l'embrassai avec honte, avec terreur... Je n'osais plus... On m'avait changé mon fils. Il ne répondait plus même à ce nom de Cancrelat que je lui donnais par habitude... Et il me dit en me regardant profondément :

— Annette m'a conduit un jour à l'église, et un prêtre couvert d'une aube blanche et d'une étole d'or m'a donné un nom d'enfant : Louis... Je ne suis plus une vilaine petite bête, un *Cancrelat*... appelle-moi Louis, j'aime mieux cela...

Il tremblait à mes côtés et semblait presque redouter mes caresses. J'eus la pudeur de mon abjection, et je rougis devant cet ange.

J'allais sortir quand Annette me demanda :

— N'avez-vous pas d'autres vêtements ?

— Non, lui dis-je.

Elle me conduisit dans sa chambre, et me donna une robe à elle, un bonnet blanc et quelques pièces de monnaie.

16.

— Je ne sais rien, dit-elle, je ne veux rien savoir, allez et que Dieu vous pardonne.

Je m'enfuis... La miséricorde de cette femme m'humiliait... Je ne revis pas mon enfant, mais en passant devant la porte du salon, j'entendis la voix de monsieur Belleforge qui répétait:

— Conrad ! mon petit Conrad !

Je te rejoignis au Père-Lachaise... Nous ne permettons pas même aux morts de dormir en paix... Ah! quel jour! quelle nuit ! quelle lutte de tirailleurs à travers les tombes ! que de sang sur les marbres, de tas de cadavres livides semblant crier par leurs plaies béantes...

— Oui, oui, fit le Grèveur, ce fut horrible! Et quand Si-Sol nous offrit sa cave, je me demandai si c'était bien la peine de se cacher.

Le Grèveur frissonna en ajoutant :

— Il faudra bien que notre heure vienne !

La Faraude se couvrit le visage.

Le Grèveur reprit d'une voix sombre :

— Il me revient parfois dans l'idée que nous serions moins malheureux au bagne...

— Oui, dit la Faraude, les complices, ça gêne... Mais la mort, c'est dur...

— Dur ! Conrad souriait... Conrad ! Conrad ! ce visage, je le vois toujours, ce nom, je l'entends sans cesse... j'ai beau fermer les yeux, ce prêtre, ce frère, ce martyr surgit devant moi... Ah! chaque fois, que je l'ai vu marque une étape dans ma vie !... La première fois ce fut à Champigny... Il était brave, il relevait les blessés et ne semblait pas plus craindre la mort qu'un soldat... Moi, je volais les cadavres avec la Tronche et Populus... La seconde fois, il passa devant le corps de garde où l'on m'avait conduit... Il me bénit, et je crachai sur sa robe... Puis à Notre-Dame où nous voulions piller le trésor, il surgit pour défendre le vieux chanoine... Enfin, dans la prison, pendant le trajet, il restait calme et son regard paraissait m'absoudre... Je lui en voulais de sa bravoure, de sa patience... J'avais son titre de prêtre en horreur... Ses vertus me le faisaient haïr ! Et c'était mon frère ! mon frère ! J'ai voulu me persuader que cela n'était pas, que Belleforge avait menti... Mais à défaut de preuves, j'ai mes remords, ces remords que rien ne saurait endormir... A partir de ce moment, j'ai eu pour moi du dégoût et de l'horreur... Les autres se sont battus et ont fait le coup de feu pour la Commune, pour de l'argent, pour des grades ! pour tout ce qui est mauvais, mais en somme leur balle a frappé des inconnus... la mienne a fracassé la tête de mon frère...

Le misérable ne pleurait pas, mais il étouffait des cris sourds.

La Faraude gardait un morne silence.

Quand vint la nuit la femme appuya sa main sur l'épaule de son compagnon :

— Va chez le boulanger, dit-elle.

Le Grèveur secoua la tête et reprit son immobilité.

— Tu veux donc mourir de faim? demanda la Faraude.

Le Grèveur se leva brusquement.

— Il faut en finir ! dit-il, nous avons vécu comme des gueux, nous mourrons comme des chiens... Tu parles de sortir, va vite, et rapporte du charbon, ce sera bientôt fait.

— Non ! non ! répondit la femme avec un mouvement d'effroi... J'ai peur de la mort, vois-tu... des gens comme nous ne doivent pas expirer comme Conrad.

— Ne sommes-nous pas condamnés d'avance?

— Si-Sol ne nous trahira pas... Un jour viendra où nous pourrons sortir, et...

— Et le moins qui nous adviendra sera de partir pour la Nouvelle-Calédonie.

Malgré sa résolution de ne pas quitter la cave, le Grèveur sortit.

Mais au lieu de revenir à l'heure accoutumée, il resta absent longtemps, si longtemps que minuit sonnait quand il rentra dans la cave.

— D'où viens-tu ? lui demanda la Faraude.

— De l'endroit où était la barricade...

— Qu'y allais-tu faire ?

— Revoir la place où je l'ai tué.

A partir de cette soirée la Faraude et le Grèveur n'eurent plus une minute de repos.

Chacun reprochait à l'autre ses crimes, ce n'étaient plus deux amis de jeunesse, deux compagnons de mauvais jours, mais deux complices prêts à se vendre et à se déchirer.

L'idée de la mort n'abandonnait plus le Grèveur ; le souvenir de son crime le harcelait sans relâche.

Il recommençait toutes les nuits son lugubre pèlerinage, et une fièvre terrible s'emparait de lui quand il trouvait au fond de son bouge la Faraude, muette et farouche qui l'attendait.

Il éprouvait des hallucinations terribles.

Des fantômes le hantaient.

Il criait sous l'étreinte d'invisibles vampires, et hurlant de douleur et d'épouvante il implorait le trépas à grands cris.

Un matin, après s'être débattu sous l'étreinte de plus en plus poignante du remords qui semblait user sa vie et prendre un corps pour le châtier, il se leva le front baigné d'une sueur froide, les membres tremblants. Il souffrait comme s'il allait expirer, et les enfants blottis dans l'angle le plus obscur de la cave le regardaient de leurs yeux grands ouverts. Le soir le Grèveur ne bougea pas.

Les enfants avaient faim et demandèrent du pain.

Ces petites créatures, viciées de bonne heure, sentaient encore depuis quelque temps s'atrophier le peu de sensibilité qui restait en elles. Loin de se soutenir, de se consoler, ces enfants se haïssaient. Souriceau qui était le plus fort arrachait souvent des mains de Grain-de-Mil son unique croûte de pain; Grain-de-Mil se vengeait des ongles et des dents. Dans ce trou immonde, dans cette nuit horrible, les deux enfants s'étreignaient avec rage, se mordaient, se déchiraient, et l'objet de la convoitise foulé aux pieds se trouvait souvent perdu pour tous deux. Ce soir-là leur part fut maigre; le Graveur ne pouvant sortir, il fallait se contenter des restes de la veille. Chaque enfant reçut une croûte de pain durci dans laquelle il mordit avec un appétit qui se ressentait d'un long jeûne. Souriceau dévora sa part en un instant, et voyant que Grain-de-Mil avait à peine mangé la moitié de la sienne, il lui dit brutalement :

— J'ai encore faim, donne m'en un peu.

— Non, répondit Grain-de-Mil, en cachant son reste de pain dans sa main fermée.

— Donne ! donne vite de bon gré, répéta Souriceau, ou je tape.

— Essaye voir ! répliqua Grain-de-Mil.

— Tiens ! fit Souriceau en appliquant un coup de poing sur la figure de son frère.

L'enfant aveuglé hurla de douleur, mais il serra davantage la croûte de pain dans ses doigts raidis, et il répéta d'une voix rauque :

— Prends garde ! Souriceau, je vais me venger.

Mais Souriceau bondit sur Grain-de-Mil et tenta de lui arracher de force le pain que celui-ci s'obstinait à défendre.

Grain-de-Mil se baissa contre le sol, comme s'il tentait

d'échapper à la brutale étreinte de son aîné; mais ce qui l'attirait et le faisait ramper à terre, c'était moins la peur que le désir de s'emparer d'un couteau ébréché qu'il voyait reluire sous le rayon de la lanterne.

Souriceau se jeta sur son frère, et mit un genou sur son dos. Alors Grain-de-Mil leva celui de ses bras qui touchait le sol, et enfonça le couteau dans la poitrine de Souriceau.

Celui-ci poussa un cri et roula aux pieds de la Faraude.

La mère crut qu'il s'agissait comme d'ordinaire d'un échange de rebuffades et de taloches, et secoua Souriceau brutalement au lieu de le relever, mais Grain-de-Mil brandit son couteau d'un air de triomphe, et mordit dans sa croûte de pain. Puis désignant l'enfant qui perdait du sang en abondance.

— Je le disais bien ! Je me suis revengé !

Alors la Faraude releva Souriceau et comprit.

Le Grèveur bondit jusqu'à Grain-de-Mil, l'empoigna par le cou comme s'il voulait l'étrangler.

— Misérable ! dit-il, tu as tué ton frère...

Grain-de-Mil regarda son père en face :

— Et toi ? répondit-il.

Le Grèveur lâcha Grain-de-Mil et recula jusqu'à la muraille ; il resta longtemps dans un angle, pareil à un tigre atteint par le fer rouge du dompteur. Le front dans ses mains crispées, il se demandait ce qu'il lui restait à faire. Son fils venait de le condamner ! L'hérédité du crime commençait dans sa race maudite. Conrad était déjà vengé. Las d'une existence qui lui devenait insupportable, bourrelé de remords, possédé par ce besoin impérieux, instinctif, qui force les criminels à crier leur crime, et à trouver dans le châtiment de la loi un allégement à leurs tortures intérieures, le Grèveur étourdi par ce dernier coup prit une résolution subite. Il se leva, repoussa Grain-de-Mil du pied, et tendit la main à la Faraude.

— Adieu ! dit-il, quitte cette maison avec ce serpent maudit si tu ne crains pas qu'il te dévore les entrailles...

— Où vas-tu ? demanda la Faraude.

— Je vais me livrer, répondit le Graveur en s'élançant hors de la cave.

XXVI

FOLIE.

Le misérable allait devant lui, au hasard, il se faisait tard, les rues devenaient désertes. En passant à l'angle de la place du Panthéon, le Grèveur aperçut un groupe d'officiers de la mobile. Sans réfléchir qu'il n'appartenait pas à des membres de l'armée d'arrêter les malfaiteurs, poussé seulement par le besoin d'en finir au plus vite avec une situation terrible, il s'approcha, et croisant ses bras sur sa poitrine, il dit d'une voix rauque :

— J'ai tué mon frère ! Je demande qu'on m'arrête.

Les officiers crurent avoir affaire à un fou. A cette époque, il n'était pas rare de rencontrer des malheureux que la terreur, le désespoir, le souvenir de hideux spectacles avaient privés de la raison.

L'un des jeunes gens, mû par un sentiment de compassion, répondit au Grèveur :

— Je veux croire que vous n'êtes point coupable d'un tel crime, un regret poignant vous abuse sans doute... Où demeurez-vous ? Faut-il vous conduire dans votre famille ?

— Ma famille ! dit le Grèveur, est-ce que j'ai une famille, moi ! une louve, un louveteau dans ma tanière, voilà tout... Je vous en supplie, messieurs, faites-moi conduire chez un magistrat, menez-moi au poste voisin mon crime me prend à la gorge, il m'étouffe, j'ai tué mon frère !

— Même si cela était vrai, ajouta l'un des officiers, nous ne pourrions faire ce que vous demandez. Nous appartenons à l'armée et non à la justice.

— Mais je suis un fédéré ! ajouta le Grèveur.

En voyant que les officiers se détournaient sans lui répondre, il poursuivit :

— J'ai participé à l'arrestation des otages... J'ai incendié les Tuileries... J'ai tué de ma main l'abbé Conrad...

— L'abbé Conrad ! répéta un des jeunes gens ! vous avez assassiné l'abbé Conrad !

— Et c'était mon frère..., ajouta le Grèveur. Arrêtez-moi, par pitié... Qu'on me juge, qu'on me fusille... J'aime mieux payer la dette du sang que de souffrir ce que je souffre !

Le jeune officier de mobiles était devenu d'une effrayante pâleur. Ses lèvres s'agitaient comme si des pleurs l'eussent étouffé ; il retrouva cependant assez de sang-froid pour répondre au misérable :

— L'abbé Conrad était mon meilleur ami, presque mon frère... Cependant il ne m'appartient pas de vous livrer..., faites ce que vous ordonne votre conscience... Mais si ce noble martyr vous tenait par les liens du sang...

Le Grèveur se pencha vers l'officier :

— Monsieur Belleforge est mon père, dit-il, et mon père est devenu fou, en voyant son fils assassiné par moi...

— Belleforge fou ! Conrad assassiné !.. Ah ! Cœlia ! ma pauvre et aimée Cœlia ! murmura le jeune homme.

Le comte Rolland d'Ivrée resta un moment silencieux, écrasé par cette douleur nouvelle, puis se tournant vers ses amis :

— J'ai à consoler une grande infortune, dit-il, si tard

17

qu'il soit je cours chez le père de mon malheureux ami... Quant à vous, ajouta-t-il en se tournant vers le Grèveur, si mon épaulette me défend de vous appréhender au corps, mon devoir de chrétien m'ordonne de vous pardonner.

Rolland d'Ivrée se sépara de ses amis, et le Grèveur le suivit tristement :

— Bah! fit-il, je trouverai bien un commissariat de police sur mon chemin.

Le comte d'Ivrée se jeta dans une voiture et se fit conduire à l'hôtel Belleforge.

Il était environ onze heures du soir.

Depuis huit jours un tel deuil régnait dans cette demeure que les habitudes régulières du service étaient complétement dérangées. Le concierge parut hésiter s'il laisserait passer le nocturne visiteur, le valet de chambre consentit avec beaucoup de peine à le conduire près d'Annette.

La vieille servante ne quittait plus son maître ; elle le veillait toutes les nuits, car le malheureux avait non pas des accès de folie furieuse, mais des mouvements de désespoir inconscient qui pouvaient mettre sa vie en danger.

Depuis l'assassinat de Conrad par le Grèveur, le banquier retournant de quinze ans en arrière s'imaginait que le pifferaro sauvé jadis par lui était son propre enfant. Il le couvrait de caresses, l'appelait du nom de ce mort qu'il avait tant aimé et ne souffrait pas que le fils de la Faraude s'éloignât une seule minute.

D'autres fois, perdant à la fois le sentiment du présent et le souvenir du passé, Belleforge restait en proie à une hallucination terrible. Il suivait dans sa tête fatiguée non pas les phases d'un rêve, mais les péripéties d'un drame lugubre au milieu duquel il jouait un rôle.

Le banquier ne s'était jamais séparé du petit crucifix de cuivre que Conrad serrait dans sa main au moment où il tomba, le crâne fracassé par le pistolet du Graveur. Or, ce crucifix devenait à certains moments pour Belleforge, non pas une image insensible, mais un être vivant, tangible, animé, dont il rencontrait les regards, dont il écoutait les paroles. Lorsqu'il était sous cette impression, le visage du banquier prenait une indéfinissable expression de souffrance, ses mains se joignaient pour implorer et de grosses larmes roulaient sous ses paupières fatiguées. Il prêtait l'oreille à la voix qui lui parlait, il répondait d'un accent humble, brisé, et tombait sur ses genoux heurtant le sol de son front où se voyait la trace rouge d'une blessure mal fermée.

Quand Rolland d'Ivrée fit demander à être introduit près du banquier, la servante reçut le jeune homme sur le seuil de l'appartement de Belleforge ; elle leva le flambeau pour regarder le visage du visiteur, et répondit lentement :

— Je vous reconnais, monsieur le comte..., votre portrait est là-haut dans la chambre du martyr... Je n'ai pas le droit de m'opposer à ce que vous voyiez le père du jeune maître que j'ai vu grandir..., entrez, et jugez ! Dieu sait quelle crise va se déclarer tout à l'heure.

Rolland entra dans la chambre qu'éclairait une lampe à verre dépoli. Il vit, blotti dans un fauteuil, Belleforge immobile, et, debout dans l'embrasure de la croisée, un enfant aux cheveux blonds qui, pas plus qu'Annette, n'eût consenti à quitter le pauvre fou.

Le banquier ne s'aperçut pas de l'arrivée de Rolland. Depuis huit jours ses cheveux étaient devenus complétement blancs et son visage conservait les tons de la cire jaune. Il regardait fixement devant lui, dans le vague, et à mesure qu'il regardait on eût dit qu'une figure se faisait visible pour les yeux intérieurs de sa pensée.

— Te voilà ! fit-il enfin, je t'attendais...

Le fou se leva, une contraction d'angoisse passa sur ses traits ravagés par la douleur, et il reprit en s'adressant à un être que lui seul pouvait voir :

— Je t'attendais, répéta-t-il, parce que pour moi tu es le châtiment et la justice... Je t'ai chassé, je t'ai fui, j'ai pris des pierres pour te lapider, je t'ai insulté, j'aurais voulu te fouler aux pieds et t'anéantir, et tu es revenu, vivant, puissant, victorieux... Tes plaies saignent toujours, et tu ne meurs pas ! ton front garde son diadème dérisoire, ton dos, sa pourpre souillée, et tu restes roi ! Ne me regarde pas de ces yeux expirants et doux dont la bonté me bouleverse... Ne prononce pas une parole de ces lèvres humectées de fiel... Que je ne voie plus battre ce cœur que je désespère d'atteindre, et qui, percé d'une lame, palpiterait encore dans ta poitrine ouverte... Je te hais ! que me veux-tu ?... Pardonner ? Me pardonner, à moi... Cela ne se peut pas ! Je ne t'ai pas seulement banni, renié, j'ai interdit qu'on prononçât ton nom dans ma demeure, j'en ai proscrit ton image... Ton image ! misère et pleurs ! Mon fils mourant me l'a tendue.. Cet enfant t'a légué à moi dans sa mort.. Conrad expirant me laisse dans les mains la figure agonisante... Eh bien ! me voici : Juge ! prononce. Ma femme est morte ! Conrad est mort ! Voilà deux victimes de ma cruauté, de mon orgueil... Elle croyait, j'ai voulu étouffer sa foi..., et c'est elle que j'ai tuée... Conrad croyait, j'ai prétendu arracher Dieu de son âme, et Conrad est mort... Que ne m'écrases-tu du poids de ta croix ?... Que ferai-je sans eux ? Je t'ai nié, je t'affirme ! Je t'ai repoussé, je te vois ! J'ai crié que tu n'étais pas né pour le salut, que tu n'avais pas souffert pour la rédemption du monde ! Maintenant je te reconnais, tes plaies parlent... Elles me terrifient !

Condamne-moi, condamne-moi donc ! Tu vois bien que j'ai soif d'expiation, et qu'à mon tour il faut que je meure... Tu m'appelles... Tu me cries d'aller à toi... d'embrasser tes genoux... Oh ! les lèvres rouges de tes plaies comme elles sont éloquentes ! Toutes les épines de ta couronne m'entrent dans le cœur... Éloigne-toi, je veux te haïr, va-t-en ! va-t-en ! Tes yeux, tes yeux, je les verrai donc toujours.

Belleforge, qui s'était prosterné les bras tendus, se jeta sur le sol et y resta comme évanoui.

Alors l'enfant de la Faraude prit son violon et se mit à jouer.

Pauvre créature ! pauvre victime ! Cancrelat ne savait que cet air du *Trovatore*, appris par Si-Sol ; mais il connaissait par expérience quelle puissance étrange gardait cette mélodie sur l'insensé.

En effet, à mesure que l'enfant jouait avec une expression de plus en plus déchirante, Belleforge se soulevait lentement, la catalepsie qui l'instant d'auparavant, roidissait ses membres, disparaissait par degrés, ses prunelles vitreuses reprenaient leur expression habituelle, ses lèvres contractées retrouvaient leur inflexion normale.

Le banquier se leva, puis il retomba dans le grand fauteuil qu'il occupait avant le commencement de sa crise.

Alors Cancrelat se jeta dans ses bras et le couvrit de baisers.

— Conrad ! mon petit Conrad ! murmura le banquier.

Un moment après, l'enfant s'endormit dans les bras du pauvre fou qui, lui aussi, perdit le sentiment de l'existence.

Annette dit alors à Rolland :

— Vous en savez maintenant autant que moi, Monsieur, sur la folie de mon pauvre maître..., il croit que

Dieu se venge, mais qu'il se venge en Dieu..., la miséricorde de celui qu'il nia pendant de longues années l'écrase et le torture..., le pifferaro le calme avec son violon, et le malheureux vieillard goûte quelques heures de sommeil.

— Le médecin est venu ?

— Oui, Monsieur ; la folie de mon maître est paisible, on m'a conseillé de le garder et de le soigner... le régime d'une maison de santé pourrait lui devenir funeste...

— Et ses affaires souffrent-elles beaucoup de cet état de choses ?

— Moins qu'on ne pourrait le croire... Monsieur Belleforge était bon, et tout le monde n'est pas ingrat... Son secrétaire montre un grand zèle à le remplacer et le caissier est un honnête homme.

— Pensez-vous que la présence de mademoiselle Cœlia serait utile ici ?

— Utile ! Mais elle sauverait monsieur, je n'en doute pas... Seulement, qui sait où la chère enfant est allée ? Elle ne me l'a pas même appris, à moi qui l'aime si profondément.

— Je vous en instruirai donc, dit Rolland, il n'y a rien dans tout ce qui s'est passé qui soit de nature à porter atteinte à l'honorabilité de mademoiselle Belleforge... Le jour où elle quitta cette maison, ce fut pour entrer dans celle d'une amie de ma mère..., et depuis dix mois, mademoiselle Cœli habite Évian... Je vais lui écrire ; dans une semaine vous la reverrez.

Rolland quitta l'hôtel Belleforge et rentra chez lui, profondément bouleversé par les événements de cette soirée.

Le lendemain il apprenait à sa mère, dans une longue lettre, le double drame accompli dans la famille de Cœlia.

« — Je connais l'âme d'élite de cette jeune fille, écri-

« vait-il ; en apprenant les malheurs de son père, elle
« n'aura qu'une idée : se dévouer à cet insensé. Si Dieu,
« qui déjà a fait tant de miracles, ne rend pas la raison
« au père de Conrad, le rêve de ma vie est à jamais brisé,
« Cœlia ne sera jamais ma femme. Elle me préférera la
« pratique austère et rigoureuse de son devoir, et si je
« me détourne pour essuyer une larme, je ne tenterai
« rien pour la dissuader d'agir de la sorte. Il est
« des tendresses que l'épreuve doit tremper, ennoblir,
« sanctifier jusqu'à la dernière puissance humaine. Je
« me soumets, je recevrai Cœlia de tes mains et des
« mains de son père, ou je n'accepterai pas de compagne.
« Tu me trouveras soumis à la douleur de la perdre,
« mais je crois que tu l'apprécies assez pour comprendre
« qu'on ne peut choisir une autre fiancée après avoir
« rêvé d'unir à cette enfant toute sa destinée. Toi seule
« possèdes assez de tendresse et de force d'âme pour
« lui apprendre quelles adversités l'accablent à la fois.
« J'aurais couru à Genève pour vous chercher toutes deux
« si mon devoir ne me retenait encore ici... Je ne songe
« qu'à toi quand il s'agit d'aimer, de protéger Cœlia, et
« j'oublie cette excellente femme, la baronne de Roybert,
« qui l'a aimée... Oh ! vous ne serez pas trop de deux
« pour la soutenir et la consoler désormais ! »

D'après le calcul de Rolland, sa mère et Cœlia devaient
se trouver à la gare quatre jours après l'expédition de
cette lettre. Il ne leur avait point indiqué de date, mais
il connaissait trop madame d'Ivrée et Cœlia pour croire
qu'elles perdraient un jour, une heure, quand il s'agissait
d'un devoir impérieux à remplir.

Aussi, à l'arrivée du train qui, dans sa pensée, devait
ramener la comtesse d'Ivrée et mademoiselle Belleforge,
Rolland attendit impatient, anxieux.

Un cri s'échappa de ses lèvres, le regard de Cœlia venait de rencontrer le sien, et sa mère le serrait dans ses bras.

Cœlia, vêtue de deuil et pâle comme une trépassée, lui tendit la main ; le jeune homme la pressa avec moins de tendresse que de respect.

— Mon fils, lui dit madame d'Ivrée, conduisons cette enfant chez son père.

Rolland donna l'adresse au cocher. Quand les trois femmes, car l'excellente baronne de Roybert ne voulait quitter qu'au dernier moment celle qui fut sa lectrice, se trouvèrent dans la voiture avec le jeune homme, madame de Roybert dit à Cœlia :

— C'est à moi d'aller vous voir, ma chérie, je ne me consolerais pas de vous perdre.

— Nous irons ensemble, ajouta madame d'Ivrée, jusqu'à la complète guérison de monsieur Belleforge ; et dès que la santé lui sera revenue, nous ne quitterons plus Cœlia.

— Ah! Madame, dit la jeune fille, que puis-je faire pour reconnaître tant de bonté ?

— M'aimer comme votre mère, répondit à voix basse madame d'Ivrée.

Quand la voiture s'arrêta devant l'hôtel Belleforge, le comte Rolland descendit.

La jeune fille mit pied à terre, deux larmes roulèrent dans ses yeux, elle essaya de sourire aux nobles femmes qu'elle abandonnait, et leur tendant les deux mains :

— Adieu! adieu! dit-elle.

Lorsqu'elle retira des mains de madame d'Ivrée sa petite main tremblante, Cœlia avait au doigt la bague bénite qu'elle avait confiée à la madone d'Evian.

Alors un rayon de joie brilla sous ses pleurs et ce fut avec l'accent de l'espérance qu'elle cria : « au revoir! » à Rolland, qui la suivait d'un regard éperdu.

XXVII

JUGEMENT.

Rolland d'Ivrée se trouvait à Versailles pour une affaire de famille, quand un de ses amis lui proposa d'entrer au conseil de guerre.

— Non, répondit le jeune homme, j'y suis allé au temps où l'on jugeait les membres de la Commune, et je me suis promis de n'y retourner jamais. C'est presque une curiosité malsaine que d'étudier sur un visage le ravage de passions désordonnées. Il me semble voir encore le profil de Ferré avec ses lignes courbes comme une tête d'oiseau carnassier; la face verdie par la peur du docteur Rastoul, les yeux cerclés de rouge de Jourde, la tête baissée de Courbet, l'expression railleuse de Régère, le regard inquiet de Grousset. J'entends encore leurs lâches dénégations, car aucun d'eux ne garda le courage de ses actes féroces. Ils furent couards devant la justice du pays, eux qui avaient saigné au flanc la patrie déjà blessée. Chacun d'eux rejetait sur un complice l'odieux des faits accomplis. Ces misérables qui avaient égaré la population, usurpé les emplois, dilapidé les finances, égorgé les magistrats et les prêtres, les soldats et les gendarmes, osaient parler de leur famille et nommer leurs enfants pour se recommander à la pitié des juges. Ils restaient là, cloués sur leurs bancs, pâles, livides, défendant leur vie, et je me les représentais essayant de fuir, travestis sous des habits de femme, et mêlant la farce ignoble à la tragédie sanglante. Non, je n'irai pas! les agents subalternes du mal, les séides de ces lâches, les égarés par ces faux rhéteurs me semblent non pas excusables, mais presque dignes d'une sorte de pitié. Au premier jour, la plupart d'entre eux ne crurent pas mettre le pied dans un si dangereux chemin; mais à mesure qu'ils avancèrent on les poussa davantage, l'épée aux reins, le pistolet sous la gorge. Une pensée d'orgueil, des instincts de paresse les firent entrer dans la ligue du désordre, mais beaucoup d'entre eux pourraient être sauvés encore.

— Ah! ne t'apitoie pas sur le sort des deux accusés que l'on juge aujourd'hui... l'homme et la femme ont été complices des mêmes fautes toute leur vie... Ils ont traîné dans tous les ruisseaux de Paris; la fange et le sang de la Commune les ont couverts de la tête aux pieds... Leur châtiment, si terrible qu'il soit, ne sera qu'un acte de justice.

— De qui veux-tu donc parler?

— Du Grèveur et de la Faraude.

— On les juge aujourd'hui, dis-tu?

— Dans dix minutes la cour entrera en séance; nous n'avons qu'à descendre la grande place, nous serons arrivés. J'ai dans ma poche une carte qui nous procurera deux bonnes places. Le commandant Gaveaux, parle d'une façon très-remarquable... Il m'est impossible, par exemple, de te désigner l'avocat qui a consenti à se charger de la cause du Grèveur.

— Allons! répondit Rolland d'une voix grave.

— Comme tu es devenu subitement pâle, reprit l'ami du comte, connaîtrais-tu le Grèveur, par hasard?

— Je le connais.

— Voilà qui me semble étrange...

— L'armée était rentrée dans Paris depuis quelques jours quand l'homme dont tu parles me trouvant un soir au milieu de quelques camarades nous apprit son nom, et nous supplia de l'arrêter... Nous refusâmes...

— Je m'appelle le Grèveur, nous dit-il. Nous refusâmes encore. Il ajouta :

— Je suis l'assassin de l'abbé Conrad...

Nous nous reculâmes avec horreur, mais nul ne porta la main sur lui... Caïn appartenait à Dieu... Sans nul doute ce misérable s'est livré lui-même... Conrad ! mon cher Conrad, l'ami, l'unique ami de ma jeunesse, a été tué par cet homme... Ce misérable va passer..., je vais le voir sur le banc d'infamie, ce tueur de prêtres... Ma place est là !... viens... seulement, ajouta Rolland après une pause, permets-moi de ne point me servir de ta carte d'entrée. Je prendrai place parmi les avocats, nous nous retrouverons à la sortie...

— Volontiers.

Les deux jeunes gens traversèrent la place couverte de canons et d'obusiers, franchirent la grille, et se trouvèrent sous la voûte qui donnait accès dans une seconde cour. Celle-là, coupée par des barrières en planches, renfermait les salles d'attente des accusés, et les galeries qui les amenaient de ces mêmes salles dans les cours qu'ils traversaient pour se rendre à la prison ou arriver au tribunal.

Au moment où Rolland d'Ivrée pénétrait dans la cour, le Grèveur et la Faraude passaient entre les gendarmes.

Vu de la sorte, en plein jour, le visage du Grèveur produisait une impression sinistre. L'œil cave, rouge de pleurs, regardait dans le vague ; la bouche se tordait nerveusement, les joues plombées se creusaient, la peau jaune se collait sur les pommettes saillantes. Les cheveux gris, en désordre, tombaient sur une blouse bleue déteinte, au collet déchiré.

La Faraude, songeant qu'elle allait être un spectacle, avait au contraire soigné sa toilette. Une robe à mille raies roses rendait plus visible l'altération de cette beauté dont il était presque impossible de retrouver les traces. Elle portait ses cheveux négligemment tordus, et déchirait une paire de gants pour se donner une contenance. Elle ne semblait ni intimidée ni trop effrontée pourtant. Une résolution forte paraissait l'animer, et dans les rares paroles qu'elle adressait au Grèveur on ne surprenait ni acrimonie ni colère. Elle acceptait le châtiment et se faisait par avance justice à elle-même.

Rolland, comme il l'avait dit, prit place au milieu des avocats.

La salle présentait l'aspect ordinaire. La tribune des journalistes regorgeait de reporters, une foule élégante se pressait sur les banquettes du centre, au delà de la barrière les spectateurs debout se foulaient, se pressaient pour essayer de voir et d'entendre.

Au banc de la justice, l'imposante physionomie du président mêlait une grande douceur à une volonté virile. Le commandant Gaveaux attirait le regard par l'expression mâle et intelligente de sa tête accentuée et légèrement bistrée. Quelques siéges placés en arrière de la cour attendaient des ambassadeurs et des ministres.

Les témoins étaient nombreux, et au milieu d'eux on voyait un enfant, Grain-de-Mil, l'assassin précoce. Il devait non pas témoigner contre son père et sa mère, mais être entendu à titre de renseignement.

Quand on demanda au Grèveur s'il avait fait choix d'un avocat, il répondit :

— Je ne veux pas être défendu.

Le président lui ayant fait observer que la loi exigeait

la présence d'un conseil pour tout accusé, le Grèveur répliqua avec indifférence :

— Prenez qui vous voudrez, alors, monsieur le président, si je me suis livré moi-même c'est pour être puni. Je sais mes crimes, je souhaite être jugé, voilà tout.

Le président, s'adressant alors aux avocats, demanda si l'un d'eux consentait à se charger de la cause du Grèveur. Personne ne répondit à cette question.

D'avance cette cause était perdue. L'homme assis sur le banc des accusés ne disputait pas même sa vie. Il n'attendait pas qu'on lui prouvât ses crimes, il les racontait. Le châtiment qu'il appelait sur sa tête ne pouvait manquer de l'atteindre ; on n'espérait attendrir les juges ni au nom de la femme, ni au nom des enfants: la femme était une misérable incendiaire ; des deux enfants existant encore l'un avait éventré son frère pour un morceau de pain. Et comme on ne pouvait tirer parti de cette affaire aucun avocat ne se leva.

Un sourire satisfait erra sur les lèvres du Grèveur.

— Je suis plus bas que ceux de la Commune ! se dit-il.

Le président ajouta d'une voix plus haute :

— Au nom du barreau français, Messieurs, fit-il en se tournant vers le banc des avocats, j'adjure l'un de vous de prendre en main la défense des accusés.

— Je suis prêt à remplir ce mandat, monsieur le président, répondit un jeune homme.

Le nom du comte Rolland d'Ivrée circula dans la foule, et produisit une vive sensation. Les opinions, les amitiés de Rolland ne devaient-elles pas le porter à crier : Raca ! à cet homme ? Dans quel but prenait-il sa défense ? Quelles raisons trouverait-il pour demander pitié et grâce ? Un mot dit à un de ses voisins, par l'ami du comte d'Ivrée, changea bientôt l'étonnement en vive curiosité. Le procès atteignait des proportions inattendues.

En effet, on apprenait avec stupeur que le comte d'Ivrée devait épouser mademoiselle Cœlia Belleforge, sœur de l'abbé Conrad assassiné par le Grêveur... Si accoutumé que l'on fût dans ces temps de misères et d'horreurs à entendre se dérouler des drames inouïs, celui-ci dépassait l'attente des curieux réunis dans la salle des assises de Versailles.

L'interrogatoire du Grêveur et de la Faraude n'apprit rien de plus que ce que l'on savait déjà.

L'homme raconta sa vie, succinctement.

Son langage heurté, bizarre, arrivait parfois à de prodigieux effets d'éloquence. Il ne s'en servit jamais pour se défendre. Au contraire, il prononça contre lui-même un véritable acte d'accusation.

D'ordinaire, quand un homme assis au banc des prévenus raconte son existence, il le fait d'une façon cynique, pose en héros du crime pour la galerie, se drape dans ses forfaits et tente de changer la sellette en tréteaux.

Il n'en fut pas ainsi pour le Grêveur.

Le remords l'avait poussé à se dénoncer, à se remettre entre les mains de la justice humaine, il resta humble devant elle. Il fit appel à ses sévérités implacables, il se jugea trop misérable pour avoir droit à l'indulgence, et d'avance il repoussa tout adoucissement à la sentence qu'il attendait.

— Je veux mourir! répétait-il avec une sombre énergie, je veux mourir pour ne plus voir le spectre de mon frère.

Du reste, le Grêveur ne trahit personne. Il ne dénonça pas Populus qui, vêtu d'un bourgeron neuf, et les cheveux collés aux tempes en accroche-cœur, le regardait d'un air gouailleur et semblait prendre en pitié sa farouche douleur. Il ne rejeta pas la cause première de ses fautes sur la Tronche, le forçat libéré qui avait trouvé le moyen de partir pour la Belgique avec les fonds de la *Banque des Grèves.* Quand on l'interrogea sur le compte des hommes avec lesquels il s'était trouvé en relations, il se contenta de répondre :

— C'est votre affaire de les punir, je n'aiderai pas à les trouver.

La Faraude avoua tout.

— Si je suis arrêtée, dit-elle, c'est que je l'ai bien voulu...; depuis que mon homme est prisonnier j'errais près de l'orangerie... Que voulez-vous, l'habitude... Il m'a souvent battue, et pourtant j'aime mieux une balle à ses côtés que l'idée de lui survivre... Et puis, voulez-vous le savoir, j'en ai assez de la vie ! la farce est mauvaise, baissez le rideau ! qu'est-ce que je deviendrai si l'on me prend mon homme ? qu'on me fusille et que ça finisse !

L'audition des témoins n'amena la découverte d'aucun fait nouveau.

La curiosité cruelle des spectateurs trouva un aliment dans la déposition de Grain-de-Mil, qui raconta avec un sang-froid horrible la scène de l'assassinat de Souriceau.

L'organe du ministère public prit la parole, et dans un discours concis soutint tous les chefs de l'accusation.

Le Grèveur parut satisfait de l'énergie avec laquelle on flétrissait ses crimes, le réquisitoire le poussait vers la mort.

Alors Rolland d'Ivrée se leva.

— Messieurs du conseil, dit-il, en acceptant de prendre la parole dans cette cause, je n'ai pas eu l'intention de pallier les torts, d'excuser les crimes du misérable que vous jugez. Il a énuméré, analysé lui-même ses forfaits, il a sondé devant vous les ténèbres de sa conscience, et nous restons oppressés par l'horreur de cette confession. Nous nous demandons avec épouvante comment l'âme peut se déshonorer par de telles souillures, comment l'homme peut approcher à ce point de la bête carnassière ! Je ne viens pas défendre l'accusé. Lui-même vous l'a dit, il ne veut pas être défendu. Ce n'est pas en mon nom que je m'adresse à la justice, je ne suivrai pas ma propre inspiration, c'est mon ami, c'est Conrad Belleforge, le noble jeune homme assassiné par ce misérable, qui surgit tout sanglant au milieu de vous, et qui vous adjure de l'entendre.

Une sorte de frémissement agita l'auditoire : le Grèveur haletant se pencha, comme si la vision évoquée allait apparaître.

Rolland d'Ivrée poursuivit :

— Cet homme a volé, assassiné, brûlé. Je défie que l'on cite dans la semaine de mai, qui vit s'accumuler tant d'horreurs, un être ayant pris une plus large part aux crimes dont le récit nous semble encore un hideux cauchemar. Le Grèveur a roulé sur la pente du mal avec une rapidité vertigineuse. Il s'est jeté dans le crime comme dans un gouffre. Des convoitises ardentes ont enflammé sa pensée, corrodé son cœur, perverti son intelligence. Le bien est devenu pour lui le mal, et il a érigé le mal à la place du bien. Vous allez le châtier, et vous serez dans votre droit. Nul n'osera vous accuser de sévérité, pas même lui. La justice attend un verdict sanglant, et vous ne faillirez point à votre devoir. Il est des hommes qui disent systématiquement à cette barre : vous ne prononcerez pas une sentence de mort. Je déclare, moi, devant ma conscience, que celui qui a tué doit périr. Je viens vous rappeler seulement qu'il a été écrit dans un livre célèbre : « la propriété c'est le vol ! » et que le livre s'est vendu. Le Grèveur a lu ce livre et il s'est dit : anéantissons la propriété. On a écrit dans un journal : « le Christ est né dans une étable, il a droit à une botte de paille. » Le Grèveur a voulu piller le trésor de Notre-Dame. On lui a raconté dans des feuilletons immondes les prétendues saturnales dont les monastères sont le théâtre, il a forcé la porte des couvents. On lui a répété : « le clergé abrutit, abuse le peuple », — il a voulu supprimer le clergé. En arrêtant les otages il s'est cru moins bourreau que justicier. Il s'est attaqué à l'idée plus qu'à l'homme. Il a cru anéantir la religion en massacrant ses ministres... Il avoue son crime, il attend sa peine, il recevra son châtiment, soit! Et vous? N'aviez-vous pas le devoir de saisir les livres prêchant la corruption, ne deviez-vous pas sauvegarder le peuple ignorant contre les entraînements de sa crédulité? Vous avez laissé couler le torrent et vous semblez surpris de ses ravages ! Sont-ils donc tous devant vous les fauteurs de cette révolution, les souteneurs de cette Commune ? Au delà des Alpes ne raillent-ils pas votre justice? Pour un misérable dont vous vous emparez, vingt vous insultent encore, et forgent d'avance les armes qu'ils tourneront contre vous.

Et remarquez-le, Messieurs, je vous défie de châtier cet homme plus qu'il ne l'est aujourd'hui. Vous ne pourriez lui infliger une torture comparable à celle qu'il endure; torture si grande qu'il appelle la mort pour en être délivré... Il avait horreur des prêtres, cet homme, et il a frappé l'un d'eux : son frère ! Et ce frère l'a béni en mourant... Trouvez donc dans les raffinements de vos justes représailles l'équivalent du supplice du Grèveur. Vous le ferez fusiller ; douze balles dans la poitrine, une seconde d'agonie, une crispation soudaine, et ce sera tout.

Je demande davantage, moi ; je veux qu'il vive !

Je veux qu'il voie sans trêve l'ombre sanglante de Conrad, je veux que les lèvres froides du martyr laissent passer non des paroles de condamnation, mais d'indulgence. Je veux que ce tueur de prêtres, bourrelé par les remords humains, apprenne le repentir qui est d'origine céleste, et qu'il tombe vaincu aux pieds du ministre de l'Évangile qui peut encore l'absoudre quand vous l'aurez condamné... Le prêtre qu'il a poussé, insulté, assassiné, sera là-bas, dans la terre d'exil et d'expiation, le dernier ami prêt à venir à son appel. Il a voulu grouper autour de lui une famille sans foi, sans pudeur, sans croyance, je veux pour la glorification de cette même foi qu'un jour ce misérable demande pour son fils le baptême de l'église, profanée par ses sacriléges. Vous le condamnez à une minute d'angoisses de la chair, je le voue aux remords! Le remords, croyez-le, ne lâche pas sa proie. Le sang de Conrad a crié si haut que le Grèveur est venu, fou de désespoir, vous crier : — Tuez-moi! Je souffre trop! — Ne le tuez pas! n'adoucissez pas le verdict de Dieu qui le condamne non pas à la désespérance, mais au souvenir !

Le jeune avocat tomba pâle et accablé sur son banc.

Ces paroles, qui n'étaient pas une plaidoirie, remuèrent les juges et les assistants d'une façon inexprimable. Le Grèveur plongea son front dans ses mains, puis relevant soudain la tête au moment où le conseil se retirait dans la salle des délibérations, il tendit les bras en répétant avec angoisse :

— La mort! Je demande la mort!

La Faraude était agitée de frissons, la chair se révoltait en elle à l'idée du trépas qu'elle avait cherché !

L'avocat, qui l'avait mollement défendue, n'attendait rien pour sa cliente, dont les regards se fixaient avec terreur sur Grain-de-Mil-qui souriait. Au bout d'un quart d'heure le conseil rentra en séance.

Les juges prononcèrent la peine de mort.

— Enfin! dit le Grèveur qui parut soulagé d'un grand poids.

On emporta la Faraude évanouie.

Le Graveur se pencha vers Rolland d'Ivrée :

— J'ai une grâce à vous demander, dit-il.

— Laquelle ?

— Tâchez que l'enfant oublie mon nom, et devienne honnête homme !

— Je vous le promets, dit gravement Rolland.

Le jeune homme brisé d'émotion, pressé par la foule avide de le voir, n'attendit pas son ami, il monta dans une voiture et gagna la gare. Quand madame d'Ivrée apprit ce qui s'était passé, elle serra son fils dans ses bras :

— Bien ! dit-elle, tu as remporté une difficile victoire, en surmontant l'horreur que t'inspirait cet homme, que te reste-t-il à faire ?

— A obtenir qu'on l'envoie à la Nouvelle-Calédonie, peut-être par la souffrance et le travail arrivera-t-il au repentir.

XXVIII

LE PARDON D'EN HAUT.

Le dévouement des employés de la maison Belleforge, la probité du caissier, l'intelligence du secrétaire ne purent conjurer des pertes nombreuses, résultat du déplorable état des affaires. Après la Commune il y eut en quelque sorte une liquidation générale. Bon nombre de négociants, d'agioteurs, profitèrent des malheurs publics pour amener des malheurs particuliers. Les faillites se colorèrent d'un prétexte facile à trouver. La France n'eut pas seulement à payer ses milliards à la Prusse, elle s'appauvrit dans son commerce. Belleforge subit une large part des malheurs de tous. Des banqueroutes plus ou moins frauduleuses mirent sa situation en péril. Cœlia consultée par le chef des employés de son père donna ordre de payer toutes les sommes dues par le banquier, d'opérer les rentrées le plus rapidement possible, et de déclarer que la maison de banque Belleforge cesserait d'exister à partir de l'époque où elle n'aurait plus de créanciers.

Il fallut six mois pour arriver à ce résultat. Enfin un jour le secrétaire et le caissier remirent à la jeune fille les lourds registres indiquant l'état de sa fortune. Cœlia gardait soixante mille francs de rentes, plus l'hôtel qu'elle continuait d'habiter. Pour témoigner sa reconnaissance à ceux qui avaient si bien rempli ses vues, elle leur avança une somme relativement importante, et grâce à cette aide, le caissier et le chef des employés continuèrent les affaires pour leur propre compte et gardèrent la clientèle de la maison Belleforge.

L'état du banquier, sans s'améliorer d'une façon sensible, était cependant moins aigu. Il tombait encore dans ses hallucinations, mais ces hallucinations prenaient un caractère tout autre. Loin de s'effrayer de la vision qui lui montrait le Christ lui reprochant son incrédulité et tentant de l'appeler à lui, le banquier l'attendait presque avec impatience. Il s'accoutumait à vivre avec cette figure céleste. Cœlia, comprenant que la musique exerçait sur son père une grande influence, fit apporter un orgue, et durant de longues heures elle jouait pour son père des morceaux d'un caractère grave et recueilli. Un jour même elle trouva sous ses doigts le chant sublime du *Dies iræ*, et s'abandonnant à son inspiration elle improvisa sur ce thème avec une largeur et une puissance qu'un maître lui eût enviées. Quand elle commença cette lamentation chrétienne, Belleforge immobile semblait assoupi dans son grand fauteuil. Tout à coup, Cœlia le vit debout près de l'orgue. Son visage s'illuminait d'une expression nouvelle, ses yeux brillaient, le fou paraissait chercher dans sa mémoire des paroles apprises autrefois et depuis longtemps oubliées. La jeune fille le regardait avec une curiosité haletante, et Cancrelat assis à ses pieds restait immobile d'étonnement. Enfin Belleforge prononça d'abord quelques mots indistincts, puis tandis que Cœlia jouait plus doucement en étouffant les notes avec la pédale, il chanta d'une voix désolée :

— *Dies iræ, dies illa.*

Il n'en put dire davantage, un sanglot souleva sa poitrine et Cœlia le reçut dans ses bras :

— Jour de colère ! jour de deuil ! reprit-il, deuil éternel ! colère sans fin... Il ne s'apaisera donc jamais ! jamais ! Le sang de l'agneau égorgé là-bas criera donc toujours ! Conrad, mon cher Conrad !

Et le fou pleura pour la première fois depuis le drame sanglant dont Conrad avait été victime.

Quelque douloureuse que fût cette scène, elle remplit cependant d'espérance le cœur de la jeune fille.

Chose étrange, cet insensé ne parlait que de Dieu dans sa folie.

Quand Belleforge jouissait de la plénitude de son intelligence, il bannissait la loi, il exilait le Christ. Depuis que son esprit flottait dans les ténèbres, une partie de son âme se souvenait des jours de l'enfance, des prières apprises jadis, des croyances enseignées par sa mère ; il revenait à ce passé lointain. Le médecin à qui Cœlia raconta cette scène conseilla à la jeune fille de provoquer souvent les souvenirs religieux de Belleforge.

— S'il revient à la raison, lui dit-il, il sera chrétien.

Plus d'une fois, madame d'Ivrée amena Rolland faire à Cœlia une visite inattendue. Le jeune homme trouvait sa fiancée dans la chambre du pauvre fou qu'elle ne quittait point. Tantôt elle donnait à Cancrelat une leçon de musique, car les dispositions du pifferaro étaient remarquables, tantôt elle apprenait à lire à Grain-de-Mil.

Le fils du Grèveur avait été un matin amené à l'hôtel par le jeune avocat.

— Mademoiselle, avait dit Rolland, ce petit malheureux a pour père un condamné à mort, faites-lui prendre le deuil... Mais il garde pour aïeul l'insensé que vous aimez, adoptez-le comme vous avez adopté l'élève de Si-Sol.

Grain-de-Mil resta à l'hôtel avec Cancrelat.

Six semaines plus tard, madame d'Ivrée apprit à Cœlia

que la peine capitale prononcée contre le Grèveur et la Faraude était commuée. Tous deux devaient faire partie du prochain départ pour Nouméa.

— Ah ! Madame ! s'écria Cœlia, remerciez votre fils au nom de ces orphelins que j'aime comme s'ils étaient mes enfants.

— Dieu vous doit bien des compensations dans l'avenir, ma chère fille, répondit la comtesse, car vous n'avez reculé devant aucun sacrifice... Heureusement, il n'a jamais trompé l'espérance de personne.

Le mariage de Cœlia et de Rolland était arrêté ; les rares amies que la jeune fille voyait encore approuvaient grandement son choix. Léonie des Garcins se réjouissait à la pensée que les vœux de Cœlia seraient comblés. La baronne de Roybert se consolait en venant visiter souvent son ancienne lectrice.

On avait fixé comme date de l'union des jeunes gens la liquidation des affaires de monsieur Belleforge. Rolland déclara au notaire qu'il n'accepterait de Cœlia qu'une dot égale à celle indiquée sur le contrat de mariage de sa mère : une centaine de mille francs.

Il consentait à vivre près du pauvre fou et à garder les deux enfants.

Certes autrefois, quand Cœlia brillante, adulée, avait rêvé d'unir sa destinée à celle de Rolland, elle voyait se dérouler pour eux toutes les pompes nuptiales. La bonté prodigue de son père multipliait le faste d'un trousseau princier, les écrins laissaient briller leurs merveilles, et les amies de Cœlia charmées en apparence et secrètement jalouses applaudissaient au bon goût qui avait présidé au choix des cachemires, des dentelles et des bijoux.

Tout était bien changé ; lorsque Cœlia commanda sa robe de mariée, elle la voulut simple comme celle d'une petite bourgeoise. Seulement, obéissant à un pressentiment de son cœur, elle souhaita que l'église de la Trinité resplendît de fleurs et de lumières. Jamais fiancée si modeste ne s'occupa avec autant de détails de la musique de sa messe de mariage, et de l'ordonnance de cette fête chrétienne.

La veille du jour où elle devait se célébrer, quatre personnes se trouvaient réunies dans le petit salon de l'hôtel Belleforge : Rolland, la comtesse d'Ivrée, Cœlia et le banquier.

Les jeunes gens étaient graves; Cœlia quittait à peine le deuil de Conrad qu'elle ne devait jamais cesser de pleurer; madame d'Ivrée se souvenait de ses années enfuies, de son long veuvage. Ceux qui allaient s'unir acceptaient dès le premier jour un pesant fardeau, et Rolland en prenait sa part avec courage.

Le banquier était calme, et ses yeux se tournaient vers le jardin d'où montaient les parfums printaniers.

— Père, lui dit Cœlia en s'agenouillant à ses pieds sur un coussin, père, essayez de me comprendre.... regardez-moi, écoutez-moi... Il y va de mon bonheur, du bonheur de votre fille bien-aimée...

— Bien-aimée..., répéta Belleforge d'une voix monotone.

— Vous voyez cette robe blanche, ce long voile, cette couronne d'oranger..., cette parure ne vous rappelle-t-elle rien ?...

— Rien, répondit Belleforge en secouant la tête, rien...

Cependant ses yeux restaient fixés sur la toilette de mariée, il passa la main sur ses yeux, pressa ses tempes à deux mains, se leva chancelant et s'écria :

— Antonie! Antonie!

Puis marchant fiévreusement vers le canapé sur lequel cette blanche parure était étalée, il ajouta avec l'accent de la colère :

— Je ne veux pas ! Je ne veux pas que tu revêtes cette toilette.

Le fou allait la saisir, la froisser, la lacérer quand Cœlia suppliante s'élança pour la défendre :

— Je sais ! je sais ! dit-il, tu demandes grâce pour ton âme ! tu veux garder le trésor de ta foi, tu refuses de me suivre si le prêtre ne t'a pas donnée à moi au nom du ciel... Mais moi je ne veux pas ! je ne veux pas ! Je ne crois pas au Christ ! Je marche sur la croix ; je renie ! je renie !

Belleforge repoussa Cœlia et saisit la couronne de fleurs d'oranger.

— Des épines ! fit-il, la couronne d'épines ! elle m'ensanglante les mains !... Grâce ! grâce ! le voilà encore, celui que je voulais maudire. Il reviendra donc toujours... Il dit que j'ai tué Antonie... Rends-la moi ! rends-la moi, Christ sauveur, celle que j'ai perdue, torturée, et j'irai, j'irai où tu voudras... Rends-la moi, je lui permettrai de mettre sa robe de noces, je m'agenouillerai devant l'autel, je prierai..., ne sachant pas prier pour moi, je demanderai du bonheur pour elle...

L'insensé se tourna vers sa fille. Cœlia ressemblait à sa mère d'une façon frappante. En ce moment Belleforge se crut transporté au jour de son propre mariage, et prenant avec des précautions infinies le voile de tulle qu'il voulait déchirer l'instant d'auparavant, il le posa doucement sur le front de Cœlia :

— Tu es une créature privilégiée, lui dit-il, sois bonne, aime moi, aime-moi bien..., allons trouver le prêtre.

Il n'en put dire davantage, un torrent de larmes jaillit de ses yeux.

— Ah ! s'écria Cœlia, la raison lui sera rendue, j'en suis sûre maintenant.

Madame d'Ivrée et Rolland quittèrent Cœlia de bonne

heure. Le lendemain quand ils entrèrent dans le salon où la fiancée les attendait au milieu d'un groupe d'amis intimes, ils aperçurent Belleforge correctement habillé, et tranquillement assis dans un fauteuil. Quoiqu'il ne se rendit pas compte de ce qui se passait autour de lui, un certain contentement brillait sur son visage, et il caressait de la main le front de Cancrelat. On partit pour l'église, Belleforge monta dans la même voiture que Cœlia et madame d'Ivrée.

La jeune fille prit le bras de son père pour gravir les degrés de l'église, et l'insensé marcha gravement. A mesure qu'il apercevait par la grande baie de la porte ouverte l'illumination du chœur, à mesure que le chant de l'orgue devenait plus large, et que l'ensemble de la pompe chrétienne frappait davantage ses sens, un rayon plus vivant animait ses yeux. Son pas devenait assuré, sa taille se redressait. Il subissait une complète métamorphose. Tout à l'heure Cœlia l'entraînait, il la guidait maintenant.

Alexandre Guilmant jouait une large mélodie dont les sons enveloppaient, pénétraient le banquier. Quand le prêtre parut à l'autel, Belleforge tressaillit, il porta ses mains à sa poitrine et comprima une violente pulsation de son cœur. Deux enfants de chœur se tournèrent vers lui, souriants et beaux comme des anges, c'étaient Grain-de-Mil et Cancrelat...

La messe commença.

Belleforge restait debout; ses regards suivaient avidement les moindres détails du saint sacrifice, et à mesure sa mémoire engourdie faisant un nouvel effort, retrouvait les traces bénies d'une enfance chrétienne, suivie d'une jeunesse incrédule et d'un âge mûr impie.

Cœlia priait. Elle attendait un miracle, elle le demandait comme la preuve manifeste de la sanctification de son mariage ; en levant vers son père des regards anxieux elle ne se détournait pas de la pensée de Dieu, elle l'honorait au contraire par une sainte confiance.

L'orgue chantait toujours ; l'encens et les fleurs répandaient leurs parfums et leurs arômes ; les clochettes tintèrent : c'était le moment solennel où se renouvelle le sacrifice de celui qui fut cloué sur le Golgotha pour le salut du monde..., les fidèles courbèrent la tête, Cœlia essuya deux larmes avec son voile de mariée... Belleforge venait de tomber prosterné sur ses genoux...

Pendant le reste de la cérémonie Cœlia se perdit dans le sentiment d'un bonheur trop grand pour être décrit ; au moment où elle allait quitter son prie-Dieu, son père lui tendit la main :

— Viens, dit-il.

Toute trace de folie avait disparu ; on voyait à peine sur son visage la trace de longues souffrances. La raison était revenue à cet homme au sein même des cérémonies religieuses dont il avait privé sa maison.

Dans la sacristie Belleforge reconnut Rolland, le brave notaire, madame d'Ivrée, la timide Hermengarde de Segondie qui se faisait de plus en plus invisible ; il signa sur le registre et mit lui-même sa main dans la main de Rolland.

Alors il vit les deux enfants coquettement habillés par Cœlia, et un nuage passa sur son front.

— Embrassez vos petits-fils, dit Cœlia ; l'un vous aime déjà beaucoup, votre cher virtuoso..., l'autre est prêt à vous chérir à son tour.

— Cœlia ! Cœlia ! dit Belleforge, tu es un ange !

— Ne dites pas cela devant mon mari, répondit doucement la jeune femme, il éprouverait sans doute plus tard une déception cruelle... Je connais les droits sacrés que vous gardez sur moi, et je n'ai point cru les outrager en acceptant Rolland pour époux... Si vous nous bénissez tous deux, il ne manquera rien à mon bonheur.

— J'ai été fou ! s'écria Belleforge, oui, j'ai été fou ! Non pas seulement quand un malheur et un crime firent vaciller ma raison, mais surtout quand j'ai cru que la famille se fondait sans la foi, que la vertu, le bonheur des femmes existaient sans la croyance... J'ai été fou et Dieu m'en châtie en me rendant tous les trésors de mon cœur au pied de la croix...

Puis d'une voix étouffée, le vieillard ajouta en regardant Grain-de-Mil et Cancrelat :

— Et le père de ceux-ci ?

— Il travaille, dit Rolland, il accepte le châtiment... La miséricorde divine fera le reste.

25 août 1875. *Couvent de Sainte-Anne.*

FIN.

TABLE DES MATIÈRES.

Chapitres.		Pages.
I.	Le sixième couvert	5
II.	Un créancier	16
III.	Cœlia	28
IV.	Sympathies	30
V.	Les lépreux du siècle	50
VI.	La fabrique de Pifferari	65
VII.	Deux convois	77
VIII.	Charité	80
IX.	L'oubli qui tue	96
X.	Révélation	105
XI.	Le ciel et l'enfer	114
XII.	Les droits du père	132
XIII.	L'adoption de Caïn	145
XIV.	Trop tard	152
XV.	Le pacte	164
XVI.	Chaîne rivée	175
XVII.	Les eaux d'Évian	188
XVIII.	La bague	205
XIX.	Les corbeaux rouges	215
XX.	Correspondance	226
XXI.	Le club des Folies-Bergères	235
XXII.	Victimes du devoir	245
XXIII.	Le cœur du père	261
XXIV.	Le Grèveur	272
XXV.	Dans les caves	281
XXVI.	Folie	293
XXVII.	Jugement	301
XXVIII.	Le pardon d'en haut	312

FIN DE LA TABLE.

— Abbeville. — Typ. et stér. Gustave Retaux.

www.ingramcontent.com/pod-product-compliance
Lightning Source LLC
Chambersburg PA
CBHW060417170426
43199CB00013B/2174